中華古籍保護計劃

ZHONG HUA GU JI BAO HU JI HUA CHENG GUO

·成果·

中國科學院上海生命科學圖書館

古籍普查登記目錄

全國古籍普查登記目錄

國家圖書館出版社
National Library of China Publishing House

圖書在版編目(CIP)數據

中國科學院上海生命科學圖書館古籍普查登記目録/《中國科學院上海生命科學圖書館古籍普查登記目録》編委會編. —北京:國家圖書館出版社,2020.10
(全國古籍普查登記目録)
ISBN 978 – 7 – 5013 – 7029 – 0

Ⅰ.①中⋯ Ⅱ.①中⋯ Ⅲ.①科研圖書館—古籍—圖書館目録—上海 Ⅳ.①Z838

中國版本圖書館 CIP 數據核字(2020)第 188614 號

書　　名　中國科學院上海生命科學圖書館古籍普查登記目録
著　　者　《中國科學院上海生命科學圖書館古籍普查登記目録》編委會　編
責任編輯　張珂卿

出版發行　國家圖書館出版社(北京市西城區文津街 7 號　100034)
　　　　　　(原書目文獻出版社 北京圖書館出版社)
　　　　　　010 – 66114536　63802249　nlcpress@ nlc. cn(郵購)
網　　址　http://www.nlcpress.com
排　　版　京荷(北京)科技有限公司
印　　裝　河北三河弘翰印務有限公司
版次印次　2020 年 10 月第 1 版　2020 年 10 月第 1 次印刷

開　　本　787×1092(毫米)　1/16
印　　張　15
字　　數　312 千字
書　　號　ISBN 978 – 7 – 5013 – 7029 – 0
定　　價　150.00 圓

《全國古籍普查登記目録》

工作委員會

主　任：周和平

副主任：張永新　詹福瑞　劉小琴　李致忠　張志清

委　員（按姓氏筆畫排序）：

于立仁	王水喬	王　沛	王紅蕾	王筱雯
方自今	尹壽松	包菊香	任　競	全　勤
李西寧	李　彤	李忠昊	李春來	李　培
李曉秋	吳建中	宋志英	努　木	林世田
易向軍	周建文	洪　琰	倪曉建	徐欣禄
徐　蜀	高文華	郭向東	陳荔京	陳紅彦
張　勇	湯旭岩	楊　揚	賈貴榮	趙　嫄
鄭智明	劉洪輝	歷　力	鮑盛華	韓　彬
魏存慶	鍾海珍	謝冬榮	謝　林	應長興

《全國古籍普查登記目録》

序　言

　　全國古籍普查登記工作是"中華古籍保護計劃"的首要任務,是全面開展古籍搶救、保護和利用工作的基礎,也是有史以來第一次由政府組織、參加收藏單位最多的全國性古籍普查登記工作。

　　2007年國務院辦公廳發布《關於進一步加强古籍保護工作的意見》(國辦發[2007]6號),明確了古籍保護工作的首要任務是對全國公共圖書館、博物館和教育、宗教、民族、文物等系統的古籍收藏和保護狀况進行全面普查,建立中華古籍聯合目録和古籍數字資源庫。2011年12月,文化部下發《文化部辦公廳關於加快推進全國古籍普查登記工作的通知》(文辦發[2011]518號),進一步落實了全國古籍普查登記工作。根據文化部2011年518號文件精神,國家古籍保護中心擬訂了《全國古籍普查登記工作方案》,進一步規範了古籍普查登記工作的範圍、内容、原則、步驟、辦法、成果和經費。目前進行的全國古籍普查登記工作的中心任務是通過每部古籍的身份證——"古籍普查登記編號"和相關信息,建立古籍總臺賬,全面瞭解全國古籍存藏情况,開展全國古籍保護的基礎性工作,加强各級政府對古籍的管理、保護和利用。

　　《全國古籍普查登記工作方案》規定了全國古籍普查登記工作的三個主要步驟:一、開展古籍普查登記工作;二、在古籍普查登記基礎上,編纂出版館藏古籍普查登記目録,形成《全國古籍普查登記目録》;三、在古籍普查登記工作基本完成的前提下,由省級古籍保護中心負責編纂出版本省古籍分類聯合目録《中華古籍總目》分省卷,由國家古籍保護中心負責編纂出版《中華古籍總目》統編卷。

　　在黨和政府領導下,在各地區、各有關部門和全社會共同努力下,古籍普查登記工作得以扎實推進。古籍普查已在除臺、港、澳之外的全國各省級行政區域開展,普查内容除漢文古籍外,還包括各少數民族文字古籍,特別是於2010年分別啓動了新疆古籍保護和西藏古籍保護專項,因地制宜,開展古籍普查登記工作;國家古籍保護中心研製的"全國古籍普查登記平臺"已覆蓋到全國各省級古籍保護中心,并進一步研發了"中華古籍索引庫",爲及時展現古籍普查成果提供有力支持;截至目前,已有11375部古籍進入《國家珍貴古籍名録》,浙江、江蘇、山東、河北等省公布了省級《珍貴古籍名録》，古籍分級保護機制初步形成。

《全國古籍普查登記目録》是古籍普查工作的階段性成果，旨在摸清家底，揭示館藏，反映古籍的基本信息。原則上每申報單位獨立成册，館藏量少不能獨立成册者，則在本省範圍内幾個館目合并成册。無論獨立成册還是合并成册，均編製獨立的書名筆畫索引附於書後。著録的必填基本項目有：古籍普查登記編號、索書號、題名卷數、著者（含著作方式）、版本、册數及存缺卷數。其他擴展項目有：分類、批校題跋、版式、裝幀形式、叢書子目、書影、破損狀況等。有條件的收藏單位多著録的一些擴展項目，也反映在《全國古籍普查登記目録》上。目録編排按古籍普查登記編號排序，内在順序給予各古籍收藏單位較大自由度，可按分類排列古籍普查登記編號，也可按排架號、按同書名等排列古籍普查登記編號，以反映各館特色。

此次全國古籍普查登記工作，克服了古籍數量多、普查人員少、普查難度大等各種困難，也得到了全國古籍保護工作者的極大支持。在古籍普查登記過程中，國家古籍保護中心、各省古籍保護中心爲此舉辦了多期古籍普查、古籍鑒定、古籍普查目録審校等培訓班，全國共 1600 餘家單位參加了培訓，爲古籍普查登記工作培養了大量人才。同時在古籍普查登記工作中，也鍛煉了普查員的實踐能力，爲將來古籍保護事業發展奠定了良好的基礎。

《全國古籍普查登記目録》的出版，將摸清我國古籍家底，爲古籍保護和利用工作提供依據，也將是古籍保護長期工作的一個里程碑。

國家古籍保護中心
2013 年 10 月

《全國古籍普查登記目録》

編纂凡例

一、收録範圍爲我國境内各收藏機構或個人所藏，産生於 1912 年以前，具有文物價值、學術價值和藝術價值的文獻典籍，包括漢文古籍和少數民族文字古籍以及甲骨、簡帛、敦煌遺書、碑帖拓本、古地圖等文獻。其中，部分文獻的收録年限適當延伸。

二、以各收藏機構爲分册依據，篇幅較小者，適當合并出版。

三、一部古籍一條款目，複本亦單獨著録。

四、著録基本要求爲客觀登記、規範描述。

五、著録款目包括古籍普查登記編號、索書號、題名卷數、著者、版本、册數、存缺卷等。古籍普查登記編號的組成方式是：省級行政區劃代碼—單位代碼—古籍普查登記順序號。

六、以古籍普查登記編號順序排序。

《中國科學院上海生命科學圖書館古籍普查登記目録》

編委會

《中國科學院上海生命科學圖書館古籍普查登記目録》

前　言

　　中國科學院上海生命科學圖書館的前身是創建於 1953 年的中國科學院圖書館上海分館,其古籍收藏歷史最早可以追溯到 1931 年日本利用庚子賠款在上海設立的上海自然科學研究所,地址爲岳陽路 320 號(法租界祁齊路 320 號)。當時由於科研需要,上海自然科學研究所設立了圖書館,有的學科還設立了圖書室。圖書館和圖書室收藏了一些年代較早的中、西、日、朝鮮文文獻,其中包含一批珍貴的中文古籍。

　　抗日戰爭勝利後,1946 年,自然科學研究所圖書館的藏書和編輯部出版發行剩餘的刊物由當時東遷國立中央研究院醫學研究所籌備處接收。中華人民共和國成立後,1950 年,新成立的中國科學院華東辦事處(1955 年 2 月更名爲上海辦事處)接管并改造了原國立中央研究院、國立北平研究院在上海、南京的研究機構,這些機構的藏書也由中國科學院華東辦事處接收,最後轉到中國科學院圖書館上海分館。20 世紀五六十年代,中國科學院圖書館上海分館又陸續從上海舊書店和其他單位購買了一些古籍,逐漸形成了現在的規模。幾經沿革,中國科學院圖書館上海分館於 1962 年更名爲中國科學院華東分院圖書館,1970 年改名爲上海科技圖書館,1978 年更名爲中國科學院上海圖書館,1987 年改名爲中國科學院上海文獻情報中心。2002 年,中國科學院上海文獻情報中心整體并入中國科學院上海生命科學研究院(今中國科學院上海營養與健康研究所),并成立中國科學院上海生命科學信息中心,其下設立生命科學圖書館。當年的館藏古籍現保存在生命科學圖書館中。

　　豐富的中醫古籍是我館古籍館藏的一大特色,包含了醫經、醫案、本草、方論等中醫各類,如元後至元五年(1339)胡氏古林書堂刻本《新刊黄帝内經靈樞》十二卷、明成化十八年(1482)春德堂刻本《醫林類證集要》十卷、明嘉靖二十九年(1550)刻本《急救良方》二卷等。這些中醫古籍不僅具有學術研究價值,也具有文化研究價值。

　　2007 年,文化部(今文化和旅游部)正式啓動了國家級重點文化工程——“中華古籍保護計劃”,我館積極參與此項工作,并且先後有五批共 12 部古籍入選《國家珍貴古籍名録》。2013 年我館啓動古籍普查工作,爲了摸清家底,對館藏所有的綫裝古籍進行普查登記。在我館古籍普查全體人員的共同努力下,普查工作歷時五年完成,在此基礎上編成此書目。

本書目的收藏範圍爲 1912 年以前刊印、抄寫的綫裝古籍（不含域外漢籍），凡 3306 部（含複本），4 萬餘册。希望本書的出版，能讓更多的人認識和了解我館古籍文獻的收藏情況。

本書的出版得到了國家古籍保護中心、上海市古籍保護中心的關心、指導和支持，誠致謝意！

囿於學識和時間，書中難免有疏漏之處，敬請方家批評指正。

本書編委會
2020 年 7 月

目　　録

310000－0261－0000001　1.1/1790

周易詳說十五卷首一卷 （清）鄧尚讜輯　清道光二年（1822）刻本　十六冊

310000－0261－0000002　1.1/4700

周易傳義大全二十四卷上下篇義一卷周易朱子圖說一卷周易五贊一卷筮儀一卷易說綱領一卷 （明）胡廣等輯　明內府刻本　十二冊

310000－0261－0000003　1.1/7777

易鑑三十八卷 （清）歐陽厚均纂　清道光二十七年（1847）安仁歐陽氏刻本　十冊

310000－0261－0000004　1.2/0044

十三經注疏十三種三百四十六卷附考證 （□）□□輯　清乾隆十二年（1747）武英殿刻本　一百十五冊

310000－0261－0000005　1.2/1231

欽定書經圖說五十卷 （清）孫家鼐等修　清光緒三十一年（1905）石印本　十六冊

310000－0261－0000006　1.2/2330

禹貢說斷四卷 （宋）傅寅撰　清武英殿木活字印本　四冊

310000－0261－0000007　1.2/4700

書傳大全十卷附圖一卷書說綱領一卷 （明）胡廣等輯　明內府刻本　十二冊

310000－0261－0000008　1.3/0420

詩經旁訓五卷 （清）徐立綱撰　清光緒九年（1883）古香閣刻本　三冊　存四卷（一至二、四至五）

310000－0261－0000009　1.3/2822

毛詩名物圖說九卷 （清）徐鼎輯　清乾隆三十六年（1771）刻本　二冊

310000－0261－0000010　1.3/7412

毛詩草木鳥獸蟲魚疏廣要二卷 （三國吳）陸璣撰　（明）毛晉參　明崇禎十二年（1639）常熟毛氏汲古閣刻本　四冊

310000－0261－0000011　1.3/7412.2

毛詩草木鳥獸蟲魚疏二卷 （三國吳）陸璣撰　清刻本　一冊　存一卷（上）

310000－0261－0000012　1.3/7588

毛詩古音攷四卷讀詩拙言不分卷 （明）陳第編輯　（明）焦竑訂正　明萬曆七年（1579）刻本　四冊

310000－0261－0000013　1.4/1028

新定三禮圖二十卷 （宋）聶崇義集注　清康熙十五年（1676）通志堂刻本　二冊

310000－0261－0000014　1.4/5046

五禮通考二百六十二卷首四卷總目二卷 （清）秦蕙田撰　（清）方觀承訂　清乾隆無錫秦蕙田味經窩刻本　一百二十冊

310000－0261－0000015　1.5/2544

樂律全書十五種四十八卷 （明）朱載堉撰　明萬曆二十四年（1596）鄭藩刻本　十二冊　存二種二十卷

310000－0261－0000016　1.5/2544.1

樂律全書十五種四十九卷 （明）朱載堉撰　明萬曆二十四年（1596）鄭藩刻本　十二冊　存十二種二十八卷

310000－0261－0000017　1.5/2544.2

律呂精義內篇十卷外篇十卷 （明）朱載堉撰　明萬曆刻本　四冊　存四卷（內篇六至八、外篇一）

310000－0261－0000018　1.6/2617

三正考二卷 （清）吳鼐撰　清雍正刻本　一冊

310000－0261－0000019　1.6/3140

春秋大事表五十卷輿圖一卷附錄一卷春秋綱領一卷讀春秋偶筆一卷 （清）顧棟高輯　清乾隆十三年（1748）刻本　二十四冊

310000－0261－0000020　1.6/4428

春秋繁露十七卷附錄一卷 （漢）董仲舒撰　清乾隆抱經堂刻本　四冊　存十二卷（一至六、九至十一、十六至十七,附錄一卷）

310000－0261－0000021　1.6/5044

半農先生春秋說十五卷 （清）惠士奇撰　清乾隆十四年（1749）刻本　八冊

310000－0261－0000022　1.6/7748

新刻春秋談虎講意十二卷　(明)周希令
(明)方尚恂撰　明天啓四年(1624)刻本　十
冊　存十一卷(一至十一)

310000－0261－0000023　1.8/3130

鄉黨圖考十卷　(清)江永撰　清乾隆三十九
年(1774)刻本　四冊

310000－0261－0000024　1.8/3472

皇朝四書彙解七十五卷　(清)抉經心室主人
編　清光緒二十九年(1903)上海鴻文局石印
本　六冊

310000－0261－0000025　1.8/7234

論語正義二十四卷　(清)劉寶楠撰　清同治
五年(1866)金陵存古書社刻本　六冊

310000－0261－0000026　1.10/0131

古韻通說二十卷　(清)龍啟瑞撰　清光緒九
年(1883)四川尊經書局刻本　三冊

310000－0261－0000027　1.10/0712.3

爾雅三卷音釋三卷　(晉)郭璞注　明刻本
二冊

310000－0261－0000028　1.10/0894

說文解字十五卷　(漢)許慎撰　(宋)徐鉉等
校定　清初毛氏汲古閣刻本　六冊

310000－0261－0000029　1.10/1067

說文五翼八卷　(清)王煦撰　清光緒八年
(1882)上虞觀海樓刻本　二冊

310000－0261－0000030　1.10/1077

五經四書明音八卷　(明)王覺撰　明嘉靖三
十二年(1553)黃洪毗刻本　四冊　存六卷
(大學明音一卷、中庸明音一卷、論語明音一
卷、書經明音一卷、春秋明音一卷、孟子明音
一卷)

310000－0261－0000031　1.10/1142

廣韻五卷　(宋)陳彭年等撰　清康熙四十三
年(1704)吳郡張氏澤存堂刻本　三冊

310000－0261－0000032　1.10/1142.1

大廣益會玉篇三十卷　(南朝梁)顧野王撰
(唐)孫強增字　(宋)陳彭年等重修　清康熙
四十三年(1704)吳郡張氏澤存堂刻澤存堂五
種本　三冊

310000－0261－0000033　1.10/1142.2

佩觿三卷　(宋)郭忠恕撰　清康熙四十九年
(1710)吳郡張氏澤存堂刻澤存堂五種本
一冊

310000－0261－0000034　1.10/1142.3

羣經音辨七卷　(宋)賈昌朝撰　清康熙五十
三年(1714)吳郡張氏澤存堂刻澤存堂五種本
二冊

310000－0261－0000035　1.10/1142.4

字鑑五卷　(元)李文仲撰　清康熙四十八年
(1709)吳郡張氏澤存堂刻澤存堂五種本
一冊

310000－0261－0000036　1.10/2207

洪武正韻十六卷　(明)樂韶鳳等編　明隆慶
元年(1567)衡王刻本　五冊

310000－0261－0000037　1.10/2323

六書分類十二卷首一卷　(清)傅世垚撰　清
康熙四十四年(1705)聽松閣刻本　十二冊

310000－0261－0000038　1.10/2510

新刊大廣益會玉篇三十卷　(南朝梁)顧野王
撰　(唐)孫強增字　**玉篇廣韻指南一卷**　明
萬曆元年(1573)刻本　五冊

310000－0261－0000039　1.10/2574

**說文通訓定聲十八卷分部檢韻一卷說雅十九
篇古今韻準一卷**　(清)朱駿聲撰　清同治九
年(1870)刻本　二十八冊

310000－0261－0000040　1.10/2734

說文通檢十四卷首一卷末一卷　(清)黎永椿
編　清光緒五年(1879)祥符常桂潤刻本
一冊

310000－0261－0000041　1.10/3021

正字通十二集三十六卷字彙舊本首一卷
(明)張自烈撰　(清)廖文英輯　(明)梅膺
祚音釋　清康熙十年(1671)刻本　四十冊

310000－0261－0000042　1.10/3136

篆學瑣著三十種四十卷　（清）顧湘輯　清道光海虞顧湘刻本　十二冊

310000－0261－0000043　1.10/3418

正韻篆二卷　（明）沈延銓撰　明天啓二年（1622）刻本　二冊

310000－0261－0000044　1.10/4012

再增攟古遺文二卷　（明）姚履旋增輯　明萬曆二十二年（1594）刻本　二冊

310000－0261－0000045　1.10/4742

證俗文十九卷　（清）郝懿行撰　（清）董恂補　清光緒十年（1884）東路廳署刻本　六冊

310000－0261－0000046　1.10/5374

漢學諧聲二十四卷說文補考一卷說文又考一卷　（清）戚學標撰　清嘉慶九年（1804）刻本　八冊

310000－0261－0000047　1.10/7110

經籍籑詁一百六卷首一卷附補遺　（清）阮元撰　清光緒六年（1880）淮南書局刻本　四十八冊

310000－0261－0000048　1.10/7142

說文段注撰要九卷　（清）馬壽齡撰　清光緒九年（1883）金陵胡氏愚園刻本　四冊

310000－0261－0000049　1.11/1000.0

六經天文編二卷　（宋）王應麟撰　元至元六年（1340）慶元路儒學刻明遞修本　四冊

310000－0261－0000050　1.11/1033

學古堂日記四十四種　（清）汪之昌　（清）雷浚輯　清光緒二十二年（1896）刻本　二十六冊

310000－0261－0000051　1.11/1060

五經圖十二卷　（清）王皜編　（清）楊恢基訂正　清雍正二年（1724）盧氏刻本　六冊

310000－0261－0000052　1.11/2445

通志堂經解一百四十種　（清）納蘭成德輯　清康熙十九年（1680）通志堂刻本　五百二十冊

310000－0261－0000053　1.11/8043

古經解鉤沉三十卷　（清）余蕭客撰　清乾隆刻本　十冊

310000－0261－0000054　1.11/8736

欽定四庫全書考證一百卷　（清）王太岳等纂　清抄本　十冊　存十卷（經部一至十）

310000－0261－0000055　1.12/1020

皇清經解續編二百九卷　王先謙輯　清光緒十五年（1889）上海蜚英館石印本　三十二冊

310000－0261－0000056　1.12/1021

仿宋相臺五經附考證　（元）岳浚編　清乾隆四十八年（1783）武英殿刻本　三十六冊

310000－0261－0000057　1.12/1022

五經體註大全五種　（□）□□撰　清道光二十年（1840）刻本　十六冊

310000－0261－0000058　1.12/5523

皇朝五經彙解二百七十卷經解入門不分卷　（清）抉經心室主人編　清光緒十九年（1893）同文書局石印本　三十三冊

310000－0261－0000059　1.12/7110

重刊宋本十三經注疏校勘記十四種　（清）阮元校勘　（清）盧宣旬摘錄　清光緒十三年（1887）脈望仙館石印本　三十二冊

310000－0261－0000060　1.12/7110.1

宋本十三經注疏校勘記十三種七百三十二卷　（清）阮元校勘　清光緒上海掃葉山房石印本　三十冊

310000－0261－0000061　1.12/7110.2

皇清經解依經分訂十六總卷一千七十二卷　（清）阮元輯　清光緒十九年（1893）上洋袖海山房石印本　三十二冊

310000－0261－0000062　1.12/7110.2：2

皇清經解依經分訂十六總卷一千七十二卷　（清）阮元輯　清光緒十九年（1893）袖海山房石印本　三十二冊

310000－0261－0000063　2.1/0728

晉記六十八卷首一卷　（清）郭倫撰　清乾隆

五十一年(1786)有斐堂刻本　二十四冊

310000－0261－0000064　2.1/1773.1
史記一百三十卷　（漢）司馬遷撰　（南朝宋）裴駰集解　明嘉靖四年(1525)金臺汪諒刻本　三十冊

310000－0261－0000065　2.1/1773.507
史記一百三十卷　（漢）司馬遷撰　（南朝宋）裴駰集解　清宣統三年至民國三年(1911－1914)貴池劉氏玉海堂刻本　二十四冊

310000－0261－0000066　2.1/3427
史記評林一百三十卷諡法解不分卷讀史記諸家總評不分卷　（漢）司馬遷撰　（南朝宋）裴駰集解　明勉耘堂刻本　二十冊

310000－0261－0000067　2.1/8388
史記摘抄六卷補抄二卷　（明）錢鍾義輯　明萬曆穆煒刻本　八冊

310000－0261－0000068　2.1/1160.83
前漢書一百卷　（漢）班固撰　（唐）顏師古注　清順治十六年(1659)刻本　二十四冊

310000－0261－0000069　2.1/1020.8
漢書補注一百卷首一卷　（漢）班固撰　（唐）顏師古注　王先謙補注　清光緒二十六年(1900)長沙王氏刻本　三十二冊

310000－0261－0000070　2.1/1020.8：2
漢書補注一百卷首一卷　（漢）班固撰　（唐）顏師古注　王先謙補注　清光緒二十六年(1900)長沙王氏刻本　三十二冊

310000－0261－0000071　2.1/1160.9
漢書補注一百卷　（漢）班固撰　（唐）顏師古注　王先謙補注　清鉛印本　五冊　存三卷（二十一、二十六至二十七）

310000－0261－0000072　2.1/4464
後漢書九十卷　（南朝宋）范曄撰　（唐）李賢注　志注補三十卷　（晉）司馬彪撰　（南朝梁）劉昭注補　清光緒十三年(1887)金陵書局刻本　十六冊

310000－0261－0000073　2.1/4464.23

後漢書一百二十卷　（南朝宋）范曄撰　（唐）李賢注　清康熙二十年(1681)刻本　二十冊

310000－0261－0000074　2.1/2628.2
魏書一百十四卷　（北齊）魏收撰　清同治十一年(1872)金陵書局刻本　二十冊

310000－0261－0000075　2.1/7507
魏書官氏志疏證一卷　（清）陳毅撰　清光緒二十三年(1897)刻本　一冊

310000－0261－0000076　2.1/3002.15
晉書一百三十卷　（唐）房玄齡等撰　晉書音義三卷　（清）何超音義　清同治十年(1871)金陵書局刻本　二十冊

310000－0261－0000077　2.1/3427.31
宋書一百卷　（南朝梁）沈約撰　清同治十一年(1872)金陵書局刻本　十六冊

310000－0261－0000078　2.1/4416.40
南齊書五十九卷　（南朝梁）蕭子顯撰　清同治十三年(1874)金陵書局刻本　六冊

310000－0261－0000079　2.1/4360.5
梁書五十六卷　（唐）姚思廉撰　清同治十三年(1874)金陵書局刻本　六冊

310000－0261－0000080　2.1/4360.71
陳書三十六卷　（唐）姚思廉撰　清同治十一年(1872)金陵書局刻本　四冊

310000－0261－0000081　2.1/4014.10
北齊書五十卷　（唐）李百藥撰　清同治十三年(1874)金陵書局刻本　四冊

310000－0261－0000082　2.1/4014.4
北齊書五十卷　（唐）李百藥撰　清光緒二十九年(1903)五洲同文局石印本　一冊　存二十二卷(一至二十二)

310000－0261－0000083　2.1/8042.71
周書五十卷　（唐）令狐德棻撰　清同治十三年(1874)金陵書局刻本　四冊

310000－0261－0000084　2.1/4015.43
南史八十卷　（唐）李延壽撰　清同治十一年

（1872）金陵書局刻本　十二冊

310000－0261－0000085　2.1/3424
南史識小錄十四卷北史識小錄十四卷　（清）
沈名蓀　（清）朱昆田輯　（清）張應昌補正
清同治十年（1871）武林吳氏清來堂刻本　十
二冊

310000－0261－0000086　2.1/4015.2
北史一百卷　（唐）李延壽撰　清同治十一年
（1872）金陵書局刻本　二十冊

310000－0261－0000087　2.1/7267.4
舊唐書二百卷　（五代）劉昫等撰　清同治十
一年（1872）浙江書局刻本　四十冊

310000－0261－0000088　2.1/7267
唐書二百卷　（五代）劉昫等撰　明嘉靖十八
年（1539）聞人詮刻本　三十二冊

310000－0261－0000089　2.1/7772.03
唐書二百二十五卷　（宋）歐陽修　（宋）宋祁
等撰　清同治十二年（1873）浙江書局刻本
四十冊

310000－0261－0000090　2.1/4471.4
舊五代史一百五十卷目錄二卷　（宋）薛居正
等撰　清同治十一年（1872）湖北崇文書局刻
本　十六冊

310000－0261－0000091　2.1/7438.6
南唐書十八卷音釋一卷　（宋）陸游撰　（元）
戚光音釋　明毛氏汲古閣刻本　二冊

310000－0261－0000092　2.1/4141
宋史四百九十六卷目錄三卷　（元）脫脫等撰
清石印本　十二冊　存五十五卷（二百二
十一至二百四十一、三百五至三百三十八）

310000－0261－0000093　2.1/4473
契丹國志二十七卷　（宋）葉隆禮撰　清乾隆
五十八年（1793）承恩堂刻本　四冊

310000－0261－0000094　2.1/5245.3
遼史一百十五卷附考證　（元）脫脫等修　清
同治十二年（1873）江蘇書局刻本　十二冊

310000－0261－0000095　2.1/6030
東萊先生東漢詳節三十卷　（宋）呂祖謙撰
明刻本　十六冊

310000－0261－0000096　2.1/7121
泰西新史攬要二十四卷　（英國）馬懇西撰
（英國）李提摩太譯　蔡爾康述　清光緒二十
四年（1898）上海廣學會第五次重印石印本
七冊

310000－0261－0000097　2.1/8000
元書一百二卷首一卷　（清）曾廉撰　清宣統
三年（1911）刻本　二十冊

310000－0261－0000098　2.1/1032
明史稿三百十卷目錄三卷　（清）王鴻緒撰
清同治十年（1871）刻本　八十冊

310000－0261－0000099　2.1/1111.6
明史三百三十二卷目錄四卷　（清）張廷玉等
撰　清光緒三年（1877）湖北崇文書局刻本
八十冊

310000－0261－0000100　2.1/2444
大清史略十一卷　（日本）佐藤楚材編　清光
緒二十八年（1902）刻本　十六冊

310000－0261－0000101　2.2/7515
皇明通紀集要六十卷　（明）陳建輯　（明）江
旭奇訂　明崇禎刻本　十冊

310000－0261－0000102　2.2/1779
通鑑全書七種　（清）胡元常輯　清光緒十七
年（1891）刻本　四十八冊

310000－0261－0000103　2.2/2240
中興小紀四十卷　（宋）熊克撰　清光緒十七
年（1891）廣雅書局刻本　六冊

310000－0261－0000104　2.2/2546
光緒朝東華續錄二百二十卷　（清）朱壽朋編
清宣統元年（1909）上海集成圖書公司鉛印
本　六十四冊

310000－0261－0000105　2.2/4437.4
十一朝東華錄六百二十五卷　王先謙編　清
光緒二十五年（1899）石印本　八十八冊

310000－0261－0000106　2.2/2800.8

竹書紀年統箋十二卷前編一卷雜述一卷
(南朝梁)沈約注 (清)徐文靖箋 清光緒三
年(1877)浙江書局刻本 四冊

310000－0261－0000107 2.2/3479

竹書紀年二卷 (南朝梁)沈約注 清光緒十
一年(1885)刻本 一冊

310000－0261－0000108 2.2/4040

歷代災祥考二卷 (清)存稆齋撰 清抄本
二冊

310000－0261－0000109 2.2/4040.1

讀書雜記不分卷 (清)存稆齋撰 清抄本
四冊

310000－0261－0000110 2.2/7144

皇清開國方略三十二卷首一卷 (清)阿桂等
纂 清乾隆五十一年(1786)武英殿刻本 十
六冊

310000－0261－0000111 2.3/1033

湘軍記二十卷 (清)王定安撰 清光緒十五
年(1889)刻本 十二冊

310000－0261－0000112 2.3/1073

湘軍志十六卷 王闓運撰 清刻本 二冊

310000－0261－0000113 2.3/1751

豫軍紀略十二卷 (清)尹耕雲 (清)李汝鈞
纂 清光緒三年(1877)申報館鉛印本 六冊

310000－0261－0000114 2.3/2574.2

欽定剿平粵匪方略四百二十卷首二卷 (清)
奕訢撰 清同治十一年(1872)鉛印本 二百
冊 存二百卷(二百十一至二百五十、二百六
十一至四百二十)

310000－0261－0000115 2.3/2574.5

欽定剿平捻匪方略三百二十卷首一卷 (清)
奕訢撰 清同治十一年(1872)鉛印本 二百
九十冊 存二百九十卷(三十一至三百二十)

310000－0261－0000116 2.3/2631

聖武記十四卷 (清)魏源撰 清光緒二十四
年(1898)上海書局石印本 四冊

310000－0261－0000117 2.3/3038

日俄交涉戰紀初編十六卷 (清)寒江釣雪叟
輯 清光緒三十年(1904)香港清記書局石印
本 六冊

310000－0261－0000118 2.3/3114

宋史紀事本末一百九卷 (明)馮琦撰 (明)
陳邦瞻增訂 (明)張溥論正 清同治十三年
(1874)江西書局刻本 二十冊

310000－0261－0000119 2.3/1185

西夏紀事本末三十六卷年表一卷 (清)張鑒
撰 清光緒十年(1884)江蘇書局刻本 四冊

310000－0261－0000120 2.3/7556

元史紀事本末二十七卷 (明)陳邦瞻撰
(明)張溥論正 清同治十三年(1874)江西書
局刻本 四冊

310000－0261－0000121 2.3/8005

明史紀事本末八十卷 (清)谷應泰輯 清同
治十三年(1874)江西書局刻本 二十冊

310000－0261－0000122 2.12/4742

九朝紀事本末九種六百五十八卷 (清)慎記
主人輯 清光緒二十八年(1902)上海玉麟書
局石印本 五十四冊

310000－0261－0000123 2.3/3123

中西紀事二十四卷首一卷 (清)夏燮撰 清
同治四年(1865)刻本 六冊

310000－0261－0000124 2.3/4001

法越戰事紀略不分卷 (清)李應珏纂 清刻
本 一冊

310000－0261－0000125 2.3/4428

中東戰紀本末八卷首一卷末一卷續編四卷首
一卷末一卷 (美國)林樂知譯 蔡爾康纂輯
清光緒二十三年(1897)上海廣學會鉛印本
十二冊

310000－0261－0000126 2.3/6016

平定關隴紀略十三卷 (清)易孔昭 (清)胡
孚駿 (清)劉然亮撰 清光緒十三年(1887)
刻本 十三冊

310000－0261－0000127 2.3/7175

繹史一百六十卷世系圖一卷年表一卷　（清）馬驌撰　清光緒三十年(1904)浙江書局刻本　五十冊

310000－0261－0000128　2.3/7743

淮軍平捻記十二卷　（清）周世澄撰　清光緒刻本　四冊

310000－0261－0000129　2.3/8063

湘軍水陸戰紀十六卷　王闓運撰　清光緒十二年(1886)鉛印本　二冊

310000－0261－0000130　2.4/0404

明季南略十八卷　（清）計六奇編　清琉璃廠半松居士木活字印本　十一冊

310000－0261－0000131　2.4/0404.1

明季北略二十四卷　（清）計六奇編輯　清琉璃廠半松居士木活字印本　十三冊

310000－0261－0000132　2.4/1043

元朝秘史十卷續集二卷　（元）□□撰　清光緒三十四年(1908)長沙葉德輝觀古堂刻本　六冊

310000－0261－0000133　2.4/4006

元朝秘史十五卷首一卷　（元）□□撰　清光緒二十九年(1903)史學齋編譯石印局石印本　六冊

310000－0261－0000134　2.4/1140

戰國策纂四卷　（明）張榜輯　明天啓二年(1622)刻本　二冊

310000－0261－0000135　2.4/2236

繡像剿逆圖考二卷　（清）□□撰　清光緒十八年(1892)上海書局石印本　一冊

310000－0261－0000136　2.4/2237

十六國春秋一百卷　（北魏）崔鴻撰　清乾隆三十九年(1774)汪氏欣託山房刻本　二十冊

310000－0261－0000137　2.4/2242

庚子京津拳匪紀略八卷前編二卷後編二卷　（清）僑析生輯　清光緒二十七年(1901)香港書局石印本　二冊　存六卷(一至六)

310000－0261－0000138　2.4/3140

明季紀事集錄不分卷　（明）馮夢龍等撰　清抄本　一冊

310000－0261－0000139　2.4/4031.6

明末五小史七卷　（清）三餘氏撰　清乾隆四年(1739)刻本　六冊

310000－0261－0000140　2.4/4237

彝軍紀略不分卷　（清）彭洵纂輯　清光緒十二年(1886)崇陽刻本　一冊

310000－0261－0000141　2.4/5700

日本外史二十二卷　（日本）賴襄撰　清光緒十五年(1889)上海讀史堂刻本　八冊

310000－0261－0000142　2.4/7227

越事備考四種十三卷首一卷　（清）劉名譽輯　清光緒二十一年(1895)桂林慕盦氏刻本　四冊

310000－0261－0000143　2.4/8017

隆平集二十卷　（宋）曾鞏撰　清康熙四十七年(1708)南豐彭期七業堂刻本　十冊

310000－0261－0000144　2.4/8356

甲申傳信錄十卷　（明）錢軹撰　清光緒三年(1877)申報館鉛印本　三冊　存八卷(一至四、七至十)

310000－0261－0000145　2.5/0014

歷代帝王年表四卷　（清）齊召南編　清光緒二十八年(1902)上海石印本　四冊

310000－0261－0000146　2.5/0024

歷代帝王年表不分卷　（清）齊召南編　清同治二年(1863)武林葉氏敦怡堂刻本　三冊

310000－0261－0000147　2.5/0024.1

帝王廟諡年諱譜一卷　（清）陸費墀撰　清同治二年(1863)武林葉氏敦怡堂刻本　一冊

310000－0261－0000148　2.5/4074

四裔編年表四卷　（美國）林樂知　嚴良勳譯　（清）李鳳苞編　清光緒二十三年(1897)刻本　四冊

310000－0261－0000149　2.6/0010

南巡盛典一百二十卷　（清）高晉等纂　清乾

隆三十六年(1771)武英殿刻本　四十八冊

310000－0261－0000150　2.6/0010.4
南巡盛典一百二十卷　(清)高晉等纂　清光緒八年(1882)上海點石齋石印本　八冊

310000－0261－0000151　2.6/0030
淮北票鹽志略十五卷　(清)童濂編　清同治七年(1868)刻本　六冊

310000－0261－0000152　2.6/0030.0
大唐六典三十卷　(唐)玄宗李隆基撰　(唐)李林甫等注　清光緒二十一年(1895)廣雅書局刻本　四冊

310000－0261－0000153　2.6/0037
淮南鹽法紀略十卷　(清)方濬頤等纂　清同治十二年(1873)淮南書局刻本　八冊

310000－0261－0000154　2.6/0047
康熙政要二十四卷　(清)章梫纂　清宣統二年(1910)鉛印本　十二冊

310000－0261－0000155　2.6/0724
通典二百卷欽定通典考證一卷　(唐)杜佑撰　清光緒二十二年(1896)浙江書局刻本　五十冊

310000－0261－0000156　2.6/4424.0
通典二百卷欽定通典考證一卷　(唐)杜佑撰　清光緒二十七年(1901)上海圖書集成局石印本　三冊

310000－0261－0000157　2.6/8740
通志二百卷欽定通志考證三卷　(宋)鄭樵撰　清光緒二十二年(1896)浙江書局刻本　二百冊

310000－0261－0000158　2.6/8740.0
通志二百卷欽定通志考證三卷　(宋)鄭樵撰　清光緒二十七年(1901)上海圖書集成局石印本　十冊

310000－0261－0000159　2.6/7108
文獻通考三百四十八卷欽定通考考證三卷　(元)馬端臨撰　清光緒二十二年(1896)浙江書局刻本　一百五十一冊

310000－0261－0000160　2.6/7108.1
文獻通考三百四十八卷欽定通考考證三卷　(元)馬端臨撰　清光緒二十七年(1901)上海圖書集成局石印本　六冊

310000－0261－0000161　2.6/2314.1
欽定續通典一百五十卷　(清)嵇璜纂　清光緒二十七年(1901)上海圖書集成局石印本　三冊

310000－0261－0000162　2.6/2314
欽定續通志六百四十卷　(清)嵇璜纂　清光緒十二年(1886)浙江書局刻本　二百冊

310000－0261－0000163　2.6/2314.0
欽定續通志六百四十卷　(清)嵇璜纂　清光緒二十七年(1901)上海圖書集成局石印本　十冊

310000－0261－0000164　2.6/5522.10
欽定續文獻通考二百五十卷　(清)嵇璜纂　清光緒十三年(1887)浙江書局刻本　一百二十冊

310000－0261－0000165　2.6/5522.11
欽定續文獻通考二百五十卷　(清)嵇璜纂　清光緒二十七年(1901)上海圖書集成局石印本　六冊

310000－0261－0000166　2.6/5522.2
皇朝通典一百卷　(清)嵇璜纂　清光緒二十七年(1901)上海圖書集成局鉛印本　十二冊

310000－0261－0000167　2.6/5522.31
皇朝通典一百卷　(清)嵇璜纂　清光緒八年(1882)浙江書局刻本　四十冊

310000－0261－0000168　2.6/5522.20
皇朝通志一百二十六卷　(清)嵇璜纂　清光緒八年(1882)浙江書局刻本　四十冊

310000－0261－0000169　2.6/5522.21
皇朝通志一百二十六卷　(清)嵇璜纂　清光緒二十七年(1901)上海圖書集成局鉛印本　十二冊

310000－0261－0000170　2.6/5522

皇朝文獻通考三百卷 （清）嵇璜纂 清光緒二十七年(1901)上海圖書集成局鉛印本 四十冊

310000－0261－0000171 2.6/5522.1
皇朝文獻通考三百卷 （清）嵇璜纂 清光緒八年(1882)浙江書局刻本 一百六十冊 存二百八十一卷(一至八十四、一百四至三百)

310000－0261－0000172 2.6/7210
九通通二百四十八卷首一卷 （清）劉可毅輯 清光緒二十八年(1902)武進劉氏石印本 六十冊

310000－0261－0000173 2.6/7210：2
九通通二百四十八卷首一卷 （清）劉可毅輯 清光緒二十八年(1902)武進劉氏石印本 一冊 存四卷(三十八至四十一)

310000－0261－0000174 2.6/0835
淮北票鹽續略十二卷 （清）許寶書編 清同治九年(1870)刻本 四冊

310000－0261－0000175 2.6/0852
諭摺彙存不分卷 （清）□□編 清光緒鉛印本 二百二冊

310000－0261－0000176 2.6/1000
魏鄭公諫錄五卷 （唐）王方慶輯 清光緒九年(1883)長沙王氏刻本 二冊

310000－0261－0000177 2.6/1000.1
魏鄭公諫續錄二卷 （元）翟思忠輯 清光緒九年(1883)長沙王氏刻本 一冊

310000－0261－0000178 2.6/1000.2
魏文貞公故事拾遺三卷 （清）王先恭輯 清光緒九年(1883)長沙王氏刻本 一冊 存二卷(一至二)

310000－0261－0000179 2.6/1033.3
唐會要一百卷 （宋）王溥撰 清光緒十年(1884)江蘇書局刻本 二十四冊

310000－0261－0000180 2.6/1034
四川鹽法志四十卷首一卷 （清）丁寶楨等纂 清光緒刻本 二十冊

310000－0261－0000181 2.6/1034.1
丁文誠公奏稿二十六卷首一卷 （清）丁寶楨撰 清光緒十九年(1893)刻本 二十七冊

310000－0261－0000182 2.6/1039
貽案始末記不分卷 （清）天涯恨恨生撰 清宣統三年(1911)鉛印本 一冊

310000－0261－0000183 2.6/1050
大元聖政國朝典章前集六十卷附新集不分卷 （元）□□編 清光緒三十四年(1908)刻本 十八冊

310000－0261－0000184 2.6/1050.3
重校元典章六十卷新集三卷 （清）□□編 清光緒三十四年(1908)修訂法律館刻本 三冊

310000－0261－0000185 2.6/1117
奏定學堂章程二十二種附校勘表 （清）張百熙 （清）榮慶 （清）張之洞纂 清光緒鉛印本 四冊

310000－0261－0000186 2.6/1127
皇清奏議六十八卷首一卷 （清）琴川居士輯 清光緒二十八年(1902)雲間麗澤學會石印本 八冊

310000－0261－0000187 2.6/1183
爲政忠告三種 （元）張養浩撰 清道光十一年(1831)碧鮮齋刻本 二冊

310000－0261－0000188 2.6/1843
政藝通報壬寅全書二十二種 （清）政藝通報社編 清光緒二十八年(1902)鉛印本 十三冊

310000－0261－0000189 2.6/2237
帝國叢書四種 （清）出洋學生編輯所譯述 清光緒二十八年(1902)上海商務印書館鉛印本 四冊

310000－0261－0000190 2.6/2277
欽定大清會典一百卷首一卷事例一千二百二十卷目錄八卷 （清）崑岡等修 （清）吳樹梅等纂 清宣統三年(1911)商務印書館石印本

一百六十冊

310000－0261－0000191　2.6/2310
中瑞通商條約　（清）外務部訂立　清宣統元年(1909)鉛印本　一冊

310000－0261－0000192　2.6/2633
教案奏議彙編八卷首一卷　（清）程宗裕輯
清光緒二十七年(1901)上海書局石印本
六冊

310000－0261－0000193　2.6/2751
宋包孝肅公奏議十卷　（宋）包拯撰　清道光二十年(1840)朝宗書室木活字印本　二冊

310000－0261－0000194　2.6/2818
歷代河防類要六卷　（清）徐璈輯　清道光元年(1821)刻本　四冊

310000－0261－0000195　2.6/2845
牧令書輯要十卷　（清）徐棟編　（清）丁日昌重輯　清同治七年(1868)江蘇書局刻本
十冊

310000－0261－0000196　2.6/3142
荒政輯要九卷首一卷　（清）汪志伊纂　清同治八年(1869)楚北崇文書局刻本　二冊

310000－0261－0000197　2.6/3220
總理河漕奏疏初任二卷二任一卷三任五卷四任六卷　（明）潘季馴輯　清刻本　十四冊

310000－0261－0000198　2.6/3242
潘方伯公遺稿六卷　（清）潘駿文撰　（清）潘學祖　（清）潘延祖編　清光緒二十二年(1896)刻本　六冊

310000－0261－0000199　2.6/3718
聖諭像解二十卷　（清）梁延年撰　清康熙二十年(1681)承宣堂刻本　十二冊

310000－0261－0000200　2.6/3830
遂邑三費章程不分卷　（清）田秀栗撰　清光緒五年(1879)刻本　一冊

310000－0261－0000201　2.6/4024
皇朝經世文新編二十一卷　（清）麥仲華輯
清光緒二十八年(1902)瑤林書館石印本　十

六冊

310000－0261－0000202　2.6/4030
李文忠公奏議二十卷　（清）李鴻章撰　清光緒保定蓮池書院石印本　一冊　存一卷(七)

310000－0261－0000203　2.6/4032
庚子交涉隅錄一卷　程德全撰　清宣統二年(1910)鉛印本　一冊

310000－0261－0000204　2.6/4204
右編補十卷　（明）姚文蔚編　明萬曆三十九年(1611)刻本　十冊

310000－0261－0000205　2.6/4414
續纂淮關統志十四卷首一卷　（清）元成纂修　（清）徽麟補纂　清光緒七年(1881)刻本
六冊

310000－0261－0000206　2.6/4424
國朝貢舉考略三卷　（清）黃崇蘭輯　清道光五年(1825)刻本　二冊

310000－0261－0000207　2.6/4424.1
明貢舉考略二卷　（清）黃崇蘭輯　清道光五年(1825)金閶經義堂刻本　二冊

310000－0261－0000208　2.6/4472
林文忠公政書甲集九卷乙集十七卷丙集十一卷　（清）林則徐撰　清侯官林氏刻本　十二冊

310000－0261－0000209　2.6/4663
兩浙鹽法續纂備考十二卷　（清）楊昌濬修
（清）李綸全等纂　清同治十三年(1874)刻本
十二冊

310000－0261－0000210　2.6/6425
敕修兩淮鹽法志十六卷　（清）噶爾泰等監修
清雍正刻本　十六冊

310000－0261－0000211　2.6/6649
苗防備覽二十二卷　（清）嚴如熤撰　清道光二十三年(1843)刻本　二十二冊

310000－0261－0000212　2.6/6649：2
苗防備覽二十二卷　（清）嚴如熤撰　清道光二十三年(1843)刻本　七冊

310000－0261－0000213　2.6/6649：3

苗防備覽二十二卷　（清）嚴如熤撰　清道光二十三年(1843)刻本　八冊

310000－0261－0000214　2.6/6649.1

三省邊防備覽十四卷　（清）嚴如熤輯　清道光二年(1822)刻本　五冊

310000－0261－0000215　2.6/6649.1：2

三省邊防備覽十四卷　（清）嚴如熤輯　清道光二年(1822)刻本　六冊

310000－0261－0000216　2.6/6649.3

洋防輯要二十四卷　（清）嚴如熤輯　清道光刻本　十二冊

310000－0261－0000217　2.6/6649.3：2

洋防輯要二十四卷　（清）嚴如熤輯　清道光刻本　十四冊

310000－0261－0000218　2.6/7110

欽定重修兩浙鹽法志三十卷首二卷　（清）阮元等纂修　清同治十三年(1874)刻本　二十四冊

310000－0261－0000219　2.6/7118

唐律疏義三十卷　（唐）長孫無忌等撰　清抄本　二十冊

310000－0261－0000220　2.6/7226

劉中丞奏稿八卷　（清）劉崐撰　清光緒二十一年(1895)鉛印本　八冊

310000－0261－0000221　2.6/7244

劉中丞奏議二十卷　（清）劉蓉撰　清光緒十一年(1885)思賢講舍刻本　十冊

310000－0261－0000222　2.6/7407

巡城瑣記不分卷　（清）陸毅撰　清光緒三十一年(1905)刻本　一冊

310000－0261－0000223　2.6/7444

注陸宣公奏議十五卷　（唐）陸贄撰　（宋）郎曄注　清光緒七年(1881)歸安姚氏咫進齋刻本　四冊

310000－0261－0000224　2.6/7500

州縣提綱四卷　（宋）陳襄撰　**捕蝗考一卷**

（清）陳芳生撰　清新昌莊肇麟刻本　一冊

310000－0261－0000225　2.6/7512

同治中興京外奏議約編八卷　（清）陳弢輯　清光緒元年(1875)小酉山房刻本　四冊

310000－0261－0000226　2.6/7512：2

同治中興京外奏議約編八卷　（清）陳弢輯　清光緒元年(1875)小酉山房刻本　八冊

310000－0261－0000227　2.6/7540

東南防守利便三卷　（宋）陳克　（宋）吳若撰　清刻本　三冊

310000－0261－0000228　2.6/7542

先憂集五十七卷　（清）陳芳生輯　清雍正二年(1724)刻本　六冊

310000－0261－0000229　2.6/7592

上虞縣五鄉水利本末二卷　（元）陳恬撰　清光緒九年(1883)枕湖樓連氏刻本　二冊

310000－0261－0000230　2.6/7791

蘇松財賦考圖說不分卷　（清）周夢顏輯　清道光九年(1829)刻本　一冊

310000－0261－0000231　2.6/8064

曾文正公奏稿三十六卷　（清）曾國藩撰　清光緒二年(1876)傳忠書局刻本　二十一冊存二十一卷(四至六、十一、十三、十五至三十)

310000－0261－0000232　2.7/1000

浙江採集遺書總錄十一集　（清）沈初編　清乾隆三十九年(1774)刻本　十一冊

310000－0261－0000233　2.7/1010

善本書室藏書志四十卷附錄一卷　（清）丁丙輯　清光緒二十七年(1901)錢塘丁氏刻本　十六冊

310000－0261－0000234　2.7/1747

四庫簡明目錄標註二十卷附錄一卷　（清）邵懿辰撰　清宣統三年(1911)仁和邵氏家祠刻本　六冊

310000－0261－0000235　2.7/2741.4

藝風藏書記八卷　（清）繆荃孫撰　清光緒二

十七年（1901）江陰繆氏刻本　二冊

310000－0261－0000236　2.7/4634
留真譜初編十二卷　楊守敬編　清光緒二十七年（1901）宜都楊氏刻本　四冊　存四卷（一至四）

310000－0261－0000237　2.7/6081
昭德先生郡齋讀書志五卷後志二卷　（宋）晁公武撰　清康熙六十一年（1722）陳師曾刻本　四冊

310000－0261－0000238　2.7/7433
皕宋樓藏書志一百二十卷續志四卷　（清）陸心源編　清光緒八年（1882）陸氏十萬卷樓刻本　二十冊

310000－0261－0000239　2.8/0200
陶齋吉金錄八卷　（清）端方輯　清光緒三十四年（1908）金陵石印本　八冊

310000－0261－0000240　2.8/0200.1
陶齋吉金續錄二卷　（清）端方輯　清宣統元年（1909）金陵石印本　二冊

310000－0261－0000241　2.8/1032.1
西清續鑑甲編二十卷附錄不分卷　（清）王傑等輯　清宣統二年（1910）涵芬樓據寧壽宮寫本影印本　四十二冊

310000－0261－0000242　2.8/1036.6
金石萃編一百六十卷　（清）王昶編　清光緒十九年（1893）上海醉六堂石印本　十八冊

310000－0261－0000243　2.8/1036.8
金石萃編一百六十卷　（清）王昶編　清同治十一年（1872）刻本　六十四冊

310000－0261－0000244　2.8/1123
二銘草堂金石聚十六卷　（清）張德容輯　清同治十一年（1872）衢州張德容二銘草堂刻本　十六冊

310000－0261－0000245　2.8/1123：2
二銘草堂金石聚十六卷　（清）張德容輯　清同治十一年（1872）衢州張德容二銘草堂刻本　十六冊

310000－0261－0000246　2.8/1124
錢志新編二十卷　（清）張崇懿輯　清道光十年（1830）尹氏酌春堂刻本　二冊

310000－0261－0000247　2.8/1146
重定金石契不分卷首一卷　（清）張燕昌撰　清乾隆四十三年（1778）刻本　八冊

310000－0261－0000248　2.8/1146.8
重定金石契不分卷首一卷　（清）張燕昌撰　清光緒二十二年（1896）貴池劉世珩聚學軒刻本　四冊

310000－0261－0000249　2.8/1262
寰宇訪碑錄十二卷　（清）孫星衍（清）邢澍撰　清光緒十年（1884）吳縣朱記榮刻本　六冊

310000－0261－0000250　2.8/2317
金石識別十二卷　（美國）代那撰　（美國）瑪高溫口譯　（清）華蘅芳筆述　清同治十一年（1872）江南機器製造總局刻本　六冊

310000－0261－0000251　2.8/2534
敬吾心室彝器款識不分卷　（清）朱善旂輯　清光緒三十四年（1908）朱之溱石印本　二冊

310000－0261－0000252　2.8/2602
釋六舟手拓磚文　（清）釋六舟手拓　清拓本　一冊

310000－0261－0000253　2.8/2610
兩罍軒彝器圖釋十二卷　（清）吳雲撰　清同治十二年（1873）刻本　六冊

310000－0261－0000254　2.8/2610：2
兩罍軒彝器圖釋十二卷　（清）吳雲撰　清同治十二年（1873）刻本　八冊

310000－0261－0000255　2.8/2610.1
二百蘭亭齋收藏金石記四卷　（清）吳雲撰　清咸豐六年（1856）歸安吳氏刻本　二冊

310000－0261－0000256　2.8/2610.2
二百蘭亭齋古印考藏六卷　（清）吳雲輯　清同治三年（1864）刻本　二冊

310000－0261－0000257　2.8/2610.2：2

二百蘭亭齋古印考藏六卷 （清）吳雲輯 清同治三年（1864）刻本 四冊

310000－0261－0000258 2.8/2643.4

古玉圖考不分卷 （清）吳大澂編 清光緒十五年（1889）上海同文書局石印本 二冊

310000－0261－0000259 2.8/2643.9

恒軒所見所藏吉金錄不分卷 （清）吳大澂輯 清光緒十一年（1885）刻本 二冊

310000－0261－0000260 2.8/2643.9:2

恒軒所見所藏吉金錄不分卷 （清）吳大澂輯 清光緒十一年（1885）刻本 二冊

310000－0261－0000261 2.8/2644

攈古錄二十卷 （清）吳式芬撰 清刻本 二十冊

310000－0261－0000262 2.8/2644.4

攈古錄金文三卷 （清）吳式芬撰 清刻本 九冊

310000－0261－0000263 2.8/2654

封泥考略十卷 （清）吳式芬 （清）陳介祺輯 清光緒三十年（1904）石印本 十冊

310000－0261－0000264 2.8/2699

筠清館金石文字五卷 （清）吳榮光撰 清道光二十二年（1842）南海吳氏筠清館刻本 五冊

310000－0261－0000265 2.8/2699:2

筠清館金石文字五卷 （清）吳榮光撰 清道光二十二年（1842）南海吳氏筠清館刻本 三冊

310000－0261－0000266 2.8/2744

古今錢略三十二卷首一卷末一卷 （清）倪模述 清光緒五年（1879）望江倪氏兩彊勉齋刻本 十六冊

310000－0261－0000267 2.8/2874

從古堂款識學十六卷 （清）徐同柏撰 清光緒三十二年（1906）蒙學報館石印本 八冊

310000－0261－0000268 2.8/2874:2

從古堂款識學十六卷 （清）徐同柏撰 清光緒三十二年（1906）蒙學報館石印本 八冊

310000－0261－0000269 2.8/3009

寶刻類編八卷 （宋）□□撰 清道光十八年（1838）東武劉氏嘉蔭簃刻本 八冊

310000－0261－0000270 2.8/3117

金索六卷石索六卷首一卷 （清）馮雲鵬 （清）馮雲鵷輯 清道光四年（1824）刻本 十二冊

310000－0261－0000271 2.8/3125

濟南金石志四卷 （清）馮雲鵷撰 清道光二十年（1840）刻本 四冊

310000－0261－0000272 2.8/3163

金石索十二卷首一卷 （清）馮雲鵬 （清）馮雲鵷輯 清光緒三十三年（1907）上海文新局石印本 十二冊

310000－0261－0000273 2.8/3191

山東考古錄一卷 （清）顧炎武撰 清光緒八年（1882）山東書局刻本 一冊

310000－0261－0000274 2.8/3191.1

續山東考古錄三十二卷首一卷 （清）葉圭綏撰 清光緒八年（1882）山東書局刻本 六冊

310000－0261－0000275 2.8/3227

錢譜圖考二卷 （清）近山居士編 清槐蔭堂抄本 二冊

310000－0261－0000276 2.8/3701

西清古鑑四十卷錢錄十六卷 （清）梁詩正 （清）蔣溥等纂修 清光緒十四年（1888）上海鴻文書局石印本 二十四冊

310000－0261－0000277 2.8/3701.80

錢錄十六卷 （清）梁詩正 （清）蔣溥等纂修 清光緒二十年（1894）上海積山書局石印本 四冊

310000－0261－0000278 2.8/4031

栝蒼金石志十二卷續四卷 （清）李遇孫輯 清同治十三年（1874）刻本 六冊

310000－0261－0000279 2.8/4031.8

金石學錄四卷 （清）李遇孫輯 清道光二年

(1822)丹徒劉氏刻本　二冊

310000－0261－0000280　2.8/4042

石鼓文定本十卷岐陽石鼓文一卷釋音一卷辯
證敘記一卷地名考一卷　（清）沈梧撰　清光
緒十六年（1890）古華山館刻本　四冊

310000－0261－0000281　2.8/4042：2

石鼓文定本十卷岐陽石鼓文一卷釋音一卷辯
證敘記一卷地名考一卷　（清）沈梧撰　清光
緒十六年（1890）古華山館刻本　四冊

310000－0261－0000282　2.8/4254

高要金石略四卷　（清）彭泰來編　清蘇元暉
刻本　一冊

310000－0261－0000283　2.8/4351

東甌金石志十二卷　（清）戴咸弼纂輯　（清）
孫詒讓校補　清光緒二十五年（1899）石印本
四冊

310000－0261－0000284　2.8/4418

華延年室集拓古專文字不分卷　（□）□□撰
清拓本　四冊

310000－0261－0000285　2.8/4469

語石十卷　葉昌熾撰　清宣統元年（1909）刻
本　四冊

310000－0261－0000286　2.8/4487

葉舟古金補遺不分卷　（清）葉銘編　清光緒
三十年（1904）稿本　一冊

310000－0261－0000287　2.8/4491

歷代鐘鼎彝器款識法帖二十卷　（宋）薛尚功
撰　清光緒八年（1882）上海點石齋影印本
四冊

310000－0261－0000288　2.8/4634

望堂金石文字不分卷　楊守敬輯　清同治九
年至光緒三年（1870－1877）宜都楊守敬飛青
閣刻本　八冊

310000－0261－0000289　2.8/4647

觀古閣叢刻九種　（清）鮑康撰　清同治十二
年至光緒二年（1873－1876）歙縣鮑氏觀古閣
刻本　八冊

310000－0261－0000290　2.8/4647：2

觀古閣叢刻九種　（清）鮑康撰　清同治十二
年至光緒二年（1873－1876）歙縣鮑氏觀古閣
刻本　四冊

310000－0261－0000291　2.8/4716

長安獲古編二卷補一卷　（清）劉喜海撰　清
刻本　二冊

310000－0261－0000292　2.8/4923

安徽金石略十卷　（清）趙紹祖輯　清光緒二
十九年（1903）貴池劉氏刻本　四冊

310000－0261－0000293　2.8/4923.8

金石文鈔八卷續鈔二卷　（清）趙紹祖輯　清
咸豐十年（1860）涇縣趙書昇刻本　十冊

310000－0261－0000294　2.8/6031

中州金石記五卷　（清）畢沅撰　清光緒八年
（1882）邵氏望三益齋刻本　二冊

310000－0261－0000295　2.8/6051.0

殷商貞卜文字考一卷　羅振玉撰　清宣統二
年（1910）玉簡齋石印本　一冊

310000－0261－0000296　2.8/6051.0：2

殷商貞卜文字考一卷　羅振玉撰　清宣統二
年（1910）玉簡齋石印本　一冊

310000－0261－0000297　2.8/7110

積古齋鐘鼎彝器款識十卷　（清）阮元撰　清
嘉慶九年（1804）刻本　四冊

310000－0261－0000298　2.8/7243

金石苑六卷　（清）劉喜海輯　清道光二十六
年（1846）劉氏來鳳堂刻本　六冊

310000－0261－0000299　2.8/7433

千甓亭古塼圖釋二十卷　（清）陸心源輯　清
光緒十七年（1891）吳興陸氏石印本　四冊

310000－0261－0000300　2.8/7493

金石續編二十一卷首一卷　（清）陸耀通編
清光緒十九年（1893）上海鴻寶齋石印本
六冊

310000－0261－0000301　2.8/7493.8

金石續編二十一卷首一卷　（清）陸耀通編

清同治十三年（1874）毗陵雙白燕堂刻本
八冊

310000－0261－0000302　2.8/7553.4
求古精舍金石圖初集四卷　（清）陳經撰　清
嘉慶二十三年（1818）烏程陳經說劍樓刻本
四冊

310000－0261－0000303　2.8/7584
金石摘十卷　（清）陳善墀輯　清光緒二年
（1876）瀏陽縣學不求甚解齋刻本　十冊

310000－0261－0000304　2.8/7741
荆南萃古編不分卷續不分卷　（清）周懋琦
（清）劉瀚輯　清光緒二十年（1894）鴻賓署齋
刻本　二冊

310000－0261－0000305　2.8/8017
元豐金石跋尾一卷　（宋）曾鞏撰　明抄本
一冊

310000－0261－0000306　2.9/0014
自靖錄考略八卷外編不分卷　（清）高承埏撰
（清）高佑釲補　（清）王逢辰考證　清咸豐
八年（1858）竹里王氏槐華吟館刻本　六冊

310000－0261－0000307　2.9/0014.2
崇禎忠節錄三十二卷　（明）高承埏撰　清抄
本　三十二冊

310000－0261－0000308　2.9/0023
歷代史纂左編一百四十二卷　（明）唐順之輯
明萬曆三十九年（1611）吳用先刻本　八
十冊

310000－0261－0000309　2.9/0814
玉岑樓紀事詩不分卷　（清）許承基輯　清乾
隆三十八年（1773）金文曜刻本　二冊

310000－0261－0000310　2.9/0851
旌表殉難士民錄不分卷　（□）□□撰　清抄
本　一冊

310000－0261－0000311　2.9/2553
歷代循吏傳八卷　（清）朱軾　（清）蔡世遠輯
清雍正七年（1729）刻本　八冊

310000－0261－0000312　2.9/4025.6

克復金陵中堂奏稿一卷李秀成供一卷　（清）
曾國藩撰　清同治刻本　二冊

310000－0261－0000313　2.9/4035
大清中樞備覽二卷　（清）□□編　清光緒二
十一年（1895）榮禄堂刻本　二冊

310000－0261－0000314　2.9/4035.4
大清搢紳全書四卷　（清）□□編　清道光二
十九年（1849）榮禄堂刻本　四冊

310000－0261－0000315　2.9/4041
國朝耆獻類徵初編二十三種七百二十卷
（清）李桓輯　清光緒十年至十六年（1884－
1890）刻本　二百九十四冊

310000－0261－0000316　2.9/4041.3
國朝賢媛類徵初編十二卷　（清）李桓輯　清
光緒十七年（1891）湘陰李氏刻本　六冊

310000－0261－0000317　2.9/4041.3：2
國朝賢媛類徵初編十二卷　（清）李桓輯　清
光緒十七年（1891）湘陰李氏刻本　六冊

310000－0261－0000318　2.9/4049.4
藏書六十八卷　（明）李贄輯　明萬曆二十七
年（1599）金陵焦竑刻本　二十四冊

310000－0261－0000319　2.9/4049.2
續藏書二十七卷　（明）李贄撰　明萬曆三十
九年（1611）王惟儼刻本　十二冊

310000－0261－0000320　2.9/4049.41
續藏書二十七卷　（明）李贄撰　明天啓三年
（1623）陳仁錫刻本　十冊

310000－0261－0000321　2.9/4435
出使英法義比四國日記六卷　（清）薛福成撰
清光緒十八年（1892）醉六堂石印本　一冊
存二卷（一至二）

310000－0261－0000322　2.9/4709
幼幼集四卷　（清）胡文炳輯　清光緒十三年
（1887）申報館鉛印本　四冊

310000－0261－0000323　2.9/4722
河州景忠錄一卷　（清）胡秉虔撰　清抄本
一冊

310000－0261－0000324　2.9/7142

白沙叢考一卷　（清）阮榕齡編　清咸豐元年（1851）新會阮氏夢菊堂刻本　一冊

310000－0261－0000325　2.9/7142.1

編次陳白沙先生年譜二卷　（清）阮榕齡編　清咸豐新會阮氏夢菊堂刻本　二冊

310000－0261－0000326　2.9/7142.2

白沙門人考一卷　（清）阮榕齡編　清咸豐元年（1851）新會阮氏夢菊堂刻本　一冊

310000－0261－0000327　2.9/7211

鄂國金佗續編三十卷　（宋）岳珂撰　明嘉靖三十七年（1558）黃日敬刻本　十二冊

310000－0261－0000328　2.9/7714

楚寶四十卷外篇五卷　（明）周聖楷纂輯　清道光九年（1829）刻本　二十六冊

310000－0261－0000329　2.10/0045

漢歙丹陽河南方氏衍慶統宗圖譜一卷　（宋）方桂森輯　明洪武二十八年（1395）靈山方士貴刻本　一冊

310000－0261－0000330　2.10/0045.1

漢歙靈山方氏宗支世譜六卷　（明）方在明纂修　明萬曆二十八年（1600）刻本　二冊　存四卷（三至六）

310000－0261－0000331　2.10/0045.2

漢歙丹陽靈山方氏地丘墓圖不分卷　（明）方邦稔輯　明萬曆三十五年（1607）刻本　一冊

310000－0261－0000332　2.10/0045.3

歙西靈山方氏世譜文選不分卷　（明）方儒（明）方在明修　清抄本　一冊

310000－0261－0000333　2.10/7538

漁後陳氏宗譜六卷　（清）陳淦纂修　清道光九年（1829）抄本　六冊

310000－0261－0000334　2.11/0055

咸豐十年英法兩國與中國失和節略不分卷　（清）□□撰　清抄本　一冊

310000－0261－0000335　2.11/1065

十七史商榷一百卷　（清）王鳴盛撰　清乾隆五十二年（1787）刻本　十六冊

310000－0261－0000336　2.11/2623

綏寇紀略十二卷補遺三卷　（清）吳偉業輯　清嘉慶九年（1804）照曠閣刻本　八冊

310000－0261－0000337　2.11/3100

刻歷朝捷錄大成二卷　（明）顧充撰　清康熙四十八年（1709）刻本　四冊

310000－0261－0000338　2.11/4010.001

會辦兩浙鹽政大臣護照松字第肆拾壹號　（清）會辦兩浙鹽政大臣發　清宣統二年（1910）刻本　一葉

310000－0261－0000339　2.11/4010.002

會辦兩浙鹽政大臣護照松字第肆拾貳號　（清）會辦兩浙鹽政大臣發　清宣統二年（1910）刻本　一葉

310000－0261－0000340　2.11/4010.003

會辦兩浙鹽政大臣護照松字第肆拾叁號　（清）會辦兩浙鹽政大臣發　清宣統二年（1910）刻本　一葉

310000－0261－0000341　2.11/4010.004

巡撫兩浙鹽漕部院護照松字第玖千玖百玖拾肆號　（清）巡撫兩浙鹽漕部院發　清宣統二年（1910）刻本　一葉

310000－0261－0000342　2.11/4010.005

巡撫兩浙鹽漕部院護照石字第壹千肆百拾叁號　（清）巡撫兩浙鹽漕部院發　清宣統元年（1909）刻本　一葉

310000－0261－0000343　2.11/4010.006

巡撫兩浙鹽漕部院護照石字第壹千肆百叁拾叁號　（清）巡撫兩浙鹽漕部院發　清宣統元年（1909）刻本　一葉

310000－0261－0000344　2.11/4010.007

巡撫兩浙鹽漕部院護照石字第貳千捌百捌拾貳號　（清）巡撫兩浙鹽漕部院發　清宣統二年（1910）刻本　一葉

310000－0261－0000345　2.11/4010.008

巡撫兩浙鹽漕部院護照石字第貳千捌百捌拾

叁號 (清)巡撫兩浙鹽漕部院發 清宣統二
年(1910)刻本 一葉

310000－0261－0000346 2.11/4010.009
巡撫兩浙鹽漕部院護照石字第貳千捌百捌拾
肆號 (清)巡撫兩浙鹽漕部院發 清宣統二
年(1910)刻本 一葉

310000－0261－0000347 2.11/4010.01
會辦兩浙鹽政大臣代引印單松字第肆拾壹號
 (清)會辦兩浙鹽政大臣發 清宣統二年
(1910)刻藍印本 一葉

310000－0261－0000348 2.11/4010.010
巡撫兩浙鹽漕部院護照石字第貳千玖百貳拾
柒號 (清)巡撫兩浙鹽漕部院發 清宣統二
年(1910)刻本 一葉

310000－0261－0000349 2.11/4010.011
巡撫兩浙鹽漕部院護照石字第貳千玖百貳拾
捌號 (清)巡撫兩浙鹽漕部院發 清宣統二
年(1910)刻本 一葉

310000－0261－0000350 2.11/4010.012
巡撫兩浙鹽漕部院護照石字第貳千玖百貳拾
玖號 (清)巡撫兩浙鹽漕部院發 清宣統二
年(1910)刻本 一葉

310000－0261－0000351 2.11/4010.02
會辦兩浙鹽政大臣代引印單松字第肆拾貳號
 (清)會辦兩浙鹽政大臣發 清宣統二年
(1910)刻藍印本 一葉

310000－0261－0000352 2.11/4010.03
會辦兩浙鹽政大臣代引印單松字第肆拾叁號
 (清)會辦兩浙鹽政大臣發 清宣統二年
(1910)刻藍印本 一葉

310000－0261－0000353 2.11/4010.04
巡撫兩浙鹽漕部院代引印單石字第壹千肆百
拾叁號 (清)巡撫兩浙鹽漕部院發 清宣統
元年(1909)刻藍印本 一葉

310000－0261－0000354 2.11/4010.05
巡撫兩浙鹽漕部院代引印單石字第壹千肆百
叁拾叁號 (清)巡撫兩浙鹽漕部院發 清宣

統元年(1909)刻藍印本 一葉

310000－0261－0000355 2.11/4010.06
巡撫兩浙鹽漕部院代引印單石字第貳千捌百
捌拾貳號 (清)巡撫兩浙鹽漕部院發 清宣
統二年(1910)刻藍印本 一葉

310000－0261－0000356 2.11/4010.07
巡撫兩浙鹽漕部院代引印單石字第貳千捌百
捌拾叁號 (清)巡撫兩浙鹽漕部院發 清宣
統二年(1910)刻藍印本 一葉

310000－0261－0000357 2.11/4010.08
巡撫兩浙鹽漕部院代引印單石字第貳千捌百
捌拾肆號 (清)巡撫兩浙鹽漕部院發 清宣
統二年(1910)刻藍印本 一葉

310000－0261－0000358 2.11/4010.09
巡撫兩浙鹽漕部院代引印單石字第貳千玖百
貳拾柒號 (清)巡撫兩浙鹽漕部院發 清宣
統二年(1910)刻藍印本 一葉

310000－0261－0000359 2.11/4409
廣治平略四十四卷 (清)蔡方炳輯 清光緒
二十八年(1902)刻本 十二冊

310000－0261－0000360 2.11/4422
鎮江剿平粵匪記二卷 (清)陳慶年撰 清抄
本 二冊

310000－0261－0000361 2.11/4498
庚子天津一月記一卷 (清)茅少笙撰 清抄
本 一冊

310000－0261－0000362 2.11/4917.4
廿二史劄記三十六卷首一卷補遺一卷 (清)
趙翼撰 清光緒二十年(1894)廣雅書局刻本
十冊

310000－0261－0000363 2.11/7522
新刊陳眉公先生精選古今人物論三十六卷
(明)陳繼儒選 明萬曆三十七年(1609)刻本
四冊 存十二卷(一至十二)

310000－0261－0000364 2.11/7768
增刪歷朝捷錄前編真本十卷首一卷 (清)周
昌年編 清康熙三年(1664)留畊堂刻本

八冊

310000－0261－0000365　2.11/8346
廿二史攷異一百卷　（清）錢大昕撰　清乾隆
四十五年(1780)刻本　二十冊

310000－0261－0000366　2.12/1718
函史上編八十二卷下編二十一卷　（明）鄧元
錫撰　明萬曆刻本　六十二冊

310000－0261－0000367　2.12/3004
皇朝掌故彙編內編六十卷首一卷外編四十卷
首一卷　（清）張壽鏞等編　清光緒二十八年
(1902)求實書社鉛印本　六十冊

310000－0261－0000368　2.12/3004.1
列國掌故叢鈔不分卷　（清）劉啟彤譯編　清
光緒二十八年(1902)求實書社鉛印本　四冊

310000－0261－0000369　2.12/7510
史拾十七種　（宋）蘇轍撰　明刻本　七冊

310000－0261－0000370　2.12/7510.1
古史六十卷　（宋）蘇轍撰　明刻本　一冊
存十卷(五十一至六十)

310000－0261－0000371　2.12/8052
舊唐書經籍志二卷　（五代）劉昫等修　清刻
本　一冊　存一卷(下)

310000－0261－0000372　2.12/8064
克復金陵中堂奏稿十一種　（清）曾國藩撰
清同治刻本　三冊

310000－0261－0000373　2.13/0744
閩產錄異六卷　（清）郭柏蒼輯　清光緒十二
年(1886)刻本　三冊

310000－0261－0000374　2.13/1042.2
西藏總略不分卷　（清）李輔臣纂修　清抄本
一冊

310000－0261－0000375　2.13/1066
蘇省輿地圖說不分卷　（清）丁日昌修　（清）
褚成績　（清）何紹章纂　清同治刻本　十
九冊

310000－0261－0000376　2.13/1083.9

小方壺齋輿地叢鈔十二帙　（清）王錫祺輯
清光緒十七年(1891)上海著易堂鉛印本　六
十四冊

310000－0261－0000377　2.13/1083.91
小方壺齋輿地叢鈔續編十二帙五十五種
（清）王錫祺輯　清光緒二十年(1894)上海著
易堂鉛印本　四冊

310000－0261－0000378　2.13/1083.92
小方壺齋輿地叢鈔再補編十二帙　（清）王錫
祺輯　清光緒二十三年(1897)上海著易堂鉛
印本　十六冊

310000－0261－0000379　2.13/1136.33
廣東輿地全圖不分卷　（清）張人駿等撰　清
光緒二十三年(1897)廣州石經堂石印本
二冊

310000－0261－0000380　2.13/1136.34
廣西輿地全圖不分卷　（清）北洋機器總局圖
算學堂繪　清光緒二十一年(1895)石印本
二冊

310000－0261－0000381　2.13/1199
東西洋考十二卷　（明）張燮撰　明萬曆四十
六年(1618)王起宗刻本　八冊

310000－0261－0000382　2.13/1731.2
水經注匯校四十卷首一卷　（北魏）酈道元撰
（清）楊希閔校　水經注釋附錄二卷　（清）
趙一清錄　清光緒七年(1881)福州刻本
十冊

310000－0261－0000383　2.13/2021.2
白鹿書院志十九卷　（清）毛德琦撰　清康熙
五十九年(1720)刻本　六冊

310000－0261－0000384　2.13/2101
常郡八邑藝文志十二卷　（清）盧文弨纂定
（清）莊翊昆等校補　清光緒十六年(1890)刻
本　十六冊

310000－0261－0000385　2.13/2133
皇朝輿地通考二十三卷　（清）通文主人編
清光緒二十九年(1903)上海通文書局石印本

四十冊

310000－0261－0000386　2.13/2157

遊名山記一千一百三種　（明）何鏜等輯　明刻本　八十冊

310000－0261－0000387　2.13/2160

列國地說二卷　（美國）衛羅氏譯　（清）金向敷述錄　清光緒二十七年（1901）鉛印本　二冊

310000－0261－0000388　2.13/2250

太平寰宇記二百卷目錄二卷　（宋）樂史撰　清嘉慶八年（1803）刻本　三十一冊

310000－0261－0000389　2.13/2250.1

太平寰宇記補闕七卷　（清）陳蘭森撰　清乾隆五十八年（1793）刻本　一冊

310000－0261－0000390　2.13/2353

江西農工商礦紀略不分卷　傅春官編　清光緒三十四年（1908）石印本　六冊

310000－0261－0000391　2.13/2517

歷代陵寢備考五十卷　（清）朱孔陽輯　清光緒三年（1877）上海申報館鉛印本　十二冊

310000－0261－0000392　2.13/2631.1

海國圖志一百卷　（清）魏源撰　清光緒二十一年（1895）上海積山書局石印本　一冊　存十三卷（一至二、五十至五十三、七十七至八十三）

310000－0261－0000393　2.13/3140

粤西叢載三十卷　（清）汪森輯　清康熙四十四年（1705）梅雪堂刻本　六冊

310000－0261－0000394　2.13/3191

天下郡國利病書一百二十卷　（清）顧炎武撰　清光緒二十七年（1901）圖書集成局鉛印本　二十八冊

310000－0261－0000395　2.13/3191:2

天下郡國利病書一百二十卷　（清）顧炎武撰　清光緒二十七年（1901）圖書集成局鉛印本　二冊　存七卷（七至十三）

310000－0261－0000396　2.13/3191:3

天下郡國利病書一百二十卷　（清）顧炎武撰　清光緒二十七年（1901）圖書集成局鉛印本　二十八冊

310000－0261－0000397　2.13/4414.7

隨使隨筆不分卷　（清）蔡琦撰　清光緒鉛印本　一冊

310000－0261－0000398　2.13/4428

俄國政俗通考三卷　（美國）林樂知撰　任廷旭譯　清光緒二十六年（1900）上海廣學會鉛印本　二冊

310000－0261－0000399　2.13/4444

東藩紀要十二卷補錄一卷　（清）薛培榕輯　清光緒八年（1882）鉛印本　四冊

310000－0261－0000400　2.13/4664

獠羅考不分卷　（□）□□撰　清抄本　一冊

310000－0261－0000401　2.13/5544

滇南雜志二十四卷顧陸遺詩不分卷　（清）曹樹翹編　清光緒上海申報館鉛印本　八冊

310000－0261－0000402　2.13/5544:2

滇南雜志二十四卷顧陸遺詩不分卷　（清）曹樹翹編　清光緒上海申報館鉛印本　八冊

310000－0261－0000403　2.13/2517.1

歷代宗廟附考八卷　（清）朱孔陽輯　清光緒上海申報館鉛印本　二冊

310000－0261－0000404　2.13/4913

水經注釋四十卷首一卷附錄二卷　（漢）桑欽撰　（北魏）酈道元注　水經注箋刊誤十二卷　（清）趙一清錄　清光緒六年（1880）蛟川華雨慶張氏刻本　二十冊

310000－0261－0000405　682/4634

水經注圖四十卷補一卷　楊守敬撰　清光緒三十一年（1905）宜都楊守敬觀海堂刻朱墨套印本　八冊

310000－0261－0000406　2.15/0077

月令輯要二十四卷首一卷　（清）李光地（清）吳廷楨等輯　清康熙五十四年（1715）武英殿刻本　十二冊

310000 – 0261 – 0000407　2.15/4483

月日紀古十二卷　（清）蕭智漢輯　清道光二十八年(1848)經元堂刻本　十二冊

310000 – 0261 – 0000408　2.15/5040

月令粹編二十四卷圖說一卷　（清）秦味芸輯　清嘉慶十七年(1812)江都秦嘉謨琳琅仙館刻本　六冊

310000 – 0261 – 0000409　674/5010

東三省政略十二卷　徐世昌編　清宣統三年(1911)鉛印本　四十冊

310000 – 0261 – 0000410　690/2647

舟車所至二十種　（清）鄭光祖輯　清道光二十三年(1843)琴川鄭氏青玉山房刻本　十冊

310000 – 0261 – 0000411　672.7/8660

錦里新編十六卷首一卷　（清）張邦伸輯　清嘉慶五年(1800)敦彝堂刻本　八冊

310000 – 0261 – 0000412　671.25/209.1

重纂三遷志十卷首一卷　（清）孟廣均輯　（清）陳錦　（清）孫葆田重輯　清光緒十三年(1887)山東書局刻本　六冊

310000 – 0261 – 0000413　671.25/205.028

闕里述聞十四卷　（清）鄭曉如撰　清同治七年(1868)廣州西湖街華文堂刻本　八冊

310000 – 0261 – 0000414　671.25/205.020

闕里文獻考一百卷首一卷末一卷　（清）孔繼汾撰　清乾隆二十七年(1762)刻本　八冊

310000 – 0261 – 0000415　669.1/4077

大明一統志九十卷　（明）李賢　（明）萬安等纂修　明天順五年(1461)內府刻本　三十六冊

310000 – 0261 – 0000416　672.15/101.8

金陵瑣志三種　（清）陳作霖編　清光緒二十六年(1900)刻本　四冊

310000 – 0261 – 0000417　671.2/0020

齊乘六卷釋音一卷　（元）于欽纂　（元）于潛釋音　明嘉靖四十三年(1564)杜思刻本　六冊

310000 – 0261 – 0000418　672.15/413.041

北湖小志六卷首一卷　（清）焦循撰　清嘉慶十三年(1808)揚州阮氏刻本　一冊

310000 – 0261 – 0000419　672.7/4010

華陽國志十二卷　（晉）常璩撰　補華陽國志三州郡縣目錄不分卷　（清）廖寅撰　清嘉慶十九年(1814)金陵劉文奎刻本　六冊

310000 – 0261 – 0000420　671.3/3140.3

元河南志四卷　（元）□□纂修　清光緒三十四年(1908)江陰繆荃孫刻本　二冊

310000 – 0261 – 0000421　681.5/7033

防守江海要略二卷　（清）□□輯　清光緒十一年(1885)刻本　二冊

310000 – 0261 – 0000422　682.8/2143

河防志十二卷　（清）張希良輯　清雍正三年(1725)刻本　十二冊

310000 – 0261 – 0000423　676.1/0211.2

戡定新疆記八卷　（清）魏光燾撰　清光緒二十五年(1899)鉛印本　四冊

310000 – 0261 – 0000424　676.1/0211.2：2

戡定新疆記八卷　（清）魏光燾撰　清光緒二十五年(1899)鉛印本　二冊

310000 – 0261 – 0000425　681.5/6649

三省邊防備覽十四卷　（清）嚴如熤輯　清道光二年(1822)刻本　四冊　存十卷(一至八、十三至十四)

310000 – 0261 – 0000426　676.6/2144.7

衛藏圖識圖考二卷識略二卷蠻語一卷　（清）馬揭　（清）盛繩祖纂修　清乾隆五十七年(1792)刻本　四冊

310000 – 0261 – 0000427　676.1/0211.4

新疆國界圖志八卷　王樹枏撰　清宣統元年(1909)刻本　四冊

310000 – 0261 – 0000428　673.5/4304

雲南勘界籌邊記二卷　（清）姚文棟撰　清光緒刻本　二冊

310000 – 0261 – 0000429　672.15/117.034

京口山水志十八卷首一卷末一卷勘誤表不分卷　(清)楊棨撰　清宣統三年(1911)鉛印本　四冊

310000－0261－0000430　673.35/305.03
羅浮紀勝二卷　(清)吳騫輯　清康熙六十一年(1722)當塗吳氏刻本　二冊

310000－0261－0000431　672.15/105.03
寶華山志十五卷首一卷　(清)劉名芳纂修　清同治千華十五世聖性宗刻本　四冊

310000－0261－0000432　672.15/105.03：2
寶華山志十五卷首一卷　(清)劉名芳纂修　清同治千華十五世聖性宗刻本　四冊

310000－0261－0000433　672.15/117.03
北固山志十四卷首一卷　(清)周伯義輯　清光緒三十年(1904)刻本　六冊

310000－0261－0000434　672.15/117.03：2
北固山志十四卷首一卷　(清)周伯義輯　清光緒三十年(1904)刻本　六冊

310000－0261－0000435　672.15/117.031
北固山志十四卷首一卷　(清)周伯義輯　清光緒三十年(1904)月圓人壽室刻本　六冊

310000－0261－0000436　672.15/101.03
盇山志八卷　(清)顧雲編　清光緒九年(1883)刻本　三冊

310000－0261－0000437　672.25/207.03
祠山志十卷首一卷末一卷　(元)周秉秀編　清光緒十二年(1886)刻本　四冊

310000－0261－0000438　672.55/115.04
大別山志十卷首一卷　(清)胡鳳丹纂　清同治十三年(1874)胡氏退補齋刻本　四冊

310000－0261－0000439　672.55/227.03
大嶽太和山紀略八卷　(清)王概修　(清)姚世倌纂　清乾隆九年(1744)下荊南道署刻本　六冊

310000－0261－0000440　672.55/227.03：2
大嶽太和山紀略八卷　(清)王概修　(清)姚世倌纂　清乾隆九年(1744)下荊南道署刻本

四冊

310000－0261－0000441　672.75/335.031
峨山圖志二卷　(清)黃綬芙　(清)譚鍾嶽編　清光緒十五年(1889)刻本　一冊

310000－0261－0000442　672.25/103.03
浮山志十卷　(清)陳焯等纂修　清同治十二年(1873)吳康弼木活字印本　六冊

310000－0261－0000443　672.45/225.03
閣皂山志二卷　(明)俞策撰　(清)施閏章定　清康熙五年(1666)刻本　一冊

310000－0261－0000444　672.35/401.09
孤嶼志八卷首一卷　(清)陳舜咨訂修　清嘉慶十四年(1809)介和堂刻本　五冊

310000－0261－0000445　672.35/401.09：2
孤嶼志八卷首一卷　(清)陳舜咨訂修　清嘉慶十四年(1809)介和堂刻本　五冊

310000－0261－0000446　672.35/401.09：3
孤嶼志八卷首一卷　(清)陳舜咨訂修　清嘉慶十四年(1809)介和堂刻本　四冊

310000－0261－0000447　673.15/103.034
鼓山志十四卷首一卷　(清)黃任修輯　清乾隆三十七年(1772)刻本　六冊

310000－0261－0000448　673.15/103.035
鼓山志十四卷首一卷　(清)黃任修輯　清光緒二年(1876)刻本　六冊

310000－0261－0000449　672.35/425.03
廣雁蕩山志二十八卷首一卷末一卷　(清)曾唯纂　清乾隆五十五年(1790)刻本　八冊

310000－0261－0000450　672.35/425.03：2
廣雁蕩山志二十八卷首一卷末一卷　(清)曾唯纂　清乾隆五十五年(1790)刻本　八冊

310000－0261－0000451　671.15/369.03
恆山志四卷圖一卷　(清)桂敬順修　清乾隆二十九年(1764)刻本　五冊

310000－0261－0000452　672.15/301.037
虎阜志十卷首一卷　(清)陸肇域輯　(清)任

兆麟纂　清乾隆五十七年（1792）刻本　二十册

310000－0261－0000453　672.15/301.03
虎丘山志十卷首一卷　（清）顧湄撰　清康熙四十一年（1702）刻本　四册

310000－0261－0000454　671.55/147.03
華嶽志八卷首一卷　（清）李榕輯　清道光十一年（1831）華麓楊翼武清白別墅刻光緒九年（1883）湘鄉楊昌濬重修本　四册

310000－0261－0000455　672.55/115.03
黃鵠山志十二卷首一卷　（清）胡鳳丹撰　清同治十三年（1874）永康胡鳳丹退補齋刻本　六册

310000－0261－0000456　672.25/211.033
黃山導四卷　（清）汪瑾輯　清乾隆二十六年（1761）汪氏一鷗草堂刻本　十册

310000－0261－0000457　672.25/211.037
黃山志定本七卷首一卷　（清）閔麟嗣纂　清康熙十八年（1679）刻本　十六册

310000－0261－0000458　672.25/211.032
黃山志二卷　（清）張佩芳撰　清乾隆三十五年（1770）刻本　一册

310000－0261－0000459　672.15/311.032
慧山記四卷續編三卷首一卷　（明）釋圓顯輯　（明）邵寶訂　（清）邵涵初續輯　清同治七年（1868）刻本　六册

310000－0261－0000460　672.15/311.032：2
慧山記四卷續編三卷首一卷　（明）釋圓顯輯　（明）邵寶訂　（清）邵涵初續輯　清同治七年（1868）刻本　六册

310000－0261－0000461　673.551/421.032
雞足山志十卷首一卷　（清）范承勳撰　清康熙三十一年（1692）刻本　七册

310000－0261－0000462　673.551/421.032：2
雞足山志十卷首一卷　（清）范承勳撰　清康熙三十一年（1692）刻本　六册

310000－0261－0000463　672.15/117.0311

焦山志二十六卷首一卷　（清）吳雲輯　焦山續志八卷　（清）陳任暘輯　清光緒三十一年（1905）月圓人壽室刻本　十册

310000－0261－0000464　672.15/117.032
焦山志二十六卷首一卷　（清）吳雲輯　焦山續志八卷　（清）陳任暘輯　清光緒三十一年（1905）刻本　十册

310000－0261－0000465　672.15/117.032：2
焦山志二十六卷首一卷　（清）吳雲輯　焦山續志八卷　（清）陳任暘輯　清光緒三十一年（1905）刻本　十册

310000－0261－0000466　672.35/131.03
金蓋山志四卷首一卷閔小艮先生金蓋志略不分卷　（清）李宗蓮編輯　清光緒二十二年（1896）古書隱樓刻本　二册

310000－0261－0000467　672.15/117.030
金山志二十卷首二卷　（清）周伯義編　（清）陳任暘訂　清光緒三十年（1904）月圓人壽室刻本　十册

310000－0261－0000468　672.15/117.037
金山志二十卷首二卷　（清）周伯義編　（清）陳任暘訂　清光緒三十年（1904）刻本　十册

310000－0261－0000469　672.15/117.0382
金山志十卷首一卷續金山志二卷　（清）盧見曾纂　清光緒二十六年（1900）刻本　六册

310000－0261－0000470　672.25/245.03
九華山志十卷首一卷末一卷　（清）謝維喈重修　（清）周贇纂修　清光緒二十六年（1900）刻本　八册

310000－0261－0000471　672.25/245.03：2
九華山志十卷首一卷末一卷　（清）謝維喈重修　（清）周贇纂修　清光緒二十六年（1900）刻本　八册

310000－0261－0000472　672.65/221
九疑山志四卷　（清）吳繩祖編　（清）樊在廷纂　清光緒九年（1883）刻本　二册

310000 – 0261 – 0000473　672.65/221.03

九疑山志四卷　（清）吳繩祖編　（清）樊在廷纂　清同治三年(1864)刻本　二冊

310000 – 0261 – 0000474　671.35/329.03

崆峒山志二卷　（清）張伯魁纂修　清嘉慶二十四年(1819)刻本　二冊

310000 – 0261 – 0000475　672.35/301.03

爛柯山志十三卷　（清）鄭永禧補輯　清光緒三十三年(1907)刻本　四冊

310000 – 0261 – 0000476　672.65/203.033

蓮峰志五卷　（清）王夫之撰　清同治四年(1865)湘鄉曾國荃金陵節署刻本　一冊

310000 – 0261 – 0000477　672.45/139.03

龍虎山志十六卷　（清）婁近垣輯　清乾隆五年(1740)棲碧堂刻本　六冊

310000 – 0261 – 0000478　672.65/103.03

龍潭山志七卷首一卷末一卷　（清）康阜纂　清光緒六年(1880)刻本　八冊

310000 – 0261 – 0000479　672.45/411.0343

廬山小志二十四卷首一卷　（清）蔡瀛纂　清道光四年(1824)刻本　八冊

310000 – 0261 – 0000480　672.45/411.03

廬山志十五卷　（清）毛德琦纂　清康熙刻同治十二年(1873)重修本　十六冊

310000 – 0261 – 0000481　672.45/411.03：2

廬山志十五卷　（清）毛德琦纂　清康熙刻同治十二年(1873)重修本　十冊

310000 – 0261 – 0000482　672.45/411.03：3

廬山志十五卷　（清）毛德琦纂　清康熙刻同治十二年(1873)重修本　十六冊

310000 – 0261 – 0000483　672.45/411.03：4

廬山志十五卷　（清）毛德琦纂　清康熙刻同治十二年(1873)重修本　十六冊

310000 – 0261 – 0000484　672.46/411.0320

廬山志十五卷　（清）毛德琦纂　清康熙刻乾隆五十八年(1793)刻本　十二冊

310000 – 0261 – 0000485　673.35/307.038

羅浮山志會編二十二卷首一卷　（清）宋廣業輯　清康熙五十六年(1717)長洲宋志益刻本　九冊　存二十卷(四至二十二、首一卷)

310000 – 0261 – 0000486　673.35/307.03

羅浮志十卷　（明）陳槤撰　清道光三十年(1850)南海伍崇曜粵雅堂刻本　一冊

310000 – 0261 – 0000487　672.15/105.034

茅山志十四卷　（清）笪蟾光編　清光緒四年(1878)刻本　六冊

310000 – 0261 – 0000488　672.15/105.039

茅山志十四卷　（清）笪蟾光編　清康熙八年(1669)刻本　八冊

310000 – 0261 – 0000489　672.35/201

明州阿育王山志十六卷　（明）郭子章撰　明萬曆四十七年(1619)刻本　六冊

310000 – 0261 – 0000490　672.15/319.03

南通州五山全志二十卷　（清）劉名芳纂修　清乾隆十六年(1751)徐嶺刻本　四冊

310000 – 0261 – 0000491　672.15/319.03：2

南通州五山全志二十卷　（清）劉名芳纂修　清乾隆十六年(1751)徐嶺刻本　五冊

310000 – 0261 – 0000492　672.65/203.036

南嶽圖志不分卷　（□）□□撰　清乾隆十年(1745)刻本　一冊

310000 – 0261 – 0000493　672.65/203.03

南嶽志八卷　（清）高自位編　（清）曠敏本纂　清乾隆十八年(1753)刻本　六冊

310000 – 0261 – 0000494　672.65/203.03：2

南嶽志八卷　（清）高自位編　（清）曠敏本纂　清乾隆十八年(1753)刻本　八冊

310000 – 0261 – 0000495　672.65/203.03：3

南嶽志八卷　（清）高自位編　（清）曠敏本纂　清乾隆十八年(1753)刻本　六冊

310000 – 0261 – 0000496　671.15/125.038

盤山志十卷首一卷補遺四卷　（清）釋智樸纂　清康熙三十五年(1696)刻本　十冊

310000－0261－0000497　671.15/125.03

盤山志十六卷　（清）蔣溥等纂　清乾隆二十年（1755）刻本　八冊

310000－0261－0000498　672.15/103.03

栖霞小志不分卷　（清）盛時泰撰　清嘉慶二十四年（1819）江寧友恭堂刻本　一冊

310000－0261－0000499　672.25/255.03

齊山巖洞志二十六卷首一卷　（清）陳蔚輯　清嘉慶十年（1805）刻本　八冊　存十卷（一至九、首一卷）

310000－0261－0000500　672.25/235.034

齊山志七卷首一卷　（清）李燾等纂　清康熙五十七年（1718）刻本　二冊

310000－0261－0000501　672.25/215.03

齊雲山志五卷　（明）魯點輯　清康熙五年（1666）刻本　五冊

310000－0261－0000502　671.45/243

清凉山新志十卷　（清）老藏丹巴撰　清康熙四十年（1701）刻本　四冊

310000－0261－0000503　672.15/103.034

攝山志八卷首一卷　（清）陳毅纂　清乾隆五十五年（1790）蘇州府署刻本　四冊

310000－0261－0000504　672.45/407.03：2

石鐘山志十六卷首一卷　（清）李成謀　（清）丁義方輯　清光緒九年（1883）聽濤眺雨軒刻本　八冊

310000－0261－0000505　672.45/407.03

石鐘山志十六卷首一卷補遺不分卷　（清）李成謀　（清）丁義方輯　清光緒九年（1883）聽濤眺雨軒刻本　八冊

310000－0261－0000506　672.45/407.03：3

石鐘山志十六卷首一卷補遺不分卷　（清）李成謀　（清）丁義方輯　清光緒九年（1883）聽濤眺雨軒刻本　八冊

310000－0261－0000507　671.35/313.03

說嵩三十二卷例目一卷　（清）景日昣撰　清康熙六十年（1721）嶽生堂刻本　十冊

310000－0261－0000508　671.35/313.03：2

說嵩三十二卷例目一卷　（清）景日昣撰　清康熙六十年（1721）嶽生堂刻本　二十四冊

310000－0261－0000509　672.35/109.034

四明山志九卷　（清）黃宗羲輯　（清）李暾訂　清康熙四十二年（1703）刻本　六冊

310000－0261－0000510　671.25/123.031

泰山道里記一卷　（清）聶鈫撰　清道光六年（1826）泰安聶氏杏雨山堂刻本　一冊

310000－0261－0000511　671.25/123.033

泰山述記十卷　（清）宋思仁纂　清乾隆五十五年（1790）泰安縣署刻本　十冊

310000－0261－0000512　671.25/123.03

泰山志二十卷　（清）金棨撰　清光緒二十四年（1898）刻本　十冊

310000－0261－0000513　672.35/231.03

委羽山志六卷　（明）胡昌賢輯　委羽山續志二卷首一卷　王維翰輯　清同治九年（1870）委羽石室刻本　二冊

310000－0261－0000514　673.15/103.03

烏石山志九卷首一卷　（清）郭柏蒼　（清）劉永松纂　清道光二十二年（1842）刻本　四冊

310000－0261－0000515　673.15/417

武夷山志二十四卷首一卷　（清）董天工編　清同治十一年（1872）無錫丁承禧刻本　八冊

310000－0261－0000516　673.15/417.034

武夷山志二十四卷首一卷　（清）董天工編　清道光二十七年（1847）籍溪羅良嵩五夫尺木軒刻本　十冊

310000－0261－0000517　672.35/113.03

西天目祖山志八卷首一卷末一卷補遺一卷　（清）釋廣賓纂　（清）釋際界增訂　清光緒二年（1876）西天目禪源寺刻本　四冊

310000－0261－0000518　672.15/311.03

錫山景物略十卷　（清）王永積輯　清光緒二十四年（1898）刻本　五冊

310000－0261－0000519　676.1/0211.1

新疆山脈圖志六卷　王樹枏撰　清宣統元年(1909)刻本　六冊

310000－0261－0000520　672.75/127.03
續刊青城山記二卷　(清)彭洵編　清光緒十三年(1887)刻本　一冊

310000－0261－0000521　672.15/301.0372
陽山志三卷　(明)岳岱撰　清抄本　一冊

310000－0261－0000522　683/1012
欽定天下名山不分卷　(清)□□撰　清抄本　四冊

310000－0261－0000523　673.35/125.03
禹峽山志四卷　(清)孫繩祖纂修　清同治元年(1862)刻本　四冊

310000－0261－0000524　672.35/103.0317
御覽孤山志不分卷　(清)王復禮撰　清光緒七年(1881)錢塘丁氏嘉惠堂刻本　一冊

310000－0261－0000525　672.15/519.03
雲臺新志十八卷首一卷末一卷　(清)謝元淮修　(清)許喬林纂　清道光十七年(1837)刻本　六冊

310000－0261－0000526　672.15/519.03：2
雲臺新志十八卷首一卷末一卷　(清)謝元淮修　(清)許喬林纂　清道光十七年(1837)刻本　六冊

310000－0261－0000527　672.45/411.032
增定盧山志十五卷　(清)吳煒　(清)李瀅編輯　清康熙七年(1668)日思堂刻本　十六冊

310000－0261－0000528　672.35/207.03
招寶山志二卷　(清)陳景沛撰　(清)周道遵編　清道光二十六年(1846)木活字印本　二冊

310000－0261－0000529　672.45/109
重刊麻姑山志十二卷首一卷　(清)黃家駒編　清同治五年(1866)漢皋督銷局刻本　六冊

310000－0261－0000530　672.35/213.033
重修南海普陀山志二十卷首一卷　(清)秦耀曾纂輯　清道光十二年(1832)刻本　四冊

310000－0261－0000531　682.81/4412
長江圖說十二卷首一卷　(清)馬徵麟撰　清同治十年(1871)湖北崇文書局刻本　五冊

310000－0261－0000532　682.86/7713
洞庭湖志十四卷　(清)蔡世基撰　(清)夏大觀補輯　(清)萬年淳再訂　清道光八年(1828)刻本　十冊

310000－0261－0000533　682.88/8034
具區志十六卷　(清)翁澍撰　清康熙二十八年(1689)刻本　四冊

310000－0261－0000534　672.15/101.044
莫愁湖志六卷首一卷　(清)馬士圖輯　清光緒八年(1882)刻本　四冊

310000－0261－0000535　672.35/109.04
南湖考一卷　(明)陳幼學撰　節錄餘杭縣南湖事略一卷南湖誌考一卷　(明)陳善撰　清光緒五年(1879)刻本　一冊

310000－0261－0000536　682.88/8041.1
太湖備考十六卷首一卷　(清)金友理纂　(清)金友琯校　清乾隆十五年(1750)藝蘭圃刻本　八冊

310000－0261－0000537　682.88/8041
太湖備考十六卷首一卷　(清)金友理纂　(清)金友琯校　湖程紀略不分卷　(清)吳曾撰　(清)金友理校　清光緒二十九年(1903)刻本　八冊

310000－0261－0000538　682.88/8041：2
太湖備考十六卷首一卷　(清)金友理纂　(清)金友琯校　湖程紀略不分卷　(清)吳曾撰　(清)金友理校　清光緒二十九年(1903)刻本　八冊

310000－0261－0000539　682.88/8042
太湖備考續編四卷　(明)鄭言紹輯　清光緒二十九年(1903)憩園刻本　四冊

310000－0261－0000540　682.88/8042：2
太湖備考續編四卷　(明)鄭言紹輯　清光緒二十九年(1903)憩園刻本　四冊

310000－0261－0000541　672.35/103.043

西湖遊覽志二十四卷志餘二十六卷　（明）田汝成撰　清光緒二十二年(1896)錢塘丁氏嘉惠堂刻本　十冊

310000－0261－0000542　672.35/103.04

西湖志八卷　（明）田汝成撰　清康熙二十八年(1689)姚靖三鑒堂刻本　十二冊

310000－0261－0000543　672.35/101.04

西湖志四十八卷　（清）李衛　（清）傅王露纂修　清光緒四年(1878)浙江書局刻本　二十冊

310000－0261－0000544　672.35/101.048

西湖志纂十五卷首一卷　（清）沈德潛　（清）傅王露輯　（清）梁詩正纂　清乾隆二十年(1755)賜經堂刻本　六冊

310000－0261－0000545　672.35/101.048：2

西湖志纂十五卷首一卷　（清）沈德潛　（清）傅王露輯　（清）梁詩正纂　清乾隆二十年(1755)賜經堂刻本　十冊

310000－0261－0000546　682/4444

西徽水道不分卷　（清）黃棽裁撰　清光緒十二年(1886)得一齋刻本　二冊

310000－0261－0000547　672.15/413.04

揚州水道記四卷　（清）劉文淇撰　清同治十一年(1872)淮南書局刻本　二冊

310000－0261－0000548　672.15/413.04：2

揚州水道記四卷　（清）劉文淇撰　清同治十一年(1872)淮南書局刻本　二冊

310000－0261－0000549　672.55/121.04

鸚鵡洲小志四卷首一卷　（清）胡鳳丹編纂　清同治十三年(1874)永康胡鳳丹退補齋刻本　一冊

310000－0261－0000550　672.55/121.04：2

鸚鵡洲小志四卷首一卷　（清）胡鳳丹編纂　清同治十三年(1874)永康胡鳳丹退補齋刻本　二冊

310000－0261－0000551　682.84/3731

漕運則例纂二十卷　（清）楊錫紱纂　清乾隆三十五年(1770)刻本　一冊　存一卷(十一)

310000－0261－0000552　682.3/0041

敕修兩浙海塘通志二十卷首一卷　（清）方觀承等修　（清）查祥等纂　清乾隆十六年(1751)刻本　十冊

310000－0261－0000553　672.31/3840

海塘新志六卷續海塘新志四卷　（清）琅玕等纂　清道光刻本　八冊

310000－0261－0000554　682/2333

行水金鑑一百七十五卷首一卷　（清）傅澤洪錄　清雍正三年(1725)淮揚官署刻本　九十六冊

310000－0261－0000555　672.34/3732.03

湖州府水道全圖不分卷　（清）□□撰　清道光四年(1824)江聲帆影閣刻本　一冊

310000－0261－0000556　672.34/3732.04

嘉興府水道全圖不分卷　（清）梁恭辰等編校　清刻本　一冊

310000－0261－0000557　672.34/3732.04：2

嘉興府水道全圖不分卷　（清）梁恭辰等編校　清刻本　一冊

310000－0261－0000558　672.1/3144.04

江蘇海塘新志八卷首一卷　（清）李慶雲（清）蔣師轍纂　清光緒十六年(1890)刻本　四冊

310000－0261－0000559　672.54/4234

荊州萬城隄志十卷首一卷末一卷　（清）倪文蔚纂　清光緒二年(1876)刻本　六冊

310000－0261－0000560　682.9/2622

荊州萬城隄志十卷首一卷末一卷　（清）倪文蔚纂　清光緒二年(1876)刻本　六冊

310000－0261－0000561　682.84/4409

山東全河備考四卷　（清）葉方恒纂　清康熙十九年(1680)刻本　四冊

310000－0261－0000562　672.35/403.02

通濟堰志二卷　（清）朱丙慶修　（清）沈國琛

篆　清宣統元年(1909)敦倫齋刻本　二冊

310000－0261－0000563　672.35/131.042
烏程長興二邑溇港說一卷烏程縣溇港一卷太湖水道圖說一卷　(清)王鳳生撰　清道光四年(1824)江聲帆影閣刻本　一冊

310000－0261－0000564　672.35/131.042：2
烏程長興二邑溇港說一卷烏程縣溇港一卷太湖水道圖說一卷　(清)王鳳生撰　清道光四年(1824)江聲帆影閣刻本　一冊

310000－0261－0000565　672.35/131.042：3
烏程長興二邑溇港說一卷烏程縣溇港一卷太湖水道圖說一卷　(清)王鳳生撰　清道光四年(1824)江聲帆影閣刻本　一冊

310000－0261－0000566　682/2740
續行水金鑑一百五十六卷首一卷　(清)黎世序　(清)俞正燮纂修　清道光十二年(1832)河庫道署刻本　八十冊

310000－0261－0000567　672.3/3211
浙西水利備考不分卷　(清)王鳳生纂　清光緒四年(1878)浙江書局刻本　一冊

310000－0261－0000568　672.3/3211：2
浙西水利備考不分卷　(清)王鳳生纂　清光緒四年(1878)浙江書局刻本　一冊

310000－0261－0000569　741/4420
大英國志八卷　(英國)慕維廉譯　清咸豐六年(1856)刻本　二冊

310000－0261－0000570　732.7/4314
琉球地理小志一卷補遺一卷略說一卷　(日本)中根淑等撰　(清)姚文棟譯　清光緒九年(1883)刻本　一冊

310000－0261－0000571　732.6/7794
琉球國志略十六卷首一卷　(清)周煌撰　清道光刻本　八冊

310000－0261－0000572　731.6/4433
日本國志四十卷首一卷　(清)黃遵憲撰　清光緒二十四年(1898)浙江書局刻本　十冊

310000－0261－0000573　716/1144

新釋地理備考全書十卷　(葡萄牙)瑪吉士輯譯　清道光二十七年(1847)刻本　六冊

310000－0261－0000574　3.14/1144
新釋地理備考全書十卷　(葡萄牙)瑪吉士輯譯　清道光二十七年(1847)刻本　五冊　存八卷(一至八)

310000－0261－0000575　732.6/4902
續琉球國志略二卷首一卷　(清)趙新撰　清光緒八年(1882)刻本　二冊

310000－0261－0000576　671.6/4410
度隴記四卷　(清)董醇撰　清咸豐元年(1851)刻本　四冊

310000－0261－0000577　676.1/1163
河海崑崙錄四卷　裴景福撰　清光緒三十二年(1906)上海文明書局鉛印本　三冊　存三卷(一至三)

310000－0261－0000578　672.15/201.09
滬游雜記四卷　(清)葛元煦撰　清光緒二年(1876)刻本　四冊

310000－0261－0000579　672.15/301.09
滄浪小志二卷　(清)宋犖編　清光緒十年(1884)江蘇書局刻本　一冊

310000－0261－0000580　672.35/109.033
洞霄圖志六卷首一卷　(宋)鄧牧編　(元)孟宗憲輯　洞霄詩集十四卷　(元)孟宗寶編　清刻本　五冊

310000－0261－0000581　673.35/101.3
廣州遊覽小志一卷　(清)王士禎撰　清刻本　一冊

310000－0261－0000582　682/1731
湖山便覽十二卷　(清)翟灝　(清)翟瀚輯　清光緒元年(1875)杭州王維翰槐蔭堂刻本　六冊

310000－0261－0000583　671.55/107.02
馬嵬志十六卷首一卷　(清)胡鳳丹輯　清光緒三年(1877)永康胡氏退補齋刻本　六冊

310000－0261－0000584　672.7/5572

蜀中名勝記三十卷　（明）曹學佺撰　清宣統
二年（1910）四川官印局刻本　八冊

310000－0261－0000585　672.35/103.14

西湖覽勝詩志八卷　（清）夏基纂　清順治十
二年（1655）刻本　二冊

310000－0261－0000586　673.3/2738

粵游小識七卷　（清）張心泰撰　清光緒二十
六年（1900）刻本　一冊

310000－0261－0000587　660/2448

湖南全省輿地圖表不分卷　（清）□□編繪
清光緒二十二年（1896）石印本　十四冊　存
十四冊（二至十三、十五至十六）

310000－0261－0000588　672.6/3740

湖南全省輿地圖表不分卷　（清）□□編繪
清光緒二十二年（1896）石印本　十六冊

310000－0261－0000589　672.6/3740：2

湖南全省輿地圖表不分卷　（清）□□編繪
清光緒二十二年（1896）石印本　十六冊

310000－0261－0000590　672.4/3110

江西全省輿圖十四卷首一卷　（清）曾國藩
（清）劉坤一纂修　清同治七年（1868）刻本
十五冊

310000－0261－0000591　669.1/7770

輿地廣記三十八卷　（宋）歐陽忞撰　清嘉慶
十七年（1812）吳門黃丕烈士禮居刻本　四冊

310000－0261－0000592　681.5/4733

籌海圖編十三卷　（明）胡宗憲輯　明嘉靖四
十一年（1562）刻本　十六冊

310000－0261－0000593　673.4/0010

廣西輿地全圖不分卷　（清）北洋機器總局圖
算學堂繪　清光緒二十四年（1898）香山黃槐
森石印本　二冊

310000－0261－0000594　673.4/2545

廣西輿圖並郡邑道里圖不分卷　（清）朱椿纂
修　清乾隆三十九年（1774）刻本　一冊

310000－0261－0000595　672.1/3144

江蘇全省輿圖不分卷　（清）鄧華熙修　（清）

諸寶可纂　清光緒二十一年（1895）江蘇書局
刻本　三冊

310000－0261－0000596　672.1/3144.0

江蘇全省輿圖不分卷　（清）鄧華熙修　（清）
諸寶可纂　清光緒二十一年（1895）江蘇書局
刻本　三冊

310000－0261－0000597　672.15/311.4

金匱縣輿地全圖四卷金匱縣鬥則簡明冊二卷
　（清）華湛恩編　（清）華鴻模續編　清光緒
三十四年（1908）鵝湖華存裕堂義莊石印本
六冊

310000－0261－0000598　672.15/101.31

寧郡城河丈尺圖志二卷　（清）宗源瀚纂　清
光緒十四年（1888）寧波河工局木活字印本
一冊

310000－0261－0000599　671.2/2238

山東郡縣圖考不分卷　（清）任道鎔編　清光
緒八年（1882）刻朱墨套印本　一冊

310000－0261－0000600　672.15/413.42

揚州歷代疆域沿革圖說不分卷　（清）徐庭曾
（清）汪桂森編　清光緒三十年（1904）刻本
一冊

310000－0261－0000601　660/6644

大清中外壹統輿圖首一卷中一卷南十卷北二
十卷　（清）胡林翼撰　（清）嚴樹森訂　清同
治二年（1863）湖北撫署景桓楼刻本　三十
三冊

310000－0261－0000602　660/7748.5

皇朝一統輿地全圖不分卷　（清）李兆洛編
清光緒二十四年（1898）上海順成書局石印本
二冊

310000－0261－0000603　669.8/5287

皇輿表十六卷　（清）喇沙里等纂修　（清）揆
敘等增修　清康熙四十三年（1704）內府刻本
一冊

310000－0261－0000604　669.1/4033

李氏五種合刊二十八卷　（清）李兆洛撰　清

同治九年至十一年（1870 - 1872）合肥李鴻章
刻本　十册

310000 - 0261 - 0000605　660/4634
歷代輿地圖四十五種　楊守敬撰　清光緒三
十年至宣統三年（1904 - 1911）宜都楊守敬觀
海堂刻朱墨套印本　三十四册

310000 - 0261 - 0000606　660/4634.7
歷代輿地沿革險要圖不分卷　楊守敬　饒敦
秩撰　清光緒五年（1879）東湖饒氏刻朱墨套
印本　一册

310000 - 0261 - 0000607　660/4634.7：2
歷代輿地沿革險要圖不分卷　楊守敬　饒敦
秩撰　清光緒五年（1879）東湖饒氏刻朱墨套
印本　一册

310000 - 0261 - 0000608　660/4634.7：3
歷代輿地沿革險要圖不分卷　楊守敬　饒敦
秩撰　清光緒五年（1879）東湖饒氏刻朱墨套
印本　一册

310000 - 0261 - 0000609　660/4634.7：4
歷代輿地沿革險要圖不分卷　楊守敬　饒敦
秩撰　清光緒五年（1879）東湖饒氏刻朱墨套
印本　一册

310000 - 0261 - 0000610　682/7544
**中國江海險要圖志二十二卷首一卷補編五卷
圖五卷**　（英國）海軍海圖官局編　陳壽彭譯
　清光緒二十七年（1901）上海經世文社石印
本　十五册

310000 - 0261 - 0000611　672.35/119.5
嘉府典故纂要八卷　（清）王惟梅輯　清乾隆
五十四年（1789）環翠書屋刻本　二册

310000 - 0261 - 0000612　672.35/119.51
嘉府典故纂要續編八卷　（清）王惟梅輯　清
嘉慶四年（1799）環翠書屋刻本　一册　存三
卷（一至三）

310000 - 0261 - 0000613　672.35/103.02
清波小志二卷　（清）徐逢吉輯　**清波小志補
一卷**　（清）陳景鍾補　清光緒七年（1881）刻

本　一册

310000 - 0261 - 0000614　672.70/6055
蜀典十二卷　（清）張澍纂修　清光緒二年
（1876）尊經書院刻本　四册

310000 - 0261 - 0000615　672.70/6055：2
蜀典十二卷　（清）張澍纂修　清光緒二年
（1876）尊經書院刻本　四册

310000 - 0261 - 0000616　672.35/315.2
婺志粹十四卷婺詩補三卷　（清）盧標纂　清
道光十九年（1839）刻本　十册　存十六卷
（婺志粹十四卷、婺詩補二至三）

310000 - 0261 - 0000617　672.15/311.8
錫金鄉土地理二卷　（清）侯鴻鑒纂修　清光
緒三十四年（1908）無錫文苑閣木活字印本
一册

310000 - 0261 - 0000618　672.15/311.22
錫金鄉土歷史二卷地理二卷　（清）侯鴻鑒纂
修　清光緒三十二年（1906）無錫藝文齋木活
字印本　二册

310000 - 0261 - 0000619　672.35/215.05
曹江孝女廟志八卷首一卷末一卷　（清）金廷
棟編　清光緒八年（1882）刻本　四册

310000 - 0261 - 0000620　672.35/215.05：2
曹江孝女廟志八卷首一卷末一卷　（清）金廷
棟編　清光緒八年（1882）刻本　二册

310000 - 0261 - 0000621　672.65/103.06
長沙賈太傅祠志四卷　（清）夏獻雲編　清光
緒四年（1878）刻本　二册

310000 - 0261 - 0000622　672.65/103.08
定王臺志二卷　（清）夏獻雲編　清光緒七年
（1881）刻本　二册

310000 - 0261 - 0000623　672.35/127.07
平湖陸氏景賢祠志四卷　（明）□□輯　（清）
陸龍光增輯　清光緒六年（1880）刻本　一册

310000 - 0261 - 0000624　672.35/103.053
汪王廟志略不分卷　（清）汪文炳輯　（清）孫
峻參訂　清光緒三十一年（1905）刻本　一册

310000 - 0261 - 0000625　672.35/103.09

西湖林公祠墓誌一卷　（清）程鐘瑞編　清同治八年（1869）刻本　一冊

310000 - 0261 - 0000626　672.65/211

炎陵志八卷首一卷末一卷　（清）王開琸纂修　清道光八年（1828）刻本　四冊

310000 - 0261 - 0000627　672.35/101.08

岳廟志略十卷首一卷　（清）馮培編　清光緒五年（1879）浙江書局刻本　四冊

310000 - 0261 - 0000628　672.25/101.09

大觀亭志六卷首一卷末一卷　（清）李國模纂　（清）李丙榮編　清宣統三年（1911）合肥李氏慎餘堂木活字印本　四冊

310000 - 0261 - 0000629　671.25/205.027

陋巷志八卷　（明）顏胤祚撰　明萬曆二十九年（1601）刻本　四冊

310000 - 0261 - 0000630　675.6/2657

寧古塔記略不分卷　（清）吳振臣撰　清光緒二十一年（1895）漸西村舍刻本　一冊

310000 - 0261 - 0000631　672.15/413.03

平山堂圖志十卷首一卷　（清）趙之壁編　清乾隆三十年（1765）刻本　四冊

310000 - 0261 - 0000632　672.15/413.031

平山堂圖志十卷首一卷　（清）趙之壁編　清光緒二十一年（1895）刻本　四冊　存八卷（一至四、八至十,首一卷）

310000 - 0261 - 0000633　671.25/205.02

闕里志二十四卷　（明）陳鎬撰　清雍正刻本　十冊

310000 - 0261 - 0000634　671.25/205.02：2

闕里志二十四卷　（明）陳鎬撰　清雍正刻本　十冊

310000 - 0261 - 0000635　672.64/7533

湘城訪古錄十七卷首一卷　（清）陳運溶纂　清光緒二十年（1894）刻本　六冊

310000 - 0261 - 0000636　673.35/101

羊城古鈔八卷首一卷　（清）仇池石輯　清嘉慶十一年（1806）刻本　五冊

310000 - 0261 - 0000637　672.15/117.06

寶晉書院志十一卷首一卷　（清）趙佑宸續修　清光緒六年（1880）刻本　二冊

310000 - 0261 - 0000638　2.13/0011

東林書院志二十二卷　（清）高廷珍等編　清光緒七年（1881）刻本　八冊

310000 - 0261 - 0000639　2.13/4445.3

漢口紫陽書院志略八卷首一卷　（清）董桂敷撰　清嘉慶十一年（1806）尊道堂刻本　二冊

310000 - 0261 - 0000640　673.15/407.06

重修南溪書院志四卷首一卷　（清）楊毓健等修　清同治九年（1870）刻本　四冊

310000 - 0261 - 0000641　673.35/201.04

曹谿通志八卷首一卷　（清）馬元等重修　清道光十六年（1836）懷善堂刻本　四冊

310000 - 0261 - 0000642　672.35/101.7

敕建淨慈寺志二十八卷首二卷末一卷　（清）釋際祥纂輯　清光緒十四年（1888）錢塘丁氏嘉惠堂刻本　八冊

310000 - 0261 - 0000643　672.35/103.052

崇福寺志四卷　（清）朱文藻纂輯　**續崇福寺志一卷**　（清）章庭械纂輯　清光緒七年（1881）錢塘丁氏刻本　一冊

310000 - 0261 - 0000644　672.35/101.034

大昭慶律寺志十卷　（清）吳樹虛撰　清乾隆二十九年（1764）刻本　五冊

310000 - 0261 - 0000645　673.35/135

鼎湖山慶雲寺志六卷　（清）丁易修　（清）釋成鷲纂　清康熙五十六年（1717）刻本　四冊

310000 - 0261 - 0000646　672.35/109.03

徑山志十四卷　（明）宋奎光纂修　明天啟刻本　五冊

310000 - 0261 - 0000647　672.15/303.11

琴川三志補記十三卷續八卷　（清）黃廷鑑編輯　清光緒二十四年（1898）木活字印本　四冊　存十八卷（琴川三志補記一至十、續八卷）

310000－0261－0000648　2.13/1041
饒郡道古篇不分卷饒州府沿革總考不分卷
(清)王朝璪修　清同治九年(1870)刻本
一冊

310000－0261－0000649　671.55/103.1
[熙寧]長安志二十卷圖三卷　(宋)宋敏求纂
修　清光緒十七年(1891)思賢講舍刻本
五冊

310000－0261－0000650　672.15/301.2
[元豐]吳郡圖經續記三卷　(宋)朱長文撰
清同治十二年(1873)江蘇書局刻本　一冊

310000－0261－0000651　672.35/111.4
[乾道]臨安志十五卷　(宋)周淙纂修　清光
緒竹書堂刻本　二冊　存三卷(一至三)

310000－0261－0000652　672.34/7830.9
乾道臨安志三卷首一卷札記不分卷　(宋)周
淙纂修　清光緒四年(1878)會稽章氏刻本
一冊

310000－0261－0000653　673.1/105.03
[淳熙]三山志四十二卷　(宋)梁克家纂修
清抄本　十二冊

310000－0261－0000654　672.24/0230
[淳熙]新安志十卷　(宋)羅願纂修　清光緒
十四年(1888)黟邑李氏刻本　四冊

310000－0261－0000655　672.24/0230:2
[淳熙]新安志十卷　(宋)羅願纂修　清光緒
十四年(1888)黟邑李氏刻本　四冊

310000－0261－0000656　672.35/327.6
[淳熙]嚴州圖經三卷　(宋)陳公亮修
(宋)劉文富纂　清光緒二十二年(1896)漸西
邨舍刻本　二冊

310000－0261－0000657　672.15/205.17
[紹熙]雲間志三卷續不分卷　(宋)楊潛纂修
清嘉慶十九年(1814)古倪園沈氏刻本
四冊

310000－0261－0000658　672.34/4043
[嘉定]赤城志四十卷　(宋)陳耆卿纂修　清

嘉慶二十三年(1818)臨海宋氏刻本　八冊

310000－0261－0000659　672.15/117
**嘉定鎮江志二十二卷首一卷附錄一卷校勘記
二卷**　(清)盧憲纂修　(清)劉文淇校勘　清
宣統二年(1910)丹徒朱氏金陵刻本　八冊

310000－0261－0000660　672.34/7830.7
[淳祐]臨安志十卷　(宋)施諤纂修　清抄本
三冊　存六卷(五至十)

310000－0261－0000661　672.14/1500
景定建康志五十卷　(宋)馬光祖修　(宋)周
應合纂　清嘉慶六年(1801)金陵孫忠愍祠刻
本　二十冊

310000－0261－0000662　672.34/6630.2
景定嚴州續志十卷　(宋)鄭瑤　(宋)方仁榮
纂修　清光緒漸西村舍刻本　二冊

310000－0261－0000663　672.35/327.2
景定嚴州續志十卷　(宋)鄭瑤　(宋)方仁榮
纂修　清光緒漸西村舍刻本　二冊

310000－0261－0000664　672.34/7830
咸淳臨安志一百卷　(宋)潛說友纂修　**校栞
咸淳臨安志札記三卷**　(清)黃士珣撰　清道
光十年(1830)錢塘汪氏振綺堂刻本　二十
六冊

310000－0261－0000665　672.34/7830:2
咸淳臨安志一百卷　(宋)潛說友纂修　**校栞
咸淳臨安志札記三卷**　(清)黃士珣撰　清道
光十年(1830)錢塘汪氏振綺堂刻本　二十
四冊

310000－0261－0000666　672.34/7830:3
咸淳臨安志一百卷　(宋)潛說友纂修　**校栞
咸淳臨安志札記三卷**　(清)黃士珣撰　清道
光十年(1830)錢塘汪氏振綺堂刻本　二十五
冊　存九十四卷(一至二十六、三十三至九十
七,札記三卷)

310000－0261－0000667　672.35/111.3
校栞咸淳臨安志札記三卷　(清)黃士珣撰
清道光十一年(1831)杭州愛日軒刻本　一冊

310000－0261－0000668　672.14/8430
至順鎮江志二十一卷首一卷附錄一卷校勘記
二卷　（元）脫因修　（元）俞希魯纂　輿地紀
勝不分卷　（清）王象之編　清道光二十二年
(1842)丹徒包氏刻本　十六冊

310000－0261－0000669　673.14/7720
[弘治]重刊興化府志五十四卷　（明）陳效修
（明）周瑛　（明）黃仲昭纂　清同治十年
(1871)東萊林慶貽刻本　二十四冊

310000－0261－0000670　671.55/135
[正德]朝邑縣志二卷　（明）王道修　（明）
韓邦靖纂　清康熙五十一年(1712)王兆鰲刻
本　一冊

310000－0261－0000671　671.55/135.1
[正德]朝邑縣志二卷　（明）王道修　（明）
韓邦靖纂　清同治十三年(1874)彭城刻本
一冊

310000－0261－0000672　671.55/187
[正德]武功縣志三卷首一卷　（明）康海纂修
清乾隆二十六年(1761)長白瑪星阿刻本
一冊

310000－0261－0000673　671.55/187.4
[正德]武功縣志三卷首一卷　（明）康海纂修
清乾隆二十六年(1761)長白瑪星阿刻本
一冊

310000－0261－0000674　671.55/187.7
[正德]武功縣志三卷首一卷　（明）康海纂修
清同治十二年(1873)湖北崇文書局刻本
一冊

310000－0261－0000675　671.55/187.3
[正德]武功縣志四卷首一卷　（明）康海纂修
清道光八年(1828)武功党金衡刻本　四冊

310000－0261－0000676　672.35/105.4
[嘉靖]海寧縣志九卷首一卷附錄不分卷
（明）蔡完修　（明）董穀纂　清光緒二十四年
(1898)許仁沐刻本　二冊

310000－0261－0000677　671.55/111

[嘉靖]呂涇野先生高陵縣志七卷呂涇野先生
續傳不分卷　（明）呂柟纂修　[光緒]高陵縣
續志八卷　（清）程維雍修　（清）白遇道纂
清光緒十年(1884)刻本　四冊

310000－0261－0000678　671.55/131
[嘉靖]喬三石耀州志十一卷　（明）李廷寶修
（明）喬世寧纂　[嘉靖]五臺山志不分卷
(明)喬世寧纂修　清乾隆二十七年(1762)汪
灝刻本　二冊

310000－0261－0000679　672.35/103.3
[嘉靖]仁和縣志十四卷　（明）沈朝宣纂修
清光緒十九年(1893)武林丁氏刻本　六冊

310000－0261－0000680　674.11/8034
[嘉靖]全遼志六卷　（明）李輔等修　（明）
馬應龍等纂　清抄本　十四冊

310000－0261－0000681　671.55/151
[隆慶]華州志二十四卷　（明）李可久修
(明)張光孝纂　清光緒八年(1882)刻本
四冊

310000－0261－0000682　671.55/147
[萬曆]華陰縣志九卷　（明）王九疇修(明)
張毓翰纂　明萬曆四十二年(1614)刻本
二冊

310000－0261－0000683　673.15/103.7
[萬曆]閩都記三十三卷　（明）王應山纂輯
清道光十一年(1831)刻本　八冊

310000－0261－0000684　673.15/103.7:2
[萬曆]閩都記三十三卷　（明）王應山纂輯
清道光十一年(1831)刻本　六冊

310000－0261－0000685　672.25/219.3
[萬曆]祁門志四卷　（明）余士奇纂修　清抄
本　一冊

310000－0261－0000686　672.35/103.1
[萬曆]錢塘縣志十卷　（明）聶心湯纂修　清
光緒十九年(1893)武林丁氏刻本　六冊

310000－0261－0000687　671.55/135.0
[萬曆]續朝邑縣志八卷　（明）郭寶修

(明)王學謨纂　清康熙五十一年(1712)寧州
王兆鰲刻本　二冊

310000－0261－0000688　672.34/6630.1
[萬曆]續修嚴州府志二十四卷　(明)楊守仁
修　(明)徐楚纂　(明)呂昌期續修　(明)
唐仲賢等續纂　明萬曆刻本　一冊　存二卷
(二十一至二十二)

310000－0261－0000689　673.55/417
[萬曆]趙州志四卷　(明)莊誠修　清抄本
四冊

310000－0261－0000690　672.35/123
[天啓]海鹽縣圖經十六卷　(明)樊維城修
(明)胡震亨　(明)姚士粦纂　清乾隆十二年
(1747)刻本　五冊

310000－0261－0000691　672.15/421.5
[崇禎]泰州志十卷　(明)劉萬春　(清)王
相說纂修　清抄本　十六冊

310000－0261－0000692　671.35/233
[順治]封邱縣志九卷首一卷　(清)余縉修
(清)李嵩陽等纂　清順治十六年(1659)刻本
五冊

310000－0261－0000693　672.35/105.33
[順治]海寧縣志略不分卷　(清)秦嘉系修
(清)范驤纂　清光緒八年(1882)海寧錢保塘
清風室刻本　一冊

310000－0261－0000694　671.35/161
[順治]臨潁縣志八卷首一卷　(清)吳中奇纂
修　清乾隆五十三年(1788)刻本　八冊

310000－0261－0000695　671.35/223
[順治]淇縣志十卷　(清)王謙吉　(清)王
南國修　(清)白龍躍等纂　清順治十七年
(1660)刻本　二冊

310000－0261－0000696　671.35/223：2
[順治]淇縣志十卷　(清)王謙吉　(清)王
南國修　(清)白龍躍等纂　清順治十七年
(1660)刻本　二冊

310000－0261－0000697　671.25/409

310000－0261－0000697　671.25/409
[順治]招遠縣志十二卷　(清)張作礪等修
(清)張鳳羽纂　清道光二十六年(1846)刻本
四冊

310000－0261－0000698　671.35/227.7
[順治]胙城縣志二卷　(清)劉純德修
(清)郭金鼎纂　清順治十六年(1659)刻本
二冊

310000－0261－0000699　671.55/319
[康熙]安定縣志八卷　(清)張爾介纂修　清
康熙十九年(1680)刻本　一冊

310000－0261－0000700　672.15/303.4
[康熙]常熟縣志二十六卷首一卷　(清)楊振
藻修　(清)錢陸燦纂　清康熙二十七年
(1688)刻本　十二冊

310000－0261－0000701　672.14/9032
[康熙]常州府志三十八卷首一卷校勘記不分
卷　(清)于琨修　(清)陳玉璂纂　清光緒十
二年(1886)木活字印本　二十一冊

310000－0261－0000702　671.55/135.01
[康熙]朝邑縣後志八卷　(清)王兆鰲修
(清)王鵬翼纂　清康熙五十一年(1712)刻本
三冊

310000－0261－0000703　671.55/205
[康熙]城固縣志十卷　(清)王穆纂修　清光
緒四年(1878)江左徐德懷刻本　四冊

310000－0261－0000704　671.25/307
[康熙]茌平縣志五卷　(清)王世臣修
(清)孫克緒纂　清康熙四十九年(1710)刻本
五冊

310000－0261－0000705　671.15/449
[康熙]磁州志十八卷　(清)蔣擢纂修　[同
治]磁州續志六卷首一卷　(清)程光瀅纂修
清同治十三年(1874)刻本　八冊

310000－0261－0000706　672.35/213.2
[康熙]定海縣志八卷　(清)繆燧纂修　清康
熙五十四年(1715)刻本　四冊

310000－0261－0000707　671.25/231

[康熙]費縣志十卷 （清）黃學懃纂修 清康熙二十八年(1689)刻本 四冊

310000-0261-0000708 671.35/233.2

[康熙]封邱縣續志五卷 （清）李承綎纂修 （清）耿紘祚增修 清康熙三十六年(1697)刻本 二冊

310000-0261-0000709 671.35/233.1

[康熙]封邱縣志不分卷 （清）王賜魁等纂修 清康熙十九年(1680)刻本 一冊

310000-0261-0000710 671.65/123

[康熙]河州志六卷 （清）王全臣纂修 清康熙四十六年(1707)刻本 五冊

310000-0261-0000711 672.24/2832

[康熙]徽州府志十八卷 （清）丁廷楗等纂修 清康熙三十八年(1699)刻本 十二冊

310000-0261-0000712 672.24/2832:2

[康熙]徽州府志十八卷 （清）丁廷楗等纂修 清康熙三十八年(1699)刻本 十六冊

310000-0261-0000713 672.35/8044

[康熙]金華府志三十卷 （清）張薈修 （清）沈麟趾等纂 清宣統元年(1909)石印本 十二冊

310000-0261-0000714 671.34/7740

[康熙]開封府志四十卷 （清）管竭忠纂修 清同治二年(1863)刻本 十二冊

310000-0261-0000715 671.35/101.8

[康熙]開封府志四十卷 （清）管竭忠纂修 清康熙三十四年(1695)刻本 十二冊

310000-0261-0000716 671.35/141

[康熙]考城縣志四卷 （清）李國亮修 （清）王貫三等纂 清康熙三十七年(1698)刻本 四冊

310000-0261-0000717 673.35/221.3

[康熙]連陽八排風土記八卷 （清）李來章撰 清康熙四十七年(1708)刻本 四冊 存六卷(一至六)

310000-0261-0000718 671.25/301

[康熙]聊城縣志四卷 （清）何一傑纂修 清康熙二年(1663)刻本 四冊

310000-0261-0000719 672.35/229

[康熙]臨海縣志十五卷首一卷 （清）李言恭修 （清）洪若臯纂 清康熙二十二年(1683)刻本 八冊

310000-0261-0000720 671.55/171.4

[康熙]麟遊縣志五卷 （清）吳汝爲修 （清）劉元泰纂 （清）范光曦續修 （清）羅魁續纂 清康熙四十七年(1708)刻本 二冊

310000-0261-0000721 671.15/345.7

[康熙]靈壽縣志十卷末一卷 （清）陸隴其纂修 清康熙二十五年(1686)刻本 四冊

310000-0261-0000722 672.35/303.2

[康熙]龍游縣志十二卷 （清）盧燦修 （清）余恂纂 清光緒八年(1882)刻本 六冊

310000-0261-0000723 671.55/175

[康熙]隴州志八卷首一卷 （清）羅彰彝纂修 清康熙五十二年(1713)刻本 四冊

310000-0261-0000724 671.25/233

[康熙]蒙陰縣志八卷 （清）劉德芳纂修 清康熙二十四年(1685)刻本 四冊

310000-0261-0000725 671.35/309

[康熙]孟津縣志四卷 （清）孟常裕纂修 （清）徐元璨續纂修 清康熙四十八年(1709)刻本 四冊

310000-0261-0000726 671.35/403

[康熙]南陽縣志六卷首一卷 （清）張光祖修 （清）徐永芝纂 清康熙三十二年(1693)刻本 六冊

310000-0261-0000727 671.35/417

[康熙]內鄉縣志十二卷 （清）寶鼎望纂修 清康熙三十二年(1693)刻本 四冊

310000-0261-0000728 673.15/305

[康熙]寧化縣志七卷 （清）祝文郁修 （清）李世熊纂 清同治八年(1869)刻本 八冊

310000－0261－0000729　672.55/207

[康熙]潛江縣志二十卷首一卷　(清)劉煥修
　(清)朱載震纂　清光緒五年(1879)傳經書
院刻本　八冊

310000－0261－0000730　672.35/405.5

[康熙]青田縣志十二卷　(清)張皇輔修
(清)錢喜選纂　清康熙二十五年(1686)刻本
　五冊

310000－0261－0000731　672.34/2130

[康熙]衢州府志四十卷首一卷　(清)楊廷望
纂修　清光緒八年(1882)劉國光刻本　十
二冊

310000－0261－0000732　671.35/427

[康熙]汝陽縣志十卷　(清)邱天英纂修　清
康熙二十九年(1690)刻本　八冊

310000－0261－0000733　671.35/125

[康熙]商邱縣志二十卷首一卷　(清)劉德昌
修　(清)葉澐纂　清光緒十一年(1885)刻本
　六冊

310000－0261－0000734　672.14/4830.0

[康熙]松江府志五十四卷圖經一卷　(清)郭
廷弼等修　(清)周建鼎等纂　清康熙二年
(1663)刻本　四十冊

310000－0261－0000735　672.34/2330.1

[康熙]台州府志十八卷首一卷　(清)張聯元
修　(清)方景濂等纂　清康熙六十年(1721)
刻本　十八冊

310000－0261－0000736　671.25/303

[康熙]堂邑縣志二十卷　(清)盧承琰修
(清)劉淇纂　清光緒十八年(1892)刻本
三冊

310000－0261－0000737　673.65/205

[康熙]天柱縣志二卷　(清)王復宗纂修　清
康熙二十四年(1685)刻本　四冊

310000－0261－0000738　673.65/205：2

[康熙]天柱縣志二卷　(清)王復宗纂修　清
康熙二十四年(1685)刻本　四冊

310000－0261－0000739　672.35/331

[康熙]桐廬縣志四卷　(清)童煒修　(清)
吳文緯　(清)王僉吉纂　清康熙二十二年
(1683)刻本　十六冊

310000－0261－0000740　671.55/149.3

[康熙]潼關衛志三卷　(清)唐咨伯修
(清)楊端本纂　清康熙二十六年(1687)刻後
印本　四冊

310000－0261－0000741　672.35/137

[康熙]武康縣志八卷　(清)馮聖澤纂修　清
抄本　八冊

310000－0261－0000742　671.35/435

[康熙]西平縣志十卷　(清)沈萊纂修
(清)李弘植續修　清康熙九年(1670)刻本
四冊

310000－0261－0000743　671.25/113

[康熙]新城縣志十四卷首一卷　(清)崔懋纂
修　[康熙]新城縣續志二卷　(清)孫元衡
(清)王啓涑纂修　清康熙三十二年(1693)刻
本　六冊

310000－0261－0000744　672.35/315

[康熙]新修東陽縣志二十二卷前一卷後一卷
　(清)胡啓甲　(清)俞允撰修　(清)張蓋
纂　清康熙二十年(1681)刻本　七冊

310000－0261－0000745　671.25/127

[康熙]新修萊蕪縣志十卷　(清)鍾國義纂修
　清康熙十二年(1673)刻本　五冊

310000－0261－0000746　671.25/117

[康熙]新修齊東縣志八卷　(清)余爲霖等纂
修　[嘉慶]齊東縣志續不分卷　(清)周以勳
纂修　清嘉慶八年(1803)刻本　六冊

310000－0261－0000747　672.25/215

[康熙]休寧縣志八卷　(清)廖騰煃修
(清)汪紫滄纂　清康熙三十二年(1693)刻本
　五冊

310000－0261－0000748　671.55/151.1

[康熙]續華州志四卷　(清)馮昌奕修

（清）劉遇奇纂　清光緒八年（1882）刻本
四冊

310000－0261－0000749　671.25/215
[康熙]續修汶上縣志六卷　（清）聞元炅纂修
清康熙五十六年（1717）刻本　二冊

310000－0261－0000750　671.35/227
[康熙]延津縣志十卷　（清）余心孺纂修　清
康熙四十一年（1702）刻本　四冊

310000－0261－0000751　671.25/225
[康熙]沂州志八卷　（清）邵士修　（清）張
啓光等纂　清康熙十三年（1674）刻本　八冊

310000－0261－0000752　673.15/333
[康熙]詔安縣志十二卷志餘不分卷　（清）秦
炯纂修　清同治十三年（1874）刻本　五冊

310000－0261－0000753　671.45/129.1
[康熙]重修平遙縣志八卷　（清）王綏修
（清）康乃心纂　清康熙四十六年（1707）刻本
四冊

310000－0261－0000754　671.25/203
[康熙]滋陽縣志四卷　（清）李瀠修　（清）
仲弘道纂　清康熙十一年（1672）刻本　四冊

310000－0261－0000755　671.25/209
[康熙]鄒縣志三卷　（清）婁一均纂修　清康
熙五十五年（1716）刻本　八冊

310000－0261－0000756　673.5/3418
[康熙]滇考二卷　（清）馮甦撰　清道光元年
（1821）臨海宋氏刻本　二冊

310000－0261－0000757　673.60/6856
[康熙]黔書二卷　（清）田雯編　清康熙二十
九年（1690）刻本　二冊

310000－0261－0000758　671.20/2250.4
[康熙]山東通志六十四卷　（清）趙祥星修
（清）錢江纂　清康熙四十一年（1702）刻本
四十冊

310000－0261－0000759　673.54/1040
[康熙]雲南府志二十六卷　（清）張毓碧修
（清）謝儔等纂　清光緒刻本　二十冊　存二

十五卷（一至二十五）

310000－0261－0000760　673.3/0050.4
[康熙]廣東輿圖十二卷　（清）蔣伊　（清）
韓作棟纂修　清康熙二十四年（1685）刻本
十冊

310000－0261－0000761　672.35/203.4
[雍正]慈谿縣志十六卷　（清）楊正筍修
（清）馮鴻模等纂　清乾隆三年（1738）許炳刻
本　八冊

310000－0261－0000762　672.35/203.4:2
[雍正]慈谿縣志十六卷　（清）楊正筍修
（清）馮鴻模等纂　清乾隆三年（1738）許炳刻
本　三冊

310000－0261－0000763　672.35/203.5
[雍正]慈谿縣志十六卷　（清）楊正筍修
（清）馮鴻模等纂　清乾隆三年（1738）許炳刻
本　八冊

310000－0261－0000764　673.35/325
[雍正]海陽縣志十二卷　（清）張士璉纂修
清雍正八年（1730）刻本　十冊

310000－0261－0000765　673.55/203.1
[雍正]建水州志十六卷　（清）祝宏修
（清）趙節等纂　清雍正九年（1731）刻本　十
二冊

310000－0261－0000766　672.35/201.5
[雍正]寧波府志三十六卷首一卷　（清）曹秉
仁纂修　清道光二十六年（1846）沈氏介祉堂
刻本　十六冊

310000－0261－0000767　671.25/115
[雍正]齊河縣志十卷首一卷　（清）上官有儀
修　（清）許琰纂　清乾隆二年（1737）刻本
四冊

310000－0261－0000768　672.15/421.53
[雍正]泰州志十卷首一卷　（清）褚世暄纂修
清雍正六年（1728）刻本　三十冊

310000－0261－0000769　672.14/4632.2
[雍正]揚州府志四十卷　（清）尹會一纂修

清雍正十一年(1733)刻本　十六册

310000－0261－0000770　671.55/343

[雍正]宜君縣志不分卷　(清)查邐纂修　清雍正十年(1732)刻本　一册

310000－0261－0000771　671.44/3630

[雍正]澤州府志五十二卷　(清)朱樟修　(清)田嘉穀纂　清雍正十三年(1735)刻本　十六册

310000－0261－0000772　672.3/3231.0

[雍正]敕修浙江通志二百八十卷首三卷　(清)李衛等修　(清)沈翼機　(清)傅王露纂　清乾隆元年(1736)刻本　一百册

310000－0261－0000773　672.5/3700

[雍正]湖廣通志一百二十卷首一卷　(清)邁柱等修　(清)夏力恕等纂　清雍正十一年(1733)刻本　四十八册

310000－0261－0000774　671.1/2253

[雍正]畿輔通志一百二十卷　(清)唐執玉等修　(清)陳儀纂　清雍正十三年(1735)刻本　四十八册

310000－0261－0000775　672.40/3110

[雍正]江西通志一百六十二卷首三卷　(清)謝旻等修　(清)陶成等纂　清雍正十年(1732)刻本　五十九册

310000－0261－0000776　671.40/2210.7

[雍正]山西通志二百三十卷　(清)覺羅石麟　(清)朱曙蓀修　(清)儲大文　(清)葉翥鳳纂　清嘉慶十六年(1811)衡齡刻本　一百册

310000－0261－0000777　671.50/7410

[雍正]陝西通志一百卷首一卷　(清)劉於義修　(清)沈青崖等纂　清雍正十三年(1735)刻本　一百册

310000－0261－0000778　672.65/323

[乾隆]安鄉縣志八卷　(清)張綽修　(清)曾之亨纂　清乾隆十三年(1748)刻本　六册

310000－0261－0000779　673.35/120

[乾隆]澳門記略二卷首一卷末一卷　(清)印光任　(清)張汝霖纂　清乾隆十六年(1751)刻本　四册

310000－0261－0000780　672.75/201

[乾隆]巴縣志十七卷首一卷　(清)王爾鑑修　(清)王世沿纂　清乾隆二十六年(1761)刻本　二十四册

310000－0261－0000781　671.55/165

[乾隆]寶雞縣志十六卷　(清)鄧夢琴修　(清)董詔纂　清乾隆五十年(1785)刻本　四册

310000－0261－0000782　671.25/155

[乾隆]博山縣志十卷首一卷　(清)富申修　(清)田士麟纂　清乾隆十八年(1753)刻本　四册

310000－0261－0000783　671.15/2862

[乾隆]滄州志十六卷　(清)徐時作等修　(清)胡淦纂　清乾隆八年(1743)刻本　一册　存四卷(十三至十六)

310000－0261－0000784　671.24/5530

[乾隆]曹州府志二十二卷　(清)周尚質修　(清)李登明　(清)謝冠纂　清乾隆二十一年(1756)刻本　十二册

310000－0261－0000785　671.25/429

[乾隆]昌邑縣志八卷　(清)周來邰纂修　清乾隆七年(1742)刻本　四册

310000－0261－0000786　671.55/183

[乾隆]長武縣志十二卷　(清)樊士鋒修　(清)洪亮吉　(清)李泰交纂　長武縣志附後續刻不分卷　(清)李大成輯　清嘉慶二十四年(1819)刻本　四册

310000－0261－0000787　672.15/301.49

[乾隆]長洲縣志三十四卷首一卷　(清)李光祚修　(清)顧詒祿等纂　清抄本　十二册

310000－0261－0000788　672.15/303.1

[乾隆]常昭合志十二卷首一卷　(清)王錦(清)楊繼熊等修　(清)言如泗纂　重印常昭

合志校勘記不分卷　(清)丁祖蔭撰　清光緒二十四年(1898)木活字印本　十四冊

310000－0261－0000789　673.34/3730
[乾隆]潮州府志四十二卷首一卷　(清)周碩勳纂修　清光緒十九年(1893)潮郡保安總局刻本　二十五冊

310000－0261－0000790　671.34/7530
[乾隆]陳州府志三十卷首一卷　(清)崔應階纂修　清光緒十九年(1893)刻本　二十冊

310000－0261－0000791　671.65/227
[乾隆]成縣新志四卷　(清)黃泳纂修　清乾隆六年(1741)刻本　四冊

310000－0261－0000792　671.55/141
[乾隆]澄城縣志二十卷　(清)戴治修　(清)洪亮吉　(清)孫星衍纂　清乾隆四十九年(1784)刻本　四冊

310000－0261－0000793　671.55/181
[乾隆]淳化縣志三十卷　(清)萬廷樹纂修　清乾隆四十九年(1784)刻本　四冊

310000－0261－0000794　671.25/243
[乾隆]單縣志十三卷　(清)覺羅普爾泰修　(清)傅爾德纂　清乾隆二十五年(1760)刻本　十三冊

310000－0261－0000795　672.15/509
[乾隆]碭山縣志十四卷　(清)劉王瑗纂修　清乾隆三十二年(1767)刻本　五冊

310000－0261－0000796　671.25/329
[乾隆]德州志十二卷首一卷　(清)王道亨修　(清)張慶源　(清)張慶浩纂　清乾隆五十三年(1788)刻本　八冊

310000－0261－0000797　671.35/313
[乾隆]登封縣志三十二卷　(清)陸繼萼　(清)洪亮吉纂修　清乾隆五十二年(1787)刻本　八冊

310000－0261－0000798　671.35/415
[乾隆]鄧州志二十四卷首一卷末一卷　(清)蔣光祖纂修　清乾隆二十年(1755)刻本八冊

310000－0261－0000799　671.65/115
[乾隆]狄道州志十六卷　(清)呼延華國纂修　清乾隆二十八年(1763)刻本　八冊

310000－0261－0000800　672.55/301.4
[乾隆]東湖縣志三十一卷首一卷　(清)林有席修　(清)嚴思濬　(清)林有彬纂　清嘉慶五年(1800)刻本　八冊

310000－0261－0000801　671.45/125
[乾隆]汾陽縣志十四卷首一卷　(清)李文起纂修　清乾隆三十七年(1772)刻本　六冊

310000－0261－0000802　673.35/327
[乾隆]豐順縣志八卷首一卷　(清)葛曙纂修　清乾隆十一年(1746)刻本　六冊

310000－0261－0000803　671.45/159
[乾隆]鳳臺縣志二十卷首一卷　(清)林荔修　(清)姚學甲纂　清乾隆四十九年(1784)刻本　十冊

310000－0261－0000804　672.25/301
[乾隆]鳳陽縣志十六卷首一卷　(清)于萬培纂修　清光緒十三年(1887)刻本　十二冊

310000－0261－0000805　673.15/121
[乾隆]福清縣志二十卷　(清)饒安鼎　(清)邵應龍修　(清)林昂　(清)李修卿纂　清光緒二十四年(1898)刻本　八冊

310000－0261－0000806　672.75/407.2
[乾隆]富順縣志五卷首一卷　(清)段玉裁　(清)李芝等纂修　清光緒八年(1882)刻本五冊

310000－0261－0000807　671.64/4430
[乾隆]甘州府志十六卷首一卷　(清)鍾賡起纂修　清乾隆四十四年(1779)刻本　十冊

310000－0261－0000808　671.65/103：2
[乾隆]皋蘭縣志二十卷　(清)吳鼎新修　(清)黃建中纂　清乾隆四十三年(1778)刻本四冊

310000－0261－0000809　671.25/153

[乾隆]高苑縣志十卷　（清）張耀璧纂修　清乾隆二十三年（1758）刻本　二冊

310000－0261－0000810　671.65/103

[乾隆]皋蘭縣志二十卷　（清）吳鼎新修（清）黃建中纂　清乾隆四十三年（1778）刻本　十二冊

310000－0261－0000811　671.35/307

[乾隆]鞏縣志二十卷首一卷　（清）李述武纂修　清乾隆五十四年（1789）刻本　六冊

310000－0261－0000812　672.15/403.30

[乾隆]古浪縣志一卷　（清）張玿美修（清）趙璘等纂　清乾隆十四年（1749）刻後印本　一冊

310000－0261－0000813　671.35/445

[乾隆]光山縣志三十二卷首一卷　（清）楊殿梓修　（清）錢時雍纂　清光緒十五年（1889）刻本　十二冊

310000－0261－0000814　671.45/213

[乾隆]廣靈縣志十卷首一卷末一卷　（清）郭磊纂修　清光緒七年（1881）京都琉璃廠漱潤齋王振豪刻本　四冊

310000－0261－0000815　673.34/101.1

[乾隆]廣州府志六十卷首一卷　（清）張嗣衍修　（清）沈廷芳纂　清乾隆二十四年（1759）刻本　二十八冊

310000－0261－0000816　673.15/337

[乾隆]海澄縣志二十四卷首一卷　（清）陳鍈等修　（清）葉廷推等纂　清乾隆二十七年（1762）刻本　八冊

310000－0261－0000817　672.35/123.14

[乾隆]海鹽縣續圖經七卷　（清）王如珪修（清）陳世倅　（清）錢元昌纂　清乾隆十三年（1748）刻本　六冊

310000－0261－0000818　671.25/421

[乾隆]海陽縣志八卷　（清）包桂纂修　清乾隆七年（1742）刻本　四冊

310000－0261－0000819　671.15/441

[乾隆]邯鄲縣志十二卷首一卷　（清）王炯纂修　清乾隆二十一年（1756）刻本　六冊

310000－0261－0000820　671.55/145

[乾隆]韓城縣志十六卷首一卷　（清）傅應奎修　（清）錢坫纂　[嘉慶]韓城縣續志五卷　（清）冀蘭泰纂修　清嘉慶二十三年（1818）刻本　七冊

310000－0261－0000821　671.15/343

[乾隆]行唐縣新志十六卷　（清）吳高增纂修　清乾隆三十七年（1772）刻本　四冊

310000－0261－0000822　672.34/4030

[乾隆]杭州府志一百十卷首六卷　（清）鄭澐修　（清）邵晉涵纂　清乾隆四十九年（1784）刻本　四十八冊

310000－0261－0000823　672.75/223

[乾隆]合州志十六卷首一卷　（清）周澄修（清）張乃孚纂　清乾隆五十四年（1789）刻本　六冊

310000－0261－0000824　671.15/453

[乾隆]衡水縣志十四卷　（清）陶淑纂修　清乾隆三十二年（1767）刻本　五冊

310000－0261－0000825　672.65/201.8

[乾隆]衡州府志三十三卷首一卷　（清）饒佺修　（清）曠敏本纂　清光緒元年（1875）刻本　二十冊

310000－0261－0000826　672.35/131.333

[乾隆]湖州府志四十八卷首一卷　（清）李堂纂修　清乾隆二十三年（1758）李堂刻本　二十四冊

310000－0261－0000827　671.55/113

[乾隆]鄠縣新志六卷　（清）汪以誠修（清）孫景烈纂　清乾隆四十二年（1777）刻本　二冊

310000－0261－0000828　671.25/405

[乾隆]黃縣志十二卷　（清）袁中立等纂修　清乾隆二十一年（1756）刻本　四冊

310000－0261－0000829　671.45/217

[乾隆]渾源州志十卷　(清)桂敬順纂修　清同治九年(1870)孔廣培刻本　五冊

310000－0261－0000830　671.35/211
[乾隆]獲嘉縣志十六卷首一卷　(清)吳喬齡修　(清)李棟纂　清乾隆二十一年(1756)刻本　六冊

310000－0261－0000831　671.35/201
[乾隆]汲縣志十四卷首一卷末一卷　(清)徐汝瓚纂修　清乾隆二十年(1755)刻本　六冊

310000－0261－0000832　671.25/437.4
[乾隆]即墨縣志十二卷首一卷　(清)尤淑孝修　(清)李元正纂　清乾隆二十九年(1764)刻本　六冊

310000－0261－0000833　671.25/119
[乾隆]濟陽縣志十四卷首一卷　(清)胡德琳修　(清)何明禮　(清)章承茂纂　清乾隆三十年(1765)刻本　八冊

310000－0261－0000834　671.35/239
[乾隆]濟源縣志十六卷首一卷末一卷　(清)蕭應植纂修　清乾隆二十六年(1761)刻本　六冊

310000－0261－0000835　672.15/413
[乾隆]江都縣志三十二卷　(清)五格　(清)黃湘纂修　清光緒七年(1881)獲嘉劉汝賢刻本　十冊

310000－0261－0000836　672.15/413：2
[乾隆]江都縣志三十二卷　(清)五格　(清)黃湘纂修　清光緒七年(1881)獲嘉劉汝賢刻本　十冊

310000－0261－0000837　671.45/301
[乾隆]解州安邑縣運城志十六卷首一卷　(清)言如泗修　(清)熊名相　(清)呂瀛纂　清乾隆二十九年(1764)刻本　六冊

310000－0261－0000838　671.45/337
[乾隆]解州夏縣志十六卷首一卷　(清)言如泗修　(清)李遵唐纂　清乾隆二十八年(1763)刻本　四冊

310000－0261－0000839　672.25/227
[乾隆]涇縣志十卷首一卷　(清)王廷棟　(清)崔雲會修　(清)錢人麟纂　清乾隆二十年(1755)刻本　十六冊

310000－0261－0000840　671.15/231
[乾隆]景州志六卷首一卷　(清)屈成霖纂修　清乾隆十年(1745)刻本　四冊

310000－0261－0000841　672.15/105
[乾隆]句容縣志十卷首一卷末一卷斠勘記略一卷　(清)曹襲先纂修　清光緒二十六年(1900)句容楊世沅刻本　八冊

310000－0261－0000842　675.45/103
[乾隆]口北三廳志十六卷首一卷　(清)黃可潤纂修　清乾隆二十三年(1758)刻本　八冊

310000－0261－0000843　672.15/305.02
[乾隆]崑山新陽合志三十八卷首一卷末一卷　(清)張予介等修　(清)顧登等纂　清乾隆十六年(1751)金陵王宜仁刻本　十二冊

310000－0261－0000844　671.24/4430
[乾隆]萊州府志十六卷首一卷　(清)嚴有禧纂修　清乾隆五年(1740)刻本　七冊　存十四卷(一、五至十六,首一卷)

310000－0261－0000845　671.55/127
[乾隆]醴泉縣志十四卷　(清)蔣騏昌修　(清)孫星衍纂　清乾隆四十九年(1784)刻本　四冊

310000－0261－0000846　671.25/103
[乾隆]歷城縣志五十卷首一卷　(清)胡德琳修　(清)李文藻纂　清乾隆三十八年(1773)刻本　十五冊　存四十七卷(一至十九、二十三至四十六、四十八至五十,首一卷)

310000－0261－0000847　671.35/211.4
[乾隆]林縣志十卷首一卷末一卷　(清)楊潮觀纂修　清乾隆十七年(1752)刻本　六冊

310000－0261－0000848　671.45/325
[乾隆]臨晉縣志八卷　(清)王正茂纂修　清乾隆三十八年(1773)刻本　四冊

310000－0261－0000849　671.25/321

[乾隆]臨清直隸州志十一卷首一卷　（清）張
度等纂修　清乾隆五十年(1785)刻本　十
一冊

310000－0261－0000850　671.25/321：2

[乾隆]臨清直隸州志十一卷首一卷　（清）張
度等纂修　清乾隆五十年(1785)刻本　十
一冊

310000－0261－0000851　671.15/255.8

[乾隆]臨榆縣志十四卷首一卷　（清）鍾和梅
纂修　清乾隆二十一年(1756)刻本　六冊

310000－0261－0000852　671.55/175.2

[乾隆]隴州續志八卷首一卷末一卷　（清）吳
炳纂修　清乾隆三十一年(1766)刻本　四冊

310000－0261－0000853　672.15/205.0

[乾隆]婁縣志三十卷首二卷　（清）謝庭薰修
　（清）陸錫熊纂　清乾隆五十三年(1788)刻
本　六冊

310000－0261－0000854　673.35/315

[乾隆]陸豐縣志十二卷　（清）王之正修
（清）沈展才纂　清乾隆十年(1745)刻本
四冊

310000－0261－0000855　671.55/157

[乾隆]雒南縣志十二卷附志一卷　（清）范啟
源修　（清）薛韞纂　清乾隆五十二年(1787)
刻本　四冊

310000－0261－0000856　671.55/169

[乾隆]郿縣志十八卷首一卷　（清）李帶雙修
　（清）張若纂　清乾隆四十三年(1778)刻本
四冊

310000－0261－0000857　671.35/245

[乾隆]孟縣志十卷　（清）馮敏昌纂修　清乾
隆五十五年(1790)刻本　十冊

310000－0261－0000858　671.35/245：2

[乾隆]孟縣志十卷　（清）馮敏昌纂修　清乾
隆五十五年(1790)刻本　十冊

310000－0261－0000859　672.15/207.4

310000－0261－0000859　671.15/321

[乾隆]南匯縣新志十五卷首一卷　（清）胡志
熊修　（清）吳省欽等纂　清乾隆五十八年
(1793)刻本　六冊

310000－0261－0000860　671.35/405

[乾隆]南召縣志四卷　（清）陳之烜纂修　清
乾隆十一年(1746)刻本　四冊

310000－0261－0000861　672.35/427.4

[乾隆]平陽縣志二十卷首一卷　（清）徐恕修
　（清）張南英　（清）孫謙纂　清乾隆二十五
年(1760)刻本　八冊

310000－0261－0000862　671.25/333

[乾隆]平原縣志十卷首一卷　（清）黃懷祖修
　（清）黃兆熊纂　清乾隆十四年(1749)刻本
四冊

310000－0261－0000863　671.55/155

[乾隆]蒲城縣志十五卷　（清）張心鏡修
（清）吳泰來纂　清乾隆四十七年(1782)刻本
　六冊

310000－0261－0000864　671.25/145

[乾隆]蒲臺縣志四卷首一卷　（清）嚴文典
（清）任相纂修　清乾隆二十八年(1763)刻本
　四冊

310000－0261－0000865　671.25/407

[乾隆]棲霞縣志十卷　（清）衛萇纂修　[光
緒]棲霞縣續志十卷　（清）黃麗中修　（清）
于如川纂　清光緒五年(1879)刻本　八冊

310000－0261－0000866　671.15/325

[乾隆]祁州志八卷　（清）羅以桂等修
（清）張萬銓等纂　[光緒]祁州續志四卷
（清）趙秉恒等修　（清）劉學海等纂　清光緒
元年(1875)刻本　六冊

310000－0261－0000867　671.35/105

[乾隆]杞縣志二十四卷　（清）周璣纂修　清
乾隆五十三年(1788)刻本　十二冊

310000－0261－0000868　672.45/141

[乾隆]鉛山縣志十三卷首一卷　（清）連柱修
　清乾隆四十九年(1784)刻本　六冊

310000－0261－0000869　673.6/6840

[乾隆]黔南識略三十二卷　(清)愛必達纂修
　　清道光二十七年(1847)安化羅繞典刻本
四冊

310000－0261－0000870　671.25/149

[乾隆]青城縣志十二卷　(清)方鳳修
(清)戴文熾　(清)周瑊纂　清道光二十六年
(1846)刻本　五冊

310000－0261－0000871　671.25/205

[乾隆]曲阜縣志一百卷　(清)潘相纂修　清
乾隆三十九年(1774)刻本　十二冊

310000－0261－0000872　673.14/2630

[乾隆]泉州府志七十六卷首一卷　(清)懷蔭
布修　(清)黃任　(清)郭賡武纂　清光緒八
年(1882)刻本　八十冊

310000－0261－0000873　671.15/223

[乾隆]任邱縣志十二卷首一卷　(清)劉統修
(清)劉炳　(清)王應鯨纂　清乾隆二十八年
(1763)刻本　十冊

310000－0261－0000874　672.15/321.8

[乾隆]如皋縣志三十二卷　(清)鄭見龍修
(清)周植纂　清乾隆十五年(1750)刻本
八冊

310000－0261－0000875　671.15/117

[乾隆]三河縣志十六卷首一卷　(清)陳昶纂
修　清乾隆二十五年(1760)刻本　四冊

310000－0261－0000876　671.55/119.7

[乾隆]三原縣志十八卷首一卷　(清)劉紹攽
纂修　清乾隆四十八年(1783)刻本　六冊

310000－0261－0000877　671.35/147

[乾隆]商水縣志十卷首一卷　(清)董榕修
(清)郭熙纂　清乾隆四十八年(1783)刻本
八冊

310000－0261－0000878　672.34/2770

[乾隆]紹興府志八十卷首一卷　(清)李亨特
修　(清)平恕　(清)徐嵩纂　清乾隆五十七
年(1792)刻本　四十冊

310000－0261－0000879　671.35/153

[乾隆]沈邱縣志十二卷序目一卷　(清)何源
洙修　(清)魯之璠纂　清乾隆十一年(1746)
刻本　四冊

310000－0261－0000880　674.14/5300

[乾隆]盛京通志四十八卷　(清)呂耀曾修
(清)魏樞纂　清咸豐二年(1852)刻本　二
十冊

310000－0261－0000881　672.35/201.31

[乾隆]石步志不分卷　(明)葉時標撰
(清)葉四聰訂　清乾隆二十七年(1762)刻本
一冊

310000－0261－0000882　673.55/213.1

[乾隆]石屏州志八卷　(清)管學宣纂修　清
乾隆二十四年(1759)刻本　七冊

310000－0261－0000883　671.45/187

[乾隆]壽陽縣志十卷首一卷　(清)龔導江纂
修　清乾隆三十六年(1771)刻本　二冊

310000－0261－0000884　672.15/205.3

[乾隆]淞南志十六卷　(清)陳元模纂修　清
抄本　五冊

310000－0261－0000885　671.35/321

[乾隆]嵩縣志三十卷首一卷　(清)康基淵纂
修　清乾隆三十二年(1767)刻本　四冊

310000－0261－0000886　672.14/4432.1

[乾隆]蘇州府志八十卷首一卷　(清)覺羅雅
爾哈善等修　(清)習寯等纂　清乾隆十三年
(1748)刻本　三十冊

310000－0261－0000887　671.35/437

[乾隆]遂平縣志十六卷首一卷　(清)金忠濟
修　(清)祝暘　(清)魏弘謨等纂　清乾隆二
十四年(1759)刻本　四冊

310000－0261－0000888　672.25/319

[乾隆]太和縣志八卷　(清)成兆豫修
(清)吳中最　(清)洪朝元纂　清乾隆十七年
(1752)刻本　四冊

310000－0261－0000889　671.24/5030

[乾隆]泰安府志三十卷前一卷首二卷　（清）
顏希深等修　（清）成城纂　清乾隆二十五年
(1760)刻本　二十冊

310000－0261－0000890　671.24/5030：2
[乾隆]泰安府志三十卷前一卷首二卷　（清）
顏希深等修　（清）成城纂　清乾隆二十五年
(1760)刻本　二十冊

310000－0261－0000891　672.35/325.7
[乾隆]湯溪縣志十卷首一卷　（清）陳鐘奘纂
修　清乾隆四十八年(1783)刻本　六冊

310000－0261－0000892　671.35/207
[乾隆]湯陰縣志十卷　（清）楊世達纂修　清
乾隆三年(1738)刻本　四冊

310000－0261－0000893　671.15/203
[乾隆]天津縣志二十四卷　（清）朱奎揚
（清）張志奇修　（清）吳廷華纂　清乾隆四年
(1739)刻本　八冊

310000－0261－0000894　673.14/3132
[乾隆]汀州府志四十五卷首一卷　（清）曾日
瑛等修　（清）李紱等纂　清同治六年(1867)
滿洲延楷刻本　二十冊

310000－0261－0000895　671.35/107
[乾隆]通許縣志十卷　（清）阮龍光修
(清)邵自祐纂　清乾隆三十六年(1771)刻本
六冊

310000－0261－0000896　671.25/427
[乾隆]濰縣志六卷首一卷末一卷　（清）張耀
璧修　（清）王誦芬纂　清乾隆二十五年
(1760)刻本　六冊

310000－0261－0000897　675.55/213.4
[乾隆]蔚州志補十二卷首一卷　（清）楊世昌
（清）吳廷華纂修　清乾隆十年(1745)刻本
五冊

310000－0261－0000898　672.34/3630
[乾隆]溫州府志三十卷首一卷　（清）李琬修
（清）齊召南　（清）汪沆纂　清同治五年
(1866)刻本　二十冊

310000－0261－0000899　672.35/3632
[乾隆]溫州府志三十卷首一卷　（清）李琬修
（清）齊召南　（清）汪沆纂　清同治五年
(1866)刻本　二十冊

310000－0261－0000900　671.45/347
[乾隆]聞喜縣志十二卷首一卷　（清）李遵唐
纂修　清乾隆三十年(1765)刻本　六冊

310000－0261－0000901　671.15/355
[乾隆]無極縣志十卷末一卷　（清）黃可潤纂
修　清光緒十九年(1893)刻本　八冊

310000－0261－0000902　671.35/215
[乾隆]武安縣志二十卷　（清）蔣光祖修
（清）夏兆豐纂　清乾隆四年(1739)刻本
八冊

310000－0261－0000903　672.25/217
[乾隆]婺源縣志三十九卷首一卷　（清）彭家
桂纂修　清乾隆五十二年(1787)刻本　十
二冊

310000－0261－0000904　671.55/139
[乾隆]邰陽縣全志四卷　（清）席奉乾修
(清)孫景烈纂　清乾隆三十四年(1769)刻本
四冊

310000－0261－0000905　671.55/139：2
[乾隆]邰陽縣全志四卷　（清）席奉乾修
(清)孫景烈纂　清乾隆三十四年(1769)刻本
四冊

310000－0261－0000906　671.25/325
[乾隆]夏津縣志十卷首一卷　（清）方學成修
（清）梁大鯤纂　清乾隆六年(1741)刻本
六冊

310000－0261－0000907　671.55/105
[乾隆]咸陽縣志二十二卷首一卷　（清）臧應
桐纂修　清乾隆十六年(1751)刻本　八冊

310000－0261－0000908　672.65/111.2
[乾隆]湘潭縣志二十六卷首一卷　（清）白璟
纂修　清乾隆四十六年(1781)刻本　七冊

310000－0261－0000909　672.54/0070

[乾隆]襄陽府志四十卷首一卷　（清）陳鍔纂
修　清乾隆二十五年(1760)刻本　四十冊

310000－0261－0000910　671.35/101.2
[乾隆]祥符縣志二十二卷　（清）張淑載纂修
　清乾隆四年(1739)刻本　十二冊

310000－0261－0000911　672.35/209.5
[乾隆]象山縣志十二卷　（清）史鳴皐修
（清）姜炳璋　（清）冒春榮纂　清乾隆二十四
年(1759)刻本　六冊

310000－0261－0000912　672.35/209.5：2
[乾隆]象山縣志十二卷　（清）史鳴皐修
（清）姜炳璋　（清）冒春榮纂　清乾隆二十四
年(1759)刻本　二冊

310000－0261－0000913　671.35/433
[乾隆]新蔡縣志十卷　（清）莫璽章修
（清）王增纂　清乾隆六十年(1795)刻本
四冊

310000－0261－0000914　673.35/121
[乾隆]新會縣志十三卷首一卷　（清）王植纂
修　清乾隆六年(1741)刻本　十冊

310000－0261－0000915　671.25/125
[乾隆]新泰縣志二十卷首一卷　（清）江乾達
纂修　清乾隆五十年(1785)刻本　八冊

310000－0261－0000916　671.35/219
[乾隆]新鄉縣志三十四卷首一卷　（清）趙開
元纂修　清乾隆十二年(1747)刻本　六冊

310000－0261－0000917　673.15/207
[乾隆]興化府莆田縣志三十六卷首一卷
（清）汪大經等修　（清）廖必琦　（清）林黌
纂　清乾隆二十三年(1758)刻本　二十冊

310000－0261－0000918　671.55/107
[乾隆]興平縣志二十五卷　（清）顧聲雷修
（清）張塤纂　　[光緒]興平縣士女續志三卷
（清）王權纂　清光緒二年(1876)刻本　七冊

310000－0261－0000919　671.55/153
[乾隆]續商州志十卷　（清）羅文思纂修　清
乾隆二十三年(1758)刻本　二冊

310000－0261－0000920　671.55/131.2
[乾隆]續耀州志十一卷　（清）汪灝修
（清）鍾麟書纂　清乾隆三十年(1765)汪灝刻
本　二冊

310000－0261－0000921　671.55/131.3
[乾隆]續耀州志十一卷　（清）汪灝修
（清）鍾麟書纂　清光緒十六年(1890)刻本
二冊

310000－0261－0000922　672.14/3024
[乾隆]宣化府志四十二卷首一卷　（清）王者
輔等修　（清）吳廷華纂　（清）張志奇續修
（清）黃可潤續纂　清乾隆二十二年(1757)刻
本　五十四冊

310000－0261－0000923　671.35/165
[乾隆]郾城縣志十八卷　（清）傅豫纂修　清
乾隆十九年(1754)刻本　十二冊

310000－0261－0000924　671.35/305
[乾隆]偃師縣志三十卷首一卷　（清）湯毓倬
修　（清）孫星衍纂　清乾隆五十四年(1789)
刻本　十六冊

310000－0261－0000925　671.35/249
[乾隆]陽武縣志十二卷　（清）談諟曾纂修
清乾隆十年(1745)刻本　六冊

310000－0261－0000926　671.25/133
[乾隆]陽信縣志八卷首一卷　（清）王允深纂
修　清乾隆二十四年(1759)刻本　五冊

310000－0261－0000927　671.25/423
[乾隆]掖縣志八卷首一卷　（清）張思勉修
（清）于始瞻纂　清乾隆二十三年(1758)刻本
　八冊

310000－0261－0000928　671.24/3230
[乾隆]沂州府志三十六卷首一卷　（清）李希
賢　（清）邵隨龍等修　（清）潘遇莘　（清）
丁愷曾纂　清乾隆二十五年(1760)刻本　十
二冊

310000－0261－0000929　671.25/217
[乾隆]嶧縣志十卷首一卷　（清）忠璉纂修

清乾隆二十六年(1761)刻本　八冊

310000－0261－0000930　671.35/173

[乾隆]滎澤縣志十四卷圖一卷　(清)崔淇修
　(清)王博等纂　清乾隆十三年(1748)刻本
　四冊

310000－0261－0000931　672.24/2130

[乾隆]潁州府志十卷首一卷　(清)王斂福纂
修　清乾隆十七年(1752)刻本　十二冊

310000－0261－0000932　672.15/403.3

[乾隆]永昌縣志一卷　(清)張珩美修
(清)沈紹祖等纂　清乾隆十四年(1749)刻本
　一冊

310000－0261－0000933　671.15/111

[乾隆]永清縣志二十五卷永清文徵五卷
(清)周震榮修　(清)章學誠纂　清乾隆四十
四年(1779)刻嘉慶十八年(1813)重修補刻本
　四冊

310000－0261－0000934　671.55/189

[乾隆]永壽縣新志十卷首一卷　(清)蔣基修
　(清)王開沃纂　清乾隆五十八年(1793)刻
本　四冊

310000－0261－0000935　671.25/223

[乾隆]魚臺縣志十三卷首一卷末一卷　(清)
馮振鴻纂修　清乾隆二十九年(1764)刻本
四冊

310000－0261－0000936　672.35/221.0

[乾隆]餘姚志四十卷　(清)唐若瀛修
(清)施毓暉纂　清乾隆四十六年(1781)刻本
　八冊

310000－0261－0000937　671.35/421

[乾隆]裕州志六卷　(清)董學禮纂修
(清)宋名立續纂修　清乾隆五年(1740)刻本
　四冊

310000－0261－0000938　671.35/241

[乾隆]原武縣志十卷　(清)吳文炘纂修　清
乾隆十三年(1748)刻本　五冊

310000－0261－0000939　671.25/141

[乾隆]樂陵縣志八卷首一卷末一卷　(清)王
謙益修　(清)莊肇奎等纂　清乾隆二十七年
(1762)刻本　八冊

310000－0261－0000940　671.55/151.2

[乾隆]再續華州志十二卷　(清)汪以誠修
(清)史萼纂　清光緒八年(1882)刻本　二冊

310000－0261－0000941　672.35/127.022

[乾隆]乍浦志六卷首一卷續纂一卷乍川題詠
不分卷續纂不分卷　(清)宋景關纂修　清道
光十四年(1834)刻本　三冊

310000－0261－0000942　671.34/0220

[乾隆]彰德府志三十二卷首一卷　(清)盧崧
修　(清)江大鍵纂　清乾隆五十二年(1787)
刻本　二十冊

310000－0261－0000943　672.75/141

[乾隆]彰明志略十卷　(清)陳謀纂修　清乾
隆二十八年(1763)刻本　四冊

310000－0261－0000944　671.35/143

[乾隆]柘城縣志十八卷首一卷　(清)李志魯
纂修　清乾隆三十八年(1773)刻本　八冊

310000－0261－0000945　672.15/307

[乾隆]震澤縣志三十八卷首一卷　(清)陳和
志修　(清)倪師孟　(清)沈彤纂　清光緒十
九年(1893)吳郡徐元圃刻本　八冊

310000－0261－0000946　671.55/245

[乾隆]鎮安縣志十卷首一卷末一卷　(清)聶
燾纂　清即學齋抄本　四冊

310000－0261－0000947　671.35/169

[乾隆]鄭州志十二卷首一卷　(清)張鉞修
(清)毛如誐纂　清乾隆十三年(1748)刻本
六冊

310000－0261－0000948　671.65/211

[乾隆]直隸階州志二卷　(清)林忠纂修
(清)毛琪麟續纂修　(清)葛時政重纂修　清
乾隆元年(1736)刻本　三冊

310000－0261－0000949　671.65/201.5

[乾隆]直隸秦州新志十二卷首一卷末一卷

（清）費廷珍纂修　清乾隆二十九年(1764)刻本　十六冊

310000－0261－0000950　672.15/319.1
[乾隆]直隸通州志二十二卷　（清）王繼祖修　（清）夏之蓉纂　清乾隆二十年(1755)刻本　十六冊

310000－0261－0000951　671.54/7787
[乾隆]重修鳳翔府志十二卷首一卷　（清）達靈阿修　（清）周方炯纂　清道光元年(1821)刻本　十二冊

310000－0261－0000952　671.35/0415
[乾隆]重修固始縣志二十六卷首一卷　（清）謝聘纂修　清乾隆五十一年(1786)刻本　十冊　存二十卷(七至二十六)

310000－0261－0000953　671.35/323.7
[乾隆]重修靈寶縣志八卷　（清）周淦（清）方胙勳纂修　清光緒二年(1876)刻本　八冊

310000－0261－0000954　671.35/323
[乾隆]重修靈寶縣志六卷　（清）周慶增等纂修　清乾隆十二年(1747)刻本　六冊

310000－0261－0000955　671.65/501
[乾隆]重修肅州新志三十卷　（清）黃文煒（清）沈青崖纂修　清乾隆二十七年(1762)刻本　十二冊

310000－0261－0000956　671.25/453
[乾隆]諸城縣志四十六卷　（清）宮懋讓修（清）李文藻纂　清乾隆二十九年(1764)刻本　八冊

310000－0261－0000957　672.55/235
[乾隆]竹山縣志二十七卷　（清）常丹葵修（清）鄧光仁等纂　清乾隆五十年(1785)刻本　四冊

310000－0261－0000958　676.1/0211.29
[乾隆]欽定皇輿西域圖志四十八卷首四卷（清）傅恒等修　（清）褚廷璋等纂　清光緒十九年(1893)杭州便益書局石印本　十二冊

310000－0261－0000959　671.6/4450
[乾隆]甘肅通志五十卷首一卷　（清）許容等修　（清）李迪纂　清乾隆元年(1736)刻本　三十六冊

310000－0261－0000960　673.60/5032
[乾隆]貴州通志四十六卷首一卷　（清）鄂爾泰　（清）張廣泗修　（清）靖道謨　（清）杜詮纂　清乾隆六年(1741)刻本　四十冊

310000－0261－0000961　673.60/5032:2
[乾隆]貴州通志四十六卷首一卷　（清）鄂爾泰　（清）張廣泗修　（清）靖道謨　（清）杜詮纂　清乾隆六年(1741)刻本　二十四冊

310000－0261－0000962　672.1/3140
[乾隆]江南通志二百卷首四卷　（清）尹繼善　（清）黃之雋纂修　清乾隆二年(1737)刻本　八十冊

310000－0261－0000963　671.4/2210.1
[乾隆]山西志輯要十卷首一卷　（清）雅德修　（清）汪本直纂　清乾隆四十五年(1780)刻本　十冊

310000－0261－0000964　676.6/1044.0
[乾隆]西藏記二卷　（清）□□撰　清刻本　二冊

310000－0261－0000965　671.3/3140
[乾隆]續河南通志八十卷首四卷　（清）阿思哈　（清）嵩貴纂修　清乾隆三十二年(1767)刻本　四十冊

310000－0261－0000966　676.10/0211.40
[乾隆]欽定新疆識略十二卷首一卷　（清）松筠等纂修　清道光元年(1821)刻本　十冊

310000－0261－0000967　667.4/3404
乾隆府廳州縣圖志五十卷　（清）洪亮吉纂修　清乾隆五十三年至嘉慶八年(1788－1803)刻本　十二冊

310000－0261－0000968　667.4/3404.1
乾隆府廳州縣圖志五十卷　（清）洪亮吉纂修　清光緒二十三年(1897)新化三味書室刻本

二十冊

310000－0261－0000969　667.4/3404：2
乾隆府廳州縣圖志五十卷　(清)洪亮吉纂修
清乾隆五十三年至嘉慶八年(1788－1803)
刻本　十六冊

310000－0261－0000970　672.15/219.023
[嘉慶]安亭志二十卷　(清)陳樹德纂修　清
嘉慶十三年(1808)刻本　四冊

310000－0261－0000971　671.35/205
[嘉慶]安陽縣志二十八卷首一卷　(清)貴泰
修　(清)武穆淳纂　清嘉慶二十四年(1819)
刻本　十冊

310000－0261－0000972　671.25/447
[嘉慶]昌樂縣志三十二卷首一卷　(清)魏禮
焯修　(清)閻學夏等纂　清嘉慶十四年
(1809)刻本　六冊

310000－0261－0000973　671.25/111
[嘉慶]長山縣志十六卷首一卷　(清)倪企望
修　(清)鍾廷瑛　(清)徐果行纂　清嘉慶六
年(1801)刻本　十冊

310000－0261－0000974　671.15/411
[嘉慶]長垣縣志十六卷　(清)李于垣修
(清)楊元錫纂　[道光]續修長垣縣志二卷
(清)葛之鏞　(清)陳壽昌修　(清)蔣庸
(清)郭餘裕纂　[同治]增續長垣縣志二卷
(清)觀祜　(清)費瀛修　(清)齊聯芳
(清)李元鵬纂　清同治十二年(1873)刻本
十二冊

310000－0261－0000975　672.75/103
[嘉慶]成都縣志六卷首一卷　(清)王泰雲等
修　(清)衷以壎纂　清嘉慶十八年(1813)刻
本　六冊

310000－0261－0000976　673.35/303.4
[嘉慶]澄海縣志二十六卷首一卷　(清)李書
吉等纂修　清嘉慶二十年(1815)刻本　四冊
存十九卷(一至十八、首一卷)

310000－0261－0000977　672.15/117.7

[嘉慶]丹徒縣志四十七卷首四卷　(清)貴中
孚　(清)萬承紀修　(清)蔣宗海等纂　清嘉
慶十年(1805)刻本　十六冊

310000－0261－0000978　671.24/5060
[嘉慶]東昌府志五十卷首三卷　(清)嵩山修
(清)謝香開等纂　清嘉慶十三年(1808)刻
本　三十二冊

310000－0261－0000979　672.15/417
[嘉慶]東臺縣志四十卷　(清)周右修
(清)蔡復午等纂　清嘉慶二十二年(1817)刻
本　十冊

310000－0261－0000980　672.15/417：2
[嘉慶]東臺縣志四十卷　(清)周右修
(清)蔡復午等纂　清嘉慶二十二年(1817)刻
本　十六冊

310000－0261－0000981　671.55/167
[嘉慶]扶風縣志十八卷首一卷　(清)宋世犖
修　(清)吳鵬翔　(清)王樹棠纂　清嘉慶二
十四年(1819)刻本　四冊

310000－0261－0000982　672.15/423.0
[嘉慶]高郵州志十二卷首一卷　(清)楊宜崙
修　(清)夏之蓉　(清)沈之本纂　清道光二
十五年(1845)刻本　十六冊

310000－0261－0000983　672.15/423
再續高郵州志八卷首一卷　(清)龔定瀛修
(清)夏子鍚纂　清光緒九年(1883)刻本
八冊

310000－0261－0000984　672.15/423：2
再續高郵州志八卷首一卷　(清)龔定瀛修
(清)夏子鍚纂　清光緒九年(1883)刻本
八冊

310000－0261－0000985　671.55/223
[嘉慶]漢陰廳志十卷首一卷　(清)錢鶴年修
(清)董詔纂　清嘉慶二十三年(1818)刻本
六冊

310000－0261－0000986　672.75/109
[嘉慶]漢州志四十卷首一卷末一卷　(清)侯

肇元等纂修　清嘉慶二十二年(1817)刻本
十二冊

310000－0261－0000987　671.45/353
[嘉慶]河津縣志十二卷　(清)沈千鑒修
(清)王政　(清)牛述賢纂　清嘉慶二十年
(1815)刻本　八冊

310000－0261－0000988　672.75/337
[嘉慶]洪雅縣志二十五卷首一卷　(清)王好
音修　(清)張柱等纂　清嘉慶十八年(1813)
刻本　六冊

310000－0261－0000989　672.75/105
[嘉慶]華陽縣志四十四卷首一卷　(清)吳鞏
(清)董淳修　(清)潘時彤等纂　清光緒十
八年(1892)刻本　十六冊

310000－0261－0000990　672.25/307
[嘉慶]懷遠縣志二十八卷首一卷　(清)孫讓
等纂修　清嘉慶二十四年(1819)木活字印本
十二冊

310000－0261－0000991　671.55/309
[嘉慶]葭州志二卷　(清)高珣修　(清)龔
玉麟纂　清嘉慶十五年(1810)刻本　二冊

310000－0261－0000992　672.75/341.4
[嘉慶]夾江縣志十二卷　(清)王佐修
(清)涂崧等纂　清嘉慶十八年(1813)刻本
四冊

310000－0261－0000993　672.75/341
[嘉慶]夾江縣志十二卷首一卷　(清)王佐修
(清)涂崧等纂　清光緒十四年(1888)刻本
五冊　存十一卷(一至十、首一卷)

310000－0261－0000994　672.75/107.8
[嘉慶]簡州志十四卷　(清)濮瑗修　(清)
陳治安　(清)黃樸纂　清咸豐三年(1853)刻
本　十冊

310000－0261－0000995　672.75/431
[嘉慶]江安縣志六卷　(清)趙模修　(清)
鄭存仁纂　清嘉慶十七年(1812)刻本
六冊

310000－0261－0000996　672.15/413.1
[嘉慶]江都縣續志十二卷首一卷　(清)王逢
源修　(清)李保泰纂　清光緒七年(1881)刻
本　四冊

310000－0261－0000997　672.15/413.1:2
[嘉慶]江都縣續志十二卷首一卷　(清)王逢
源修　(清)李保泰纂　清光緒七年(1881)刻
本　八冊

310000－0261－0000998　672.15/413.1:3
[嘉慶]江都縣續志十二卷首一卷　(清)王逢
源修　(清)李保泰纂　清光緒七年(1881)刻
本　四冊

310000－0261－0000999　671.45/131
[嘉慶]介休縣志十四卷　(清)徐品山
(清)陸元鏻纂修　清嘉慶二十四年(1819)刻
本　八冊

310000－0261－0001000　672.75/123
[嘉慶]金堂縣志九卷首一卷末一卷　(清)謝
惟傑修　(清)黃烈　(清)陳一津纂　清道光
二十四年(1844)刻本　八冊

310000－0261－0001001　672.25/227.4
[嘉慶]涇縣志三十二卷首一卷　(清)李德淦
修　(清)洪亮吉纂　清嘉慶十一年(1806)刻
本　十六冊

310000－0261－0001002　671.25/235
[嘉慶]莒州志十六卷首一卷　(清)許紹錦纂
修　清嘉慶元年(1796)刻本　六冊

310000－0261－0001003　672.15/307.02
[嘉慶]黎里志十六卷首一卷　(清)徐達源纂
修　清嘉慶十年(1805)刻本　四冊

310000－0261－0001004　672.35/307.02
[嘉慶]黎里志十六卷首一卷　(清)徐達源纂
修　清嘉慶九年(1804)刻本　十冊

310000－0261－0001005　672.25/123
[嘉慶]歷陽典錄三十四卷補六卷　(清)陳廷
桂纂修　清同治六年(1867)和州官舍刻本
十二冊

310000－0261－0001006　673.55/203.7

[嘉慶]臨安府志二十卷　（清）江濬源修
（清）羅惠恩等纂　清光緒八年(1882)刻本
十六冊

310000－0261－0001007　672.65/213

[嘉慶]零陵縣志十六卷　（清）武占熊修
（清）劉方璿等纂　清嘉慶十五年(1810)刻本
十冊

310000－0261－0001008　671.45/359

[嘉慶]靈石縣志十二卷　（清）王志瀜修
（清）黃憲臣纂　清嘉慶二十二年(1817)刻本
六冊

310000－0261－0001009　671.15/251

[嘉慶]灤州志八卷首一卷末一卷　（清）吳士
鴻修　（清）孫學恒纂　清嘉慶十五年(1810)
刻本　八冊

310000－0261－0001010　672.75/157

[嘉慶]羅江縣志三十六卷　（清）李桂林修
（清）鄧林等纂　清同治四年(1865)刻本
四冊

310000－0261－0001011　672.75/157：2

[嘉慶]羅江縣志三十六卷　（清）李桂林修
（清）鄧林等纂　清同治四年(1865)刻本
四冊

310000－0261－0001012　671.35/301

[嘉慶]洛陽縣志六十卷　（清）魏襄修
（清）陸繼輅纂　清嘉慶十八年(1813)刻本
四十八冊

310000－0261－0001013　672.75/349

[嘉慶]眉州屬志十九卷　（清）涂長發修
（清）王昌年纂　清嘉慶四年(1799)刻本　十
三冊

310000－0261－0001014　671.35/121

[嘉慶]密縣志十六卷首一卷　（清）謝增
（清）景綸纂修　清嘉慶二十二年(1817)刻本
四冊

310000－0261－0001015　673.15/401

310000－0261－0001015　673.15/401

[嘉慶]南平縣志三十八卷首三卷末一卷
（清）楊桂森修　（清）應丹詔纂　清同治八年
(1869)刻本　三十六冊

310000－0261－0001016　671.34/4076

[嘉慶]南陽府志六卷圖一卷　（清）孔傳金纂
修　清嘉慶十二年(1807)刻本　十二冊

310000－0261－0001017　671.25/345

[嘉慶]平陰縣志四卷　（清）喻春林修
（清）朱續孜纂　清嘉慶十三年(1808)刻本
四冊

310000－0261－0001018　673.44/1020

[嘉慶]平樂府志四十卷首一卷　（清）清柱等
纂修　清光緒三年(1877)刻本　十二冊

310000－0261－0001019　673.6/341

[嘉慶]黔西州志八卷　（清）劉永安等修
（清）熊聲元等纂　清光緒十年(1884)刻本
五冊

310000－0261－0001020　671.25/309

[嘉慶]清平縣志十七卷　（清）萬承紹修
（清）周以勳纂　清嘉慶三年(1798)刻本
五冊

310000－0261－0001021　672.15/321

[嘉慶]如皋縣志二十四卷　（清）楊受廷
（清）左元鎮修　（清）馬汝舟　（清）江大鍵
纂　清嘉慶十三年(1808)刻本　十冊

310000－0261－0001022　672.35/215

[嘉慶]山陰縣志三十卷首一卷　（清）徐元梅
等纂修　清嘉慶八年(1803)刻本　八冊

310000－0261－0001023　671.35/453

[嘉慶]商城縣志十四卷首一卷末一卷　（清）
武開吉纂修　清嘉慶八年(1803)刻本　十
二冊

310000－0261－0001024　672.35/223.2

[嘉慶]上虞縣志十四卷首一卷　（清）崔鳴玉
修　（清）李方湛等纂　清嘉慶十六年(1811)
刻本　八冊

310000－0261－0001025　671.35/217

[嘉慶]涉縣志八卷 (清)戚學標纂修 清嘉慶四年(1799)刻本 四冊

310000－0261－0001026 672.75/113
[嘉慶]什邡縣志五十四卷 (清)紀大奎修 (清)林時春等纂 清嘉慶十八年(1813)刻本 十冊

310000－0261－0001027 671.35/319
[嘉慶]澠池縣志十六卷 (清)甘揚聲修 (清)劉文運等纂 清嘉慶十五年(1810)刻本 八冊

310000－0261－0001028 671.25/445
[嘉慶]壽光縣志二十卷 (清)劉翰周纂修 清嘉慶五年(1800)刻本 七冊

310000－0261－0001029 672.14/4830
[嘉慶]松江府志八十四卷首二卷圖一卷 (清)宋如林修 (清)孫星衍等纂 清嘉慶二十四年(1819)刻本 四十冊

310000－0261－0001030 672.14/4830：2
[嘉慶]松江府志八十四卷首二卷圖一卷 (清)宋如林修 (清)孫星衍等纂 清嘉慶二十四年(1819)刻本 四十冊

310000－0261－0001031 672.34/2332.5
[嘉慶]台州外書二十卷 (清)戚學標輯 清嘉慶四年(1799)刻本 四冊

310000－0261－0001032 672.34/2332.5：2
[嘉慶]台州外書二十卷 (清)戚學標輯 清嘉慶四年(1799)刻本 六冊

310000－0261－0001033 671.35/111
[嘉慶]洧川縣志八卷首一卷 (清)何文明纂修 清嘉慶二十三年(1818)刻本 四冊

310000－0261－0001034 672.75/119
[嘉慶]溫江縣志三十六卷首一卷 (清)李紹祖等修 (清)徐文貢 (清)車西纂 清嘉慶二十年(1815)刻本 四冊

310000－0261－0001035 672.35/321
[嘉慶]武義縣志十二卷首一卷 (清)張營墠修 (清)周家駒纂 清宣統二年(1910)石印本 六冊

310000－0261－0001036 672.35/301
[嘉慶]西安縣志四十八卷首一卷 (清)姚寶煃修 (清)范崇楷纂 清嘉慶十六年(1811)刻本 十冊

310000－0261－0001037 672.35/105.022
[嘉慶]硤川續志二十卷 (清)王德浩纂修 (清)王簡可增修 清抄本 六冊

310000－0261－0001038 671.55/103.0
[嘉慶]咸寧縣志二十六卷首一卷 (清)高廷法修 (清)沈琮纂 清嘉慶二十四年(1819)刻本 八冊

310000－0261－0001039 672.65/111
[嘉慶]湘潭縣志四十卷 (清)張雲璈修 (清)周系英纂 清嘉慶二十三年(1818)刻本 十八冊

310000－0261－0001040 671.35/239.2
[嘉慶]續濟源縣志十二卷 (清)何荇芳修 (清)劉大觀纂 清嘉慶十八年(1813)刻本 四冊

310000－0261－0001041 672.75/349.1
[嘉慶]續眉州志略不分卷 (清)戴三錫修 (清)王之俊等纂 清嘉慶十七年(1812)刻本 一冊

310000－0261－0001042 671.25/229
[嘉慶]續修郯城縣志十卷 (清)吳堦修 (清)陸繼輅纂 清嘉慶十五年(1810)刻本 四冊

310000－0261－0001043 671.35/229
[嘉慶]濬縣志二十二卷補遺不分卷 (清)熊象階修 (清)武穆淳纂 清嘉慶六年(1801)刻本 十冊

310000－0261－0001044 671.35/229：2
[嘉慶]濬縣志二十二卷補遺不分卷濬縣金石錄二卷 (清)熊象階修 (清)武穆淳纂 清嘉慶六年(1801)刻本 六冊

310000－0261－0001045 672.25/213

[嘉慶]黟縣志十六卷首一卷　(清)吳甸華修　(清)程汝翼纂　[道光]黟縣續志不分卷
(清)呂子珏修　(清)詹錫齡纂　清道光五年
(1825)刻本　十六冊

310000－0261－0001046　671.25/339
[嘉慶]禹城縣志十二卷　(清)董鵬翔修
(清)牟應震纂　清嘉慶十三年(1808)刻本
四冊

310000－0261－0001047　671.15/459
[嘉慶]棗強縣志二十卷　(清)任銜蕙纂修
[光緒]棗強縣志補正五卷　(清)方宗誠纂
清光緒二年(1876)棗強縣署刻本　八冊

310000－0261－0001048　672.15/523.1
[嘉慶]增修贛榆縣志四卷首一卷　(清)王城
修　(清)周萃元纂　清嘉慶元年(1796)刻本
四冊

310000－0261－0001049　671.35/429
[嘉慶]正陽縣志十卷　(清)彭良弼纂修　清
嘉慶元年(1796)刻本　四冊

310000－0261－0001050　672.14/3130.6
[嘉慶]重刊江寧府志五十六卷　(清)呂燕昭
修　(清)姚鼐纂　清光緒六年(1880)刻本
十二冊

310000－0261－0001051　672.15/313.6
[嘉慶]重刊荊溪縣志四卷首一卷　(清)唐仲
冕修　(清)段琦纂　清光緒八年(1882)刻本
二冊

310000－0261－0001052　672.15/313.6:2
[嘉慶]重刊荊溪縣志四卷首一卷　(清)唐仲
冕修　(清)段琦纂　清光緒八年(1882)刻本
二冊

310000－0261－0001053　672.15/313.6:3
[嘉慶]重刊荊溪縣志四卷首一卷　(清)唐仲
冕修　(清)段琦纂　清光緒八年(1882)刻本
二冊

310000－0261－0001054　672.15/313.4
[嘉慶]重刊宜興縣舊志十卷首一卷末一卷

(清)阮升基修　(清)寧楷纂　清光緒八年
(1882)刻本　十冊

310000－0261－0001055　672.15/313.4:2
[嘉慶]重刊宜興縣舊志十卷首一卷末一卷
(清)阮升基修　(清)寧楷纂　清光緒八年
(1882)刻本　十冊

310000－0261－0001056　672.15/313.4:3
[嘉慶]重刊宜興縣舊志十卷首一卷末一卷
(清)阮升基修　(清)寧楷纂　清光緒八年
(1882)刻本　十冊

310000－0261－0001057　672.15/313.5
[嘉慶]重刊宜興縣志四卷首一卷　(清)阮升
基修　(清)寧楷纂　清光緒八年(1882)刻本
二冊

310000－0261－0001058　672.15/313.5:2
[嘉慶]重刊宜興縣志四卷首一卷　(清)阮升
基修　(清)寧楷纂　清光緒八年(1882)刻本
二冊

310000－0261－0001059　672.15/313.5:3
[嘉慶]重刊宜興縣志四卷首一卷　(清)阮升
基修　(清)寧楷纂　清光緒八年(1882)刻本
二冊

310000－0261－0001060　672.15/313.5:4
[嘉慶]重刊宜興縣志四卷首一卷　(清)阮升
基修　(清)寧楷纂　清光緒八年(1882)刻本
二冊

310000－0261－0001061　672.15/323.3
[嘉慶]重修泰興縣志八卷　(清)凌坮
(清)張先甲修　(清)張福謙等纂　清嘉慶十
八年(1813)刻本　八冊

310000－0261－0001062　672.14/5630
[嘉慶]重修揚州府志七十二卷首一卷　(清)
阿克當阿修　(清)姚文田等纂　清嘉慶十五
年(1810)刻本　四十八冊

310000－0261－0001063　672.15/517
嘉慶海州直隸州志三十二卷首一卷　(清)唐
仲冕等修　(清)汪梅鼎等纂　清嘉慶十六年

(1811)刻本　　十冊

310000－0261－0001064　672.15/517：2
嘉慶海州直隸州志三十二卷首一卷　（清）唐
仲冕等修　（清）汪梅鼎等纂　清嘉慶十六年
(1811)刻本　　十冊

310000－0261－0001065　672.35/239
嘉慶太平縣志十八卷首一卷　（清）慶霖修
（清）戚學標纂　清光緒二十二年(1896)刻本
　　十冊

310000－0261－0001066　672.35/239：2
嘉慶太平縣志十八卷首一卷　（清）慶霖修
（清）戚學標纂　清光緒二十二年(1896)刻本
　　十冊

310000－0261－0001067　673.50/3457
[嘉慶]滇繫四十卷　（清）師範纂修　清光緒
十三年(1887)雲南通志局刻本　　四十冊

310000－0261－0001068　673.4/0010.4
[嘉慶]廣西通志二百七十九卷首一卷　（清）
謝啓昆修　（清）胡虔纂　清光緒十七年
(1891)桂垣書局刻本　　八十冊

310000－0261－0001069　673.40/0010
[嘉慶]廣西通志二百七十九卷首一卷　（清）
謝啓昆修　（清）胡虔纂　清嘉慶七年(1802)
刻本　　八十冊

310000－0261－0001070　674.3/6003.1
[嘉慶]黑龍江外紀八卷　（清）西清纂修　清
光緒二十六年(1900)廣雅書局刻本　　二冊

310000－0261－0001071　672.6/3740.7
[嘉慶]湖南通志二百十九卷首三卷末六卷岳
麓書院新置官書總目錄不分卷　（清）巴哈布
等修　（清）王煦等纂　清嘉慶二十五年
(1820)刻本　　七十九冊

310000－0261－0001072　672.70/6022
[嘉慶]四川通志二百四卷首二十二卷　（清）
常明修　（清）楊芳燦（清）譚光祜等纂　清嘉
慶二十一年(1816)刻本　　一百六十冊

310000－0261－0001073　676.6/2144

[嘉慶]衛藏通志十六卷首一卷校字記一卷
（清）和琳纂修　清光緒二十二年(1896)桐廬
袁昶漸西村舍刻本　　八冊

310000－0261－0001074　676.7/2144：2
[嘉慶]衛藏通志十六卷首一卷校字記一卷
（清）和琳纂修　清光緒二十二年(1896)桐廬
袁昶漸西村舍刻本　　八冊

310000－0261－0001075　672.75/551
[道光]安岳縣志十六卷首一卷　（清）濮瑗修
　　（清）周國頤纂　清道光二十一年(1841)刻
本　　八冊

310000－0261－0001076　672.75/527
[道光]巴州志十卷首一卷　（清）朱錫穀修
（清）陳一津等纂　清道光十三年(1833)刻本
　　八冊

310000－0261－0001077　671.15/423
[道光]保安州志四部八卷首一卷　（清）楊桂
森纂修　[光緒]保安州續志四卷　（清）張毓
生纂修　清光緒三年(1877)刻本　　五冊

310000－0261－0001078　672.15/425.3
[道光]寶應圖經六卷首二卷　（清）劉寶楠撰
　　清光緒九年(1883)淮南書局刻本　　四冊

310000－0261－0001079　671.25/305
[道光]博平縣志六卷　（清）楊祖憲修
（清）烏竹芳纂　清道光十一年(1831)刻本
六冊

310000－0261－0001080　671.25/121
[道光]長清縣志十六卷首四卷末二卷　（清）
舒化民修　（清）徐德城纂　清道光十五年
(1835)刻本　　六冊　存二十一卷(一至十五、
首四卷、末二卷)

310000－0261－0001081　672.65/409
[道光]辰谿縣志四十卷首一卷末一卷　（清）
徐會雲等修　（清）劉家傳纂　清道光三年
(1823)刻本　　十冊

310000－0261－0001082　675.44/1720
[道光]承德府志六十卷首二十六卷　（清）海

忠纂修 清道光十一年(1831)刻本 二十四冊

310000－0261－0001083 671.25/245
[道光]城武縣志十四卷首一卷 (清)袁章華修 (清)劉士瀛纂 清道光十年(1830)刻本 八冊

310000－0261－0001084 672.15/319.2
[道光]崇川咫聞錄十二卷 (清)徐緝 (清)楊廷撰輯 清道光十年(1830)通州徐氏芸暉閣刻本 十二冊

310000－0261－0001085 672.15/215.2
[道光]川沙撫民廳志十二卷首一卷附一卷 (清)何士祁修 (清)姚椿 (清)周墉纂 清道光十七年(1837)刻本 四冊

310000－0261－0001086 671.55/133
[道光]大荔縣志十六卷首一卷足徵錄四卷 (清)熊兆麟纂修 清道光三十年(1850)陝西同州府城文元堂劉繼伯刻本 六冊

310000－0261－0001087 672.75/149
[道光]德陽縣新志十二卷首一卷末一卷 (清)裴顯忠修 (清)劉碩輔纂 清道光十七年(1837)刻本 六冊

310000－0261－0001088 675.55/103
[道光]定邊紀略二卷 (清)奕湘撰 清道光二十五年(1845)刻本 二冊

310000－0261－0001089 671.25/343
[道光]東阿縣志二十四卷首一卷 (清)李賢書修 (清)吳怡等纂 清道光九年(1829)刻本 十二冊

310000－0261－0001090 671.25/343：2
[道光]東阿縣志二十四卷首一卷 (清)李賢書修 (清)吳怡等纂 清道光九年(1829)刻本 十二冊

310000－0261－0001091 671.25/341
[道光]東平州志三十卷首二卷 (清)周雲鳳修 (清)唐鑑等纂 清道光五年(1825)刻本 十六冊

310000－0261－0001092 672.35/121.04
[道光]分湖小識六卷 (清)柳樹芳纂 清道光二十七年(1847)刻本 二冊

310000－0261－0001093 672.35/121.04：2
[道光]分湖小識六卷 (清)柳樹芳纂 清道光二十七年(1847)刻本 二冊

310000－0261－0001094 672.45/105
[道光]豐城縣志二十四卷首一卷 (清)徐清選 (清)李培緒修 (清)毛輝鳳等纂 清道光五年(1825)刻本 十二冊

310000－0261－0001095 671.35/157
[道光]扶溝縣志十三卷 (清)王德瑛纂修 清道光十三年(1833)刻本 四冊

310000－0261－0001096 673.34/0032
[道光]高州府志十六卷 (清)黃安濤 (清)海壽修 (清)潘眉纂 清道光七年(1827)高州富文樓刻本 十六冊

310000－0261－0001097 672.15/413.0
[道光]廣陵通典十卷 (清)汪中撰 清同治八年(1869)揚州書局刻本 二冊

310000－0261－0001098 672.15/413.0：2
[道光]廣陵通典十卷 (清)汪中撰 清同治八年(1869)揚州書局刻本 二冊

310000－0261－0001099 672.15/413.0：3
[道光]廣陵通典十卷 (清)汪中撰 清同治八年(1869)揚州書局刻本 一冊

310000－0261－0001100 672.15/413.0：4
[道光]廣陵通典十卷 (清)汪中撰 清同治八年(1869)揚州書局刻本 二冊

310000－0261－0001101 673.65/119
[道光]廣順州志十二卷首一卷末一卷 (清)金臺修 (清)但明倫纂 清道光二十七年(1847)刻本 六冊

310000－0261－0001102 673.64/5076
[道光]貴陽府志八十八卷首二卷餘編二十卷 (清)周作楫修 (清)蕭琯 (清)鄒漢勳纂 清咸豐二年(1852)刻本 三十九冊 存

一百七卷(一至七十四、七十六至八十八,餘編二十卷)

310000－0261－0001103　671.35/235
[道光]河內縣志三十六卷　(清)袁通修　(清)方履籛　(清)吳育纂　清道光五年(1825)刻本　十冊

310000－0261－0001104　671.35/235：2
[道光]河內縣志三十六卷　(清)袁通修　(清)方履籛　(清)吳育纂　清道光五年(1825)刻本　十冊

310000－0261－0001105　671.35/159
[道光]許州志十六卷首一卷　(清)蕭元吉纂修　清道光十八年(1838)刻本　十二冊

310000－0261－0001106　672.15/401.3
[道光]淮城信今錄十卷　(清)曹鑣纂修　清抄本　八冊

310000－0261－0001107　671.35/225
[道光]輝縣志二十卷首一卷末一卷　(清)周際華修　(清)戴銘等纂　清光緒二十一年(1895)刻遞修本　八冊

310000－0261－0001108　672.24/2830
[道光]徽州府志十六卷首一卷　(清)馬步蟾纂修　清道光七年(1827)刻本　三十冊

310000－0261－0001109　671.25/201
[道光]濟寧直隸州志十卷首一卷末一卷　(清)徐宗幹修　(清)許瀚等纂　[咸豐]濟寧直隸州續志四卷　(清)盧朝安纂修　清咸豐九年(1859)刻本　二十三冊

310000－0261－0001110　672.75/431.0
[道光]江安縣志二卷首一卷　(清)高學濂纂修　清道光九年(1829)刻本　二冊

310000－0261－0001111　672.35/407
[道光]縉雲縣志十八卷首一卷　(清)湯成烈修　(清)尹希伊纂　清道光二十九年(1849)刻本　十冊

310000－0261－0001112　672.35/407：2
[道光]縉雲縣志十八卷首一卷　(清)湯成烈

修　(清)尹希伊纂　清道光二十九年(1849)刻本　十冊

310000－0261－0001113　672.25/277.7
[道光]涇縣續志九卷　(清)阮文藻修　(清)趙懋曜等纂　清道光五年(1825)刻本　二冊

310000－0261－0001114　671.65/107
[道光]靖遠縣志八卷首一卷　(清)陳之驥纂修　清道光十三年(1833)刻本　八冊

310000－0261－0001115　672.74/4424
[道光]夔州府志三十六卷首一卷　(清)恩成修　(清)劉德銓纂　清道光七年(1827)刻本　二十四冊

310000－0261－0001116　671.55/115.4
[道光]藍田縣志十六卷　(清)胡元煐修　(清)蔣湘南纂　清道光二十二年(1842)刻本　四冊

310000－0261－0001117　671.55/221
[道光]留壩廳志十卷留壩廳足徵錄四卷　(清)賀仲瑊修　(清)蔣湘南纂　清道光二十二年(1842)刻本　六冊

310000－0261－0001118　672.74/0130
[道光]龍安府志十卷　(清)鄧存詠等纂　清道光二十一年(1841)刻本　六冊

310000－0261－0001119　672.75/143
[道光]茂州志四卷首一卷　(清)楊迦懌等修　(清)劉輔廷纂　清道光十一年(1831)刻本　四冊

310000－0261－0001120　671.35/411
[道光]泌陽縣志十二卷首一卷　(清)倪明進修　(清)栗郢纂　清道光八年(1828)刻本　六冊

310000－0261－0001121　672.75/153.7
[道光]綿竹縣志四十六卷　(清)劉慶遠修　(清)沈心如纂　清道光二十九年(1849)刻本　十二冊

310000－0261－0001122　671.55/241

[道光]寧陝廳志四卷 （清）林一銘修
（清）焦世官 （清）胡官清纂 清道光九年
（1829）刻本 四冊

310000－0261－0001123 672.75/547

[道光]蓬溪縣志十六卷首一卷 （清）吳章祁
等修 （清）顧士英等纂 清道光二十五年
（1845）刻本 八冊

310000－0261－0001124 672.15/307.021

[道光]平望志十八卷首一卷 （清）翁廣平纂
輯 清光緒十三年（1887）吳江黃兆楎刻本
六冊

310000－0261－0001125 672.25/219

[道光]祁門縣志三十六卷首一卷 （清）王讓
修 （清）桂超萬纂 清道光七年（1827）刻本
八冊

310000－0261－0001126 672.15/401.1

[道光]清河縣疆域沿革表不分卷楚州使院石
柱題名記不分卷 （清）蕭令裕編 清道光十
一年（1831）刻本 一冊

310000－0261－0001127 673.34/1730

[道光]瓊州府志四十四卷首一卷 （清）明誼
修 （清）張岳崧纂 清光緒十六年（1890）吉
林隆斌刻本 三十二冊

310000－0261－0001128 672.75/435

[道光]仁壽縣新志八卷 （清）馬百齡修
（清）魏崧 （清）鄭宗垣纂 清道光十八年
（1838）刻本 八冊

310000－0261－0001129 671.15/223.1

[道光]任邱縣志續編二卷 （清）鮑承燾修
（清）瞿光縉 （清）劉廷霖纂 清道光十七年
（1837）刻本 二冊

310000－0261－0001130 671.25/419

[道光]榮成縣志十卷 （清）李天驚修
（清）李長齡等纂 清道光二十年（1840）刻本
四冊

310000－0261－0001131 672.75/345.9

[道光]榮縣志三十八卷首一卷 （清）王培

荀纂修 清道光二十五年（1845）刻本
六冊

310000－0261－0001132 671.35/329

[道光]汝州全志十卷首一卷 （清）白明義
（清）趙林成纂修 清道光二十年（1840）刻本
十冊

310000－0261－0001133 671.25/147

[道光]商河縣志八卷首一卷 （清）龔廷煌
等纂修 清道光十六年（1836）刻本 八冊

310000－0261－0001134 672.75/139

[道光]石泉縣志十卷 （清）趙德林修
（清）張沆纂 清道光十四年（1834）刻本
六冊

310000－0261－0001135 671.55/239

[道光]石泉縣志四卷 （清）舒鈞纂修 清道
光二十九年（1849）刻本 二冊

310000－0261－0001136 672.25/107

[道光]太湖縣志四十卷首一卷末一卷 （清）
孫濟等修 （清）陳烈纂 清道光十年（1830）
刻本 十冊

310000－0261－0001137 671.35/155

[道光]太康縣志八卷 （清）戴鳳翔修
（清）高崧等纂 清道光八年（1828）刻本
八冊

310000－0261－0001138 671.35/155:2

[道光]太康縣志八卷 （清）戴鳳翔修
（清）高崧等纂 清道光八年（1828）刻本
八冊

310000－0261－0001139 671.45/317

[道光]太平縣志十六卷首一卷 （清）李炳彥
修 （清）梁棲鸞纂 清道光五年（1825）刻本
八冊

310000－0261－0001140 671.25/123

[道光]泰安縣志十二卷首一卷末一卷 （清）
徐宗幹修 （清）蔣大慶等纂 清同治六年
（1867）刻本 十四冊

310000－0261－0001141 672.15/421.0

[道光]泰州新志刊謬二卷首一卷　（清）任鈺
（清）宮錫祚等纂輯　清道光十年(1830)刻
本　二冊

310000－0261－0001142　672.15/421.0：2
[道光]泰州新志刊謬二卷首一卷　（清）任鈺
（清）宮錫祚等纂輯　清道光十年(1830)刻
本　二冊

310000－0261－0001143　672.15/421
[道光]泰州志三十六卷首一卷　（清）王有慶
等修　（清）陳世鎔等纂　清道光七年(1827)
刻本　十冊

310000－0261－0001144　672.15/421.1
[道光]泰州志三十六卷首一卷　（清）王有慶
等修　（清）陳世鎔等纂　清光緒三十四年
(1908)刻本　十二冊

310000－0261－0001145　671.25/211
[道光]滕縣志十四卷首一卷　（清）王政修
（清）王庸立　（清）黃來麟纂　清道光二十六
年(1846)刻本　八冊

310000－0261－0001146　672.15/501
[道光]銅山縣志二十四卷首一卷　（清）崔志
元纂修　清道光十一年(1831)刻本　十六冊

310000－0261－0001147　675.55/101
[道光]萬全縣志十卷首一卷　（清）左承業纂
修　清道光十四年(1834)刻本　六冊

310000－0261－0001148　671.35/109
[道光]尉氏縣志二十卷首一卷　（清）劉厚滋
（清）沈湝修　（清）王觀潮纂　清道光十一
年(1831)刻本　八冊

310000－0261－0001149　671.35/109：2
[道光]尉氏縣志二十卷首一卷　（清）劉厚滋
（清）沈湝修　（清）王觀潮纂　清道光十一
年(1831)刻本　八冊

310000－0261－0001150　672.15/309.4
[道光]武進陽湖縣合志三十六卷首一卷
（清）孫琬　（清）王德茂修　（清）李兆洛
（清）周儀暐纂　清光緒十二年(1886)木活字

印本　三十冊

310000－0261－0001151　671.35/203
[道光]武陟縣志三十六卷　（清）王榮陛修
（清）方履籛纂　清道光九年(1829)刻本
八冊

310000－0261－0001152　671.35/423
[道光]舞陽縣志十二卷　（清）王德瑛纂修
清道光十五年(1835)刻本　四冊

310000－0261－0001153　671.55/209
[道光]西鄉縣志六卷　（清）張廷槐纂修　清
道光八年(1828)刻本　四冊

310000－0261－0001154　672.25/211.9
[道光]歙縣志十卷首一卷　（清）勞逢源修
（清）沈伯棠纂　清道光八年(1828)刻本　十
二冊

310000－0261－0001155　672.75/117
[道光]新都縣志十八卷首一卷　（清）張奉書
修　（清）張懷洵纂　清道光二十四年(1844)
刻本　十三冊

310000－0261－0001156　672.45/103
[道光]新建縣志九十卷首一卷末一卷　（清）
崔登鼇（清）彭宗岱修　（清）涂蘭玉纂　清
道光二十九年(1849)刻本　三十八冊

310000－0261－0001157　671.35/243
[道光]修武縣志十卷首一卷　（清）馮繼照修
（清）金臯纂　[同治]修武縣志二卷
（清）孔繼中續纂修　清同治七年(1868)刻本
十二冊

310000－0261－0001158　672.25/105
[道光]宿松縣志二十八卷首一卷　（清）鄔正
階　（清）鄭敦亮修　（清）石葆元纂　清道光
八年(1828)刻本　十冊

310000－0261－0001159　671.45/101
[道光]陽曲縣志十六卷　（清）李培謙修
（清）閻士驤　（清）鄭起昌纂　清道光二十三
年(1843)刻本　十冊

310000－0261－0001160　671.25/237

[道光]沂水縣志十卷　（清）張爕修　（清）劉承謙等纂　清道光七年(1827)刻本　四冊

310000－0261－0001161　672.45/437.8

[道光]義寧州志三十二卷首三卷　（清）曾暉春修　（清）冷玉光　（清）查望洋纂　清道光四年(1824)刻本　十六冊　存三十四卷(二至三十二、首三卷)

310000－0261－0001162　672.64/3030

[道光]永州府志十八卷首一卷　（清）呂恩湛修　（清）宗績辰纂　清同治六年(1867)刻本　二十二冊

310000－0261－0001163　671.35/119

[道光]禹州志二十六卷　（清）朱煒修　（清）姚椿等纂　（清）宮國勳續修　清道光十五年(1835)刻本　十二冊

310000－0261－0001164　672.75/549.1

[道光]樂至縣志十六卷首一卷　（清）裴顯忠修　（清）劉碩輔纂　清道光二十年(1840)刻本　四冊

310000－0261－0001165　672.55/155

[道光]雲夢縣志略十二卷首一卷末一卷　（清）呂錫麟等修　（清）程懷璟纂　清光緒九年(1883)刻本　六冊

310000－0261－0001166　672.35/127.023

[道光]乍浦續志六卷　（清）許河纂修　清道光二十三年(1843)刻本　一冊

310000－0261－0001167　671.25/105

[道光]章邱縣志十六卷首一卷末一卷　（清）吳璋修　（清）曹楙堅纂　清道光十三年(1833)刻本　八冊

310000－0261－0001168　673.25/0227

[道光]彰化縣志十二卷首一卷　（清）周璽修　（清）廖春波纂　清道光十四年(1834)刻本　十二冊

310000－0261－0001169　671.25/409.1

[道光]招遠縣續志四卷　（清）陳國器修　（清）李蔭纂　清道光二十六年(1846)刻本　四冊

310000－0261－0001170　673.34/3800

[道光]肇慶府志二十二卷首一卷　（清）屠英等修　（清）江藩等纂　清光緒二年(1876)刻本　二十二冊

310000－0261－0001171　673.34/3800.3

[道光]肇慶府志二十二卷首一卷　（清）屠英等修　（清）江藩等纂　清道光十三年(1833)刻本　二十二冊

310000－0261－0001172　671.15/367

[道光]直隸定州志二十二卷首一卷　（清）寶琳　（清）勞沅恩纂修　清咸豐十年(1860)刻本　十四冊

310000－0261－0001173　671.15/367.3

[道光]直隸定州志二十二卷首一卷　（清）寶琳　（清）勞沅恩纂修　清咸豐元年(1851)刻本　十二冊

310000－0261－0001174　672.15/313.3

[道光]重刊續纂宜荊縣志十四卷首一卷　（清）顧名修　（清）吳德旋纂　清光緒八年(1882)刻本　四冊

310000－0261－0001175　672.15/313.3：2

[道光]重刊續纂宜荊縣志十四卷首一卷　（清）顧名修　（清）吳德旋纂　清光緒八年(1882)刻本　四冊

310000－0261－0001176　672.15/313.3：3

[道光]重刊續纂宜荊縣志十四卷首一卷　（清）顧名修　（清）吳德旋纂　清光緒八年(1882)刻本　四冊

310000－0261－0001177　672.15/425.1

[道光]重修寶應縣志二十八卷首一卷　（清）孟毓蘭修　（清）喬載繇等纂　清道光二十一年(1841)刻本　八冊

310000－0261－0001178　672.15/425.1：2

[道光]重修寶應縣志二十八卷首一卷　（清）孟毓蘭修　（清）喬載繇等纂　清道光二十一年(1841)刻本　十二冊

310000－0261－0001179　671.25/151

[道光]重修博興縣志十三卷首一卷　（清）周壬福修　（清）李同纂　清道光二十年(1840)刻本　四冊

310000－0261－0001180　671.25/433

[道光]重修膠州志四十卷　（清）張同聲修（清）李圖纂　清道光二十五年(1845)刻本八冊

310000－0261－0001181　671.25/403

[道光]重修蓬萊縣志十四卷首一卷　（清）王文燾修　（清）張本等纂　清道光十九年(1839)刻本　八冊

310000－0261－0001182　671.25/425

[道光]重修平度州志二十七卷　（清）保忠（清）吳慈修　（清）李圖　（清）王大鑰纂清道光二十九年(1849)刻本　八冊

310000－0261－0001183　671.55/173

[道光]重修汧陽縣志十二卷首一卷　（清）羅曰璧纂修　[光緒]增續汧陽縣志二卷　（清）焦思善修　（清）張元璧　（清）王潤纂　清光緒十三年(1887)刻本　六冊

310000－0261－0001184　671.35/337

[道光]重修伊陽縣志六卷首一卷末一卷（清）張道超修　（清）馬九功纂　清道光十八年(1838)刻本　六冊

310000－0261－0001185　672.15/415

[道光]重修儀徵縣志五十卷首一卷　（清）王檢心修　（清）劉文淇　（清）張安保纂　清光緒十六年(1890)刻本　二十四冊

310000－0261－0001186　672.15/415：2

[道光]重修儀徵縣志五十卷首一卷　（清）王檢心修　（清）劉文淇　（清）張安保纂　清光緒十六年(1890)刻本　二十四冊

310000－0261－0001187　671.55/237

[道光]紫陽縣志八卷首一卷　（清）陳僅（清）吳純修　（清）楊家坤　（清）曹學易纂清光緒八年(1882)刻本　四冊

310000－0261－0001188　671.25/107

[道光]鄒平縣志十八卷　（清）羅宗瀛修（清）成瓘纂　清道光十六年(1836)續修刻本八冊

310000－0261－0001189　673.64/3880

[道光]遵義府志四十八卷首一卷　（清）平翰修　（清）鄭珍等纂　清道光二十一年(1841)刻本　四十冊

310000－0261－0001190　671.35/113

道光鄢陵縣志十八卷　（清）何鄂聯修　（清）洪符孫纂　清道光十二年(1832)刻本　八冊

310000－0261－0001191　671.35/113：2

道光鄢陵縣志十八卷　（清）何鄂聯修　（清）洪符孫纂　清道光十二年(1832)刻本　八冊

310000－0261－0001192　672.15/423

再續高郵州志八卷首一卷　（清）龔定瀛修（清）夏子鍚纂　清光緒九年(1883)刻本八冊

310000－0261－0001193　672.15/423：2

再續高郵州志八卷首一卷　（清）龔定瀛修（清）夏子鍚纂　清光緒九年(1883)刻本八冊

310000－0261－0001194　673.30/0053

[道光]廣東通志三百三十四卷首一卷　（清）阮元修　（清）陳昌齊等纂　清道光二年(1822)刻本　一百五十七冊

310000－0261－0001195　674.2/4044.4：2

[道光]吉林外記十卷　（清）薩英額纂修　清光緒二十一年(1895)漸西村舍刻本　四冊

310000－0261－0001196　674.2/4044.4

[道光]吉林外記十卷　（清）薩英額纂修　寧古塔記略不分卷　（清）吳振臣纂修　清光緒二十一年(1895)漸西村舍刻本　二冊

310000－0261－0001197　671.5/7410.1

[道光]陝西志輯要六卷首一卷關中漢唐存碑跋一卷漢南紀游一卷遊漢南詩一卷　（清）王志沂纂修　清道光七年(1827)賜書堂刻本

九冊

310000－0261－0001198　673.5/1042
[道光]雲南備徵志二十一卷　(清)王崧纂修
清宣統二年(1910)雲南官報局鉛印本　十六冊

310000－0261－0001199　673.5/1042：2
[道光]雲南備徵志二十一卷　(清)王崧纂修
清宣統二年(1910)雲南官報局鉛印本　十六冊

310000－0261－0001200　673.10/3115
[道光]重纂福建通志二百七十八卷首六卷補採福建全省列女附志不分卷　(清)孫爾準等修　(清)陳壽祺纂　(清)程祖洛等續修(清)魏敬中續纂　清同治十年(1871)刻本一百八十冊

310000－0261－0001201　676.10/0211.40：2
[道光]欽定新疆識略十二卷首一卷　(清)松筠纂修　清道光元年(1821)刻本　十冊

310000－0261－0001202　671.25/137
[咸豐]濱州志十二卷首一卷　(清)李熙齡纂修　清咸豐十年(1860)刻本　四冊

310000－0261－0001203　671.45/125.7
[咸豐]汾陽縣志十四卷首一卷　(清)周貽繾(清)曹文錦纂修　清咸豐元年(1851)刻本八冊　存十四卷(一至十三、首一卷)

310000－0261－0001204　671.45/125.7：2
[咸豐]汾陽縣志十四卷首一卷　(清)周貽繾(清)曹文錦纂修　清咸豐元年(1851)刻本八冊

310000－0261－0001205　672.15/413.024
[咸豐]甘棠小志四卷首一卷末一卷　(清)董醇纂修　清咸豐五年(1855)甘棠董醇刻本四冊

310000－0261－0001206　671.25/219
[咸豐]金鄉縣志略十二卷首一卷　(清)李壆纂修　清同治元年(1862)刻本　四冊

310000－0261－0001207　672.75/237

[咸豐]開縣志二十七卷首一卷　(清)李肇奎修　(清)陳崑等纂　清咸豐三年(1853)刻本六冊

310000－0261－0001208　672.35/131.024
[咸豐]南潯鎮志四十卷首一卷蓮漪文鈔八卷(清)汪曰楨纂修　清同治二年(1863)刻本十二冊

310000－0261－0001209　672.35/131.024：2
[咸豐]南潯鎮志四十卷首一卷蓮漪文鈔八卷(清)汪曰楨纂修　清同治二年(1863)刻本十冊

310000－0261－0001210　671.25/207
[咸豐]寧陽縣志二十四卷　(清)陳紀勛修(清)黃恩彤纂　清咸豐二年(1852)刻本　十二冊

310000－0261－0001211　672.15/511
[咸豐]邳州志二十卷首一卷　(清)董用威(清)馬軼群修　(清)魯一同纂　清咸豐元年(1851)刻光緒二十一年(1895)印本　四冊

310000－0261－0001212　671.24/5030.2
[咸豐]青州府志六十四卷　(清)毛永柏修(清)李圖　(清)劉耀椿纂　清咸豐九年(1859)刻本　十六冊

310000－0261－0001213　673.35/107
[咸豐]順德縣志三十二卷　(清)郭汝誠修(清)馮奉初纂　清咸豐三年(1853)刻本　十六冊

310000－0261－0001214　671.45/107
[咸豐]太谷縣志八卷首一卷末一卷　(清)章青選　(清)汪和修　(清)章嗣衡纂　清咸豐五年(1855)刻本　八冊

310000－0261－0001215　671.24/1330
[咸豐]武定府志三十八卷首一卷　(清)李熙齡纂修　清咸豐九年(1859)刻本　二十四冊

310000－0261－0001216　671.35/455.2
[咸豐]淅川廳志四卷　(清)徐光第纂修　清咸豐十年(1860)刻本　四冊

310000－0261－0001217　672.35/201.1

[咸豐]鄞縣志三十二卷首一卷　（清）張鉽修
（清）周道遵纂　清咸豐五年(1855)刻本
十六冊

310000－0261－0001218　672.15/425

[咸豐]重修寶應縣志辨不分卷　（清）劉贊勳
纂修　清咸豐元年(1851)醉經閣刻本　一冊

310000－0261－0001219　672.15/419

[咸豐]重修興化縣志十卷　（清）梁園棣修
（清）鄭之僑　（清）趙彥俞纂　清咸豐二年
(1852)刻本　六冊

310000－0261－0001220　672.75/155

[咸豐]重修梓潼縣志六卷　（清）張香海修
（清）楊曦等纂　清咸豐八年(1858)刻本
六冊

310000－0261－0001221　671.55/135.4

咸豐初朝邑縣志三卷朝邑志例一卷　（清）李
元春纂修　清咸豐元年(1851)刻本　二冊

310000－0261－0001222　672.65/103

[同治]長沙縣志三十六卷首一卷　（清）劉采
邦等修　（清）張延珂等纂　清同治十年
(1871)刻本　十六冊

310000－0261－0001223　672.35/133

[同治]長興縣志三十二卷　（清）趙定邦等修
（清）周學濬等纂　清光緒十八年(1892)刻
本　十六冊

310000－0261－0001224　672.35/133：2

[同治]長興縣志三十二卷　（清）趙定邦等修
（清）周學濬等纂　清光緒十八年(1892)刻
本　十六冊

310000－0261－0001225　673.15/113.4

[同治]長樂縣志二十卷首一卷　（清）彭光藻
（清）王家駒修　（清）楊希閔等纂　清同治
九年(1870)刻本　十冊

310000－0261－0001226　671.15/449.1

[同治]磁州續志六卷首一卷　（清）程光瀅纂
修　清同治十三年(1874)刻本　四冊

310000－0261－0001227　673.25/3910

[同治]淡水廳志十六卷　（清）陳培桂纂修
清同治十年(1871)刻本　八冊

310000－0261－0001228　672.45/401

[同治]德化縣志五十四卷首一卷　（清）陳鱐
修　（清）吳彬纂　清同治十一年(1872)刻本
十六冊

310000－0261－0001229　672.45/427

[同治]德興縣志十卷首一卷末一卷　（清）孟
慶雲修　（清）楊重雅等纂　清同治十一年
(1872)刻本　十二冊

310000－0261－0001230　672.55/301

[同治]東湖縣志三十一卷首一卷　（清）金大
鏞修　（清）王柏心纂　清同治三年(1864)刻
本　十冊

310000－0261－0001231　672.55/327

[同治]恩施縣志十二卷首一卷　（清）多壽纂
修　清同治四年(1865)刻本　六冊

310000－0261－0001232　672.45/431

[同治]奉新縣志十六卷首一卷末一卷　（清）
呂懋先修　（清）帥方蔚纂　清同治十一年
(1872)刻本　十二冊

310000－0261－0001233　672.44/0730

[同治]贛州府志七十八卷首一卷　（清）魏瀛
修　（清）魯琪光等纂　清同治十二年(1873)
贛州府署刻本　二十六冊

310000－0261－0001234　672.45/239

[同治]高安縣志二十八卷首一卷　（清）孫家
鐸等修　（清）熊松之纂　清同治十年(1871)
刻本　二十冊

310000－0261－0001235　672.44/0020

[同治]廣信府志十二卷首一卷　（清）蔣繼洙
纂修　清同治十二年(1873)郡城羅崇文堂刻
本　三十冊

310000－0261－0001236　672.65/241

[同治]桂陽直隸州志二十七卷首一卷　（清）
汪斅灝修　王闓運纂　清同治七年(1868)州

學刻本　十六冊

310000－0261－0001237　672.45/139
[同治]貴溪縣志十卷首一卷　(清)楊長傑等修　(清)黃聯珏等纂　清同治十年(1871)刻本　十四冊

310000－0261－0001238　671.45/251
[同治]河曲縣志八卷　(清)金福增修　(清)張兆魁　(清)金鍾彥纂　清同治十一年(1872)刻本　八冊

310000－0261－0001239　672.65/201
[同治]衡陽縣志十二卷　(清)羅慶薌等修　(清)彭玉麟纂　清同治十三年(1874)刻本　七冊

310000－0261－0001240　672.45/407.3
[同治]湖口縣志十卷首一卷　(清)殷禮　(清)張興言修　(清)周謨等纂　清同治十三年(1874)湖邑傳二西堂刻本　十二冊

310000－0261－0001241　672.34/3730
[同治]湖州府志九十六卷首一卷　(清)宗源瀚等修　(清)陸心源等纂　清同治十三年(1874)愛山書院刻本　四十冊

310000－0261－0001242　672.34/3730:2
[同治]湖州府志九十六卷首一卷　(清)宗源瀚等修　(清)陸心源等纂　清同治十三年(1874)愛山書院刻本　四十冊

310000－0261－0001243　672.35/131.33
[同治]湖州府志九十六卷首一卷　(清)宗源瀚等修　(清)陸心源等纂　清同治十三年(1874)愛山書院刻光緒九年(1883)增修本　三十六冊

310000－0261－0001244　671.35/231
[同治]滑縣志十二卷　(清)姚錕等纂修　清同治六年(1867)刻本　八冊

310000－0261－0001245　672.55/127
[同治]黃陂縣志十六卷　(清)劉昌緒修　(清)徐瀛纂　清同治十年(1871)刻本　十二冊

310000－0261－0001246　671.25/405.4
[同治]黃縣志十四卷首一卷末一卷　(清)尹繼美纂修　清同治十一年(1872)刻本　四冊

310000－0261－0001247　671.25/437
[同治]即墨縣志十二卷首一卷　(清)林溥修　(清)周翕鏜　(清)黃念昀纂　清同治十二年(1873)刻本　八冊

310000－0261－0001248　671.45/351
[同治]稷山縣志十卷　(清)沈鳳翔修　(清)鄧嘉紳等纂　[光緒]稷山縣志二卷　(清)馬家鼎修　(清)武光昌等纂　清光緒十一年(1885)刻本　十冊

310000－0261－0001249　672.74/4030
[同治]嘉定府志四十八卷首一卷　(清)文良等修　(清)陳堯采等纂　清同治三年(1864)刻本　十六冊

310000－0261－0001250　671.35/333
[同治]郟縣志十二卷　(清)張熙瑞　(清)茅恒春修　(清)郭景泰纂　清同治四年(1865)刻本　六冊

310000－0261－0001251　671.35/333:2
[同治]郟縣志十二卷　(清)張熙瑞　(清)茅恒春修　(清)郭景泰纂　清同治四年(1865)刻本　六冊

310000－0261－0001252　672.55/309
[同治]監利縣志十二卷首一卷　(清)徐兆英　(清)林瑞枝修　(清)王柏心纂　清同治十一年(1872)刻本　十冊

310000－0261－0001253　672.44/1560
[同治]建昌府志十卷首一卷　(清)邵子彝修　(清)魯琪光纂　清光緒五年(1879)刻本　二十六冊

310000－0261－0001254　672.65/225
[同治]江華縣志十二卷首一卷　(清)劉華邦修　(清)唐爲煌纂　清同治九年(1870)刻本　六冊

310000－0261－0001255　672.35/305

[同治]江山縣志十二卷首一卷末一卷 （清）王彬修 （清）朱寶慈纂 清同治十二年(1873)文溪書院刻本 八冊

310000－0261－0001256 672.35/305：2

[同治]江山縣志十二卷首一卷末一卷 （清）王彬修 （清）朱寶慈纂 清同治十二年(1873)文溪書院刻本 八冊

310000－0261－0001257 672.55/101.3

[同治]江夏縣志八卷首一卷 （清）王庭楨修 （清）彭崧毓纂 清同治八年(1869)刻光緒七年(1881)增修本 九冊

310000－0261－0001258 672.55/211

[同治]荊門直隸州志十二卷首一卷 （清）恩榮修 （清）張圻纂 清同治七年(1868)明倫堂刻本 十六冊

310000－0261－0001259 672.35/421

[同治]景甯縣志十四卷首一卷末一卷 （清）周杰纂修 清同治十二年(1873)刻本 二冊

310000－0261－0001260 672.35/403

[同治]麗水縣志十五卷 （清）彭潤章修 清同治十三年(1874)刻本 八冊

310000－0261－0001261 672.35/403：2

[同治]麗水縣志十五卷 （清）彭潤章修 清同治十三年(1874)刻本 八冊

310000－0261－0001262 672.45/119.0

[同治]臨川縣志五十四卷首一卷末一卷 (清)童範儼修 清同治九年(1870)刻本 二十四冊

310000－0261－0001263 672.45/119.0：2

[同治]臨川縣志五十四卷首一卷末一卷 (清)童範儼修 清同治九年(1870)刻本 二十四冊

310000－0261－0001264 672.44/119

[同治]臨江府志三十二卷首一卷 （清）德馨 （清）鮑孝光修 （清）朱孫詒 （清）陳錫麟纂 清同治十年(1871)刻本 六冊

310000－0261－0001265 672.44/119：2

[同治]臨江府志三十二卷首一卷 （清）德馨 （清）鮑孝光修 （清）朱孫詒 （清）陳錫麟纂 清同治十年(1871)刻本 十冊

310000－0261－0001266 672.65/307

[同治]臨湘縣志十三卷末一卷 （清）恩榮等修 （清）朱俊彥等纂 清同治十一年(1872)刻本 六冊

310000－0261－0001267 671.25/337

[同治]臨邑縣志十六卷首一卷末一卷 （清）陳鴻翽修 （清）翟振慶纂 清同治十三年(1874)刻本 八冊

310000－0261－0001268 671.15/345

[同治]靈壽縣志十卷末一卷 （清）劉廣年等纂修 清同治十二年(1873)刻本 六冊

310000－0261－0001269 672.65/107

[同治]瀏陽縣志二十四卷 （清）王汝惺修 (清)鄒焌傑纂 清同治十二年(1873)刻本 十二冊

310000－0261－0001270 672.75/157.2

[同治]羅江縣志三十六卷 （清）李桂林等纂修 （清）馬傳業續纂修 清同治四年(1865)刻本 六冊

310000－0261－0001271 672.45/321.4

[同治]南安府志三十二卷首一卷 （清）黃鳴珂修 （清）石景芬纂 清光緒十二年(1886)刻本 十六冊

310000－0261－0001272 672.75/517

[同治]南部縣志三十卷首一卷 （清）承綬修 （清）李咸若纂 清同治九年(1870)刻本 十冊

310000－0261－0001273 672.44/4060

[同治]南昌府志六十六卷首一卷末一卷 (清)許應鑅 （清）王之藩修 （清）曾作舟 （清）杜防纂 清同治十二年(1873)刻本 四十冊

310000－0261－0001274 672.44/4000

[同治]南康府志二十四卷首一卷 （清）盛元

纂修　清同治十一年(1872)刻本　十六冊

310000－0261－0001275　672.45/323

[同治]南康縣志十四卷首一卷　(清)沈恩華修　(清)盧鼎峋纂　清同治十一年(1872)刻本　十二冊

310000－0261－0001276　672.75/409

[同治]南溪縣志八卷　(清)福倫修　(清)胡元翔　(清)唐毓彤纂　清同治十三年(1874)刻本　八冊

310000－0261－0001277　672.45/409

[同治]彭澤縣志十八卷　(清)趙宗耀(清)陳文慶修　(清)歐陽燾等纂　清同治十二年(1873)刻本　十六冊

310000－0261－0001278　672.75/125

[同治]郫縣志四十四卷首一卷　(清)陳慶熙修　(清)高升之纂　清同治九年(1870)刻本　八冊

310000－0261－0001279　672.65/305

[同治]平江縣志五十五卷首二卷末一卷(清)張培仁等修　(清)李元度纂　清光緒元年(1875)刻本　十六冊

310000－0261－0001280　672.45/419

[同治]鄱陽縣志二十四卷首一卷末一卷忠烈錄三卷　(清)項珂　(清)陳志培修　(清)王廷鑒等纂　清同治十年(1871)刻本　十二冊

310000－0261－0001281　672.25/219.7

[同治]祁門縣志三十六卷首一卷　(清)周溶修　(清)汪韻珊纂　清同治十二年(1873)刻本　十二冊

310000－0261－0001282　672.65/215

[同治]祁陽縣志二十四卷　(清)陳玉祥修　(清)劉希關等纂　清同治九年(1870)刻本　十六冊

310000－0261－0001283　672.65/413

[同治]黔陽縣志六十卷首一卷　(清)陳鴻作等修　(清)易燮堯纂　清同治十三年(1874)

刻本　十二冊

310000－0261－0001284　672.45/225

[同治]清江縣志十卷首一卷　(清)潘懿(清)胡湛修　(清)朱孫詒纂　清同治九年(1870)刻本　十冊

310000－0261－0001285　672.65/201.1

[同治]清泉縣志十卷首一卷末一卷　(清)王開運修　(清)張修府纂　清同治八年(1869)零陵艾秀峰刻本　一冊

310000－0261－0001286　672.65/201.1：2

[同治]清泉縣志十卷首一卷末一卷　(清)王開運修　(清)張修府纂　清同治八年(1869)零陵艾秀峰刻本　二冊

310000－0261－0001287　672.44/8430

[同治]饒州府志三十二卷首一卷　(清)錫德修　(清)石景芬纂　清同治十一年(1872)刻本　十六冊

310000－0261－0001288　672.15/403.4

[同治]山陽縣志二十一卷　(清)張兆棟(清)孫雲修　(清)何紹基　(清)丁晏纂清同治十二年(1873)刻本　八冊

310000－0261－0001289　673.34/0731

[同治]韶州府志四十卷　(清)額哲克修(清)單興詩纂　清同治十三年(1874)刻本二十四冊

310000－0261－0001290　672.15/203

同治上海縣志三十二卷首一卷末一卷　(清)應寶時修　(清)俞樾　(清)方宗誠纂　清同治十一年(1872)南園志局刻本　十六冊

310000－0261－0001291　672.15/203.5

同治上海縣志札記六卷　(清)秦榮光纂修清光緒二十八年(1902)松江振華德記印書館鉛印本　六冊

310000－0261－0001292　672.15/103

同治上江兩縣志二十九卷首一卷　(清)莫祥芝　(清)甘紹盤修　(清)汪士鐸等纂　清光緒二年(1876)刻本　十二冊

310000－0261－0001293　672.15/103：2

同治上江兩縣志二十九卷首一卷　（清）莫祥芝　（清）甘紹盤修　（清）汪士鐸等纂　清光緒二年(1876)刻本　十二冊

310000－0261－0001294　672.15/103：3

同治上江兩縣志二十九卷首一卷　（清）莫祥芝　（清）甘紹盤修　（清）汪士鐸等纂　清光緒二年(1876)刻本　十二冊

310000－0261－0001295　672.15/513

同治宿遷縣志十九卷　（清）李德溥等修　（清）方駿謨纂　清光緒元年(1875)淮安張淦泉刻本　六冊

310000－0261－0001296　672.14/2830

同治徐州府志二十五卷　（清）吳世熊　（清）朱忻總修　（清）劉庠　（清）方駿謨纂　清同治十三年(1874)刻本　二十四冊

310000－0261－0001297　672.35/225

[同治]嵊縣志二十六卷首一卷末一卷　（清）嚴思忠修　（清）蔡以瑺纂　清同治十年(1871)刻本　十二冊

310000－0261－0001298　672.35/225：2

[同治]嵊縣志二十六卷首一卷末一卷　（清）嚴思忠修　（清）蔡以瑺纂　清同治十年(1871)刻本　十二冊

310000－0261－0001299　672.55/311

[同治]松滋縣志十二卷首一卷　（清）呂繕雲修　（清）羅有文　（清）朱美燮纂　清同治八年(1869)刻本　十冊

310000－0261－0001300　672.14/4430

[同治]蘇州府志一百五十卷首三卷　（清）李銘皖修　（清）馮桂芬纂　清光緒九年(1883)刻本　八十冊

310000－0261－0001301　672.14/4430：2

[同治]蘇州府志一百五十卷首三卷　（清）李銘皖修　（清）馮桂芬纂　清光緒八年(1882)江蘇書局刻本　三冊　存二十四卷(二十二至二十七、七十六至八十五、一百二十六至一百三十三)

310000－0261－0001302　672.35/429

[同治]泰順分疆錄十二卷首一卷　（清）林鶚纂修　（清）林用霖續纂修　清光緒四年(1878)浙甌梅師古齋刻本　六冊

310000－0261－0001303　672.45/217

[同治]萬安縣志二十卷首一卷末一卷　（清）歐陽駿　（清）周之鏞修　（清）周之鏞纂　清光緒三年(1877)刻本　十二冊

310000－0261－0001304　672.65/301

[同治]武陵縣志三十二卷首一卷詩徵二卷　（清）歐陽烈等修　（清）楊丕復纂　（清）楊彝珍續纂修　清同治七年(1868)刻本　八冊　存三十四卷(一、三至三十二,首一卷,詩徵二卷)

310000－0261－0001305　672.45/231

[同治]峽江縣志十卷首一卷　（清）暴大儒等修　（清）廖其觀纂　清同治十年(1871)刻本　八冊

310000－0261－0001306　672.65/117

[同治]湘鄉縣志二十三卷首一卷末一卷　（清）齊德五等修　（清）黃楷盛纂　清同治十三年(1874)刻本　二十四冊

310000－0261－0001307　672.55/201

[同治]襄陽縣志七卷首一卷　（清）楊宗時修　（清）崔淦纂　清同治十三年(1874)刻本　八冊

310000－0261－0001308　672.75/121

[同治]新繁縣志十六卷首一卷　（清）張文珍　（清）李應觀修　（清）楊益豫等纂　清同治十二年(1873)刻本　八冊

310000－0261－0001309　672.75/121：2

[同治]新繁縣志十六卷首一卷　（清）張文珍　（清）李應觀修　（清）楊益豫等纂　清同治十二年(1873)刻本　八冊

310000－0261－0001310　672.75/243

[同治]新寧縣志八卷　（清）復成修　（清）周紹鑾　（清）胡元翔纂　清同治八年(1869)刻本　八冊

310000－0261－0001311　672.25/333

[同治]盱眙縣志六卷　（清）崔秀春　（清）方家藩修　（清）傅紹曾纂　清同治十二年(1873)刻本　四册

310000－0261－0001312　672.75/109.1

[同治]續漢州志二十四卷首一卷補不分卷（清）張超等修　（清）曾履中　（清）張敏行纂　清同治八年(1869)刻本　八册

310000－0261－0001313　672.55/121

[同治]續輯漢陽縣志二十八卷　（清）黃式度　（清）王庭楨修　（清）王柏心纂　清同治七年(1868)刻本　二十册

310000－0261－0001314　672.75/123.1

[同治]續金堂縣志八卷首一卷末一卷　（清）王樹桐　（清）徐璞玉修　（清）米繪裳等纂　清同治六年(1867)刻本　二册

310000－0261－0001315　671.15/203.7

[同治]續天津縣志二十卷首一卷　（清）吳惠元修　（清）蔣玉虹　（清）俞樾纂　清同治九年(1870)刻本　八册

310000－0261－0001316　672.15/507

[同治]續蕭縣志十八卷首一卷　（清）顧景濂等纂修　清光緒元年(1875)刻本　六册

310000－0261－0001317　672.65/321

[同治]續修慈利縣志十四卷首一卷　（清）稽有慶　（清）蔣恩澍修　（清）魏湘纂　清同治八年(1869)刻本　十四册

310000－0261－0001318　672.75/157.1

[同治]續修羅江縣志二十四卷　（清）馬傳業修　（清）劉正慧等纂　清同治四年(1865)刻本　二册

310000－0261－0001319　672.75/157.1:2

[同治]續修羅江縣志二十四卷　（清）馬傳業修　（清）劉正慧等纂　清同治四年(1865)刻本　二册

310000－0261－0001320　672.14/5630.4

[同治]續纂揚州府志二十四卷　（清）方濬頤修　（清）晏端書等纂　清同治十三年(1874)刻本　八册

310000－0261－0001321　672.14/5630.4:2

[同治]續纂揚州府志二十四卷　（清）方濬頤修　（清）晏端書等纂　清同治十三年(1874)刻本　八册

310000－0261－0001322　671.35/425

[同治]葉縣志十卷首一卷　（清）歐陽霖（清）杜鶴慈修　（清）倉景恬　（清）胡廷楨纂　清光緒二十二年(1896)刻後印本　八册

310000－0261－0001323　671.35/425:2

[同治]葉縣志十卷首一卷　（清）歐陽霖（清）杜鶴慈修　（清）倉景恬　（清）胡廷楨纂　清光緒二十二年(1896)刻後印本　八册

310000－0261－0001324　672.25/213.0

[同治]黟縣三志十六卷首一卷末一卷　（清）謝永泰修　（清）程鴻詔纂　[道光]黟縣續志不分卷　（清）呂子珏修　（清）詹錫齡纂　清同治八年(1869)刻本　十六册

310000－0261－0001325　672.55/301.3

[同治]宜昌府志十六卷首一卷　（清）聶光鑾等修　（清）王柏心　（清）雷春沼纂　清同治五年(1866)刻本　十六册

310000－0261－0001326　672.45/125

[同治]宜黃縣志五十卷首一卷　（清）張興言修　（清）謝煌等纂　清同治十年(1871)刻本　二十四册

310000－0261－0001327　672.45/137

[同治]弋陽縣志十四卷首一卷　（清）俞致中修　（清）汪炳熊纂　清同治十年(1871)刻本　十六册

310000－0261－0001328　672.35/201.14

[同治]鄞縣志七十五卷　（清）戴枚修（清）董沛纂　清光緒三年(1877)刻本　三十二册　存七十一卷(一至七十一)

310000－0261－0001329　672.75/507

[同治]營山縣志三十卷　（清）翁道均修

(清)熊毓藩纂　清同治九年至光緒十年
(1870－1884)刻本　八冊

310000－0261－0001330　672.25/317

[同治]潁上縣志十二卷首一卷　(清)都寵錫
修　(清)李道章　(清)鄭以莊纂　清光緒四
年(1878)刻本　八冊

310000－0261－0001331　671.45/105

[同治]榆次縣志十六卷首一卷末一卷　(清)
俞世銓　(清)陶良駿修　(清)王平格
(清)王序賓纂　清同治三年(1864)刻本
八冊

310000－0261－0001332　672.45/135

[同治]玉山縣志十卷首一卷續補遺一卷
(清)黃壽祺　(清)俞憲曾修　(清)任廷槐
纂　清同治十二年(1873)刻本　十

310000－0261－0001333　672.44/4030

[同治]袁州府志十卷首一卷　(清)駱敏修修
(清)蕭玉銓纂　清同治十三年(1874)刻本
二十冊

310000－0261－0001334　672.55/215

[同治]遠安縣志八卷首一卷　(清)鄭燡林修
(清)周葆恩纂　清同治五年(1866)刻本
八冊

310000－0261－0001335　672.55/229

[同治]鄖縣志十卷首一卷　(清)定熙修
(清)崔誥纂　清同治五年(1866)刻本　八冊

310000－0261－0001336　672.54/6770

[同治]鄖陽輿地志八卷首一卷　(清)吳葆儀
修　(清)王嚴恭纂　清光緒三年(1877)刻本
十二冊

310000－0261－0001337　672.75/235

[同治]增修萬縣志三十六卷首一卷　(清)王
玉鯨　(清)張琴修　(清)范泰衡纂　清同治
五年(1866)刻本　六冊

310000－0261－0001338　672.75/235：2

[同治]增修萬縣志三十六卷首一卷　(清)王
玉鯨　(清)張琴修　(清)范泰衡纂　清同治

五年(1866)刻本　十冊

310000－0261－0001339　671.35/115

[同治]中牟縣志十二卷首一卷末一卷　(清)
吳若烺纂修　清同治九年(1870)刻本　六冊

310000－0261－0001340　672.75/255

[同治]忠州直隸州志十二卷首一卷　(清)侯
若源　(清)慶徵修　(清)柳福培纂　清同治
十二年(1873)刻本　八冊

310000－0261－0001341　672.55/203

[同治]鍾祥縣志二十卷補編二卷　(清)許光
曙　(清)孫福海纂修　(清)張銘煥續纂
清同治八年(1869)鍾祥縣署刻本　十四冊

310000－0261－0001342　672.55/203.1

[同治]鍾祥縣志二十卷補編二卷　(清)許光
曙　(清)孫福海纂修　(清)張銘煥續纂
清同治六年(1867)鍾祥縣署刻本　十四冊

310000－0261－0001343　672.75/221

[同治]重修涪州志十六卷首一卷涪州義勇彙
編一卷典禮備要八卷　(清)呂紹衣等修
(清)王應元　(清)傅炳墀纂　清同治九年
(1870)刻本　十冊

310000－0261－0001344　671.25/413

[同治]重修寧海州志二十六卷　(清)舒孔安
修　(清)王厚階纂　清同治三年(1864)刻本
六冊

310000－0261－0001345　673.3/0050.1

[同治]廣東圖說九十二卷首一卷　(清)毛鴻
賓修　(清)桂文燦纂　清同治九年至十年
(1870－1871)省城龍藏街萃文堂刻本　十
八冊

310000－0261－0001346　671.35/101

[光緒]祥符縣志二十四卷首一卷　(清)沈傳
義等修　(清)黃舒昺纂　清光緒二十四年
(1898)刻本　二十冊

310000－0261－0001347　672.15/407

[光緒]安東縣志十五卷首一卷　(清)金元烺
修　(清)吳昆田　(清)魯貴纂　清光緒元年

(1875)刻本　四冊

310000－0261－0001348　672.65/303
[光緒]巴陵縣志八十一卷首一卷　(清)姚詩德　(清)鄭桂星修　(清)杜貴墀纂　清光緒十七年(1891)刻本　十六冊

310000－0261－0001349　671.55/235
[光緒]白河縣志十四卷　(清)顧騄修　(清)王賢輔　(清)李宗麟纂　清光緒十九年(1893)刻本　四冊

310000－0261－0001350　671.14/2630
[光緒]保定府志七十九卷首一卷　(清)李培祐修　(清)張豫塏纂　清光緒七年至十二年(1881－1886)刻本　三十二冊

310000－0261－0001351　672.15/221
[光緒]寶山縣志十四卷首一卷　(清)梁蒲貴　(清)吳康壽修　(清)朱延射　(清)潘履祥纂　清光緒八年(1882)刻本　八冊

310000－0261－0001352　672.25/327
[光緒]亳州志二十卷首一卷　(清)鍾泰等纂修　清光緒二十一年(1895)活字印本　十四冊

310000－0261－0001353　671.25/241
[光緒]曹州府曹縣志十八卷首一卷　(清)陳嗣良修　(清)孟廣來　(清)賈迺延纂　清光緒十年(1884)居敬書院刻本　十二冊

310000－0261－0001354　672.35/133.2
[光緒]長興志拾遺二卷　(清)朱鎮纂修　清光緒二十三年(1897)刻本　一冊

310000－0261－0001355　671.45/143
[光緒]長治縣志八卷首一卷　(清)李禎　(清)馬鑑修　(清)楊篤纂　清光緒二十年(1894)刻本　十冊

310000－0261－0001356　672.35/307
[光緒]常山縣志六十八卷首一卷末一卷　(清)李瑞鍾修　(清)朱昌泰　(清)許仁杰纂　清光緒十二年(1886)刻本　二十冊

310000－0261－0001357　672.15/303
[光緒]常昭合志稿四十八卷首一卷末一卷校勘記不分卷　(清)鄭鍾祥　(清)張瀛修　(清)龐鴻文纂　清光緒三十年(1904)木活字印本　十七冊

310000－0261－0001358　672.15/303：2
[光緒]常昭合志稿四十八卷首一卷末一卷校勘記不分卷　(清)鄭鍾祥　(清)張瀛修　(清)龐鴻文纂　清光緒三十年(1904)木活字印本　十六冊

310000－0261－0001359　672.15/303：3
[光緒]常昭合志稿四十八卷首一卷末一卷校勘記不分卷　(清)鄭鍾祥　(清)張瀛修　(清)龐鴻文纂　清光緒三十年(1904)木活字印本　十六冊

310000－0261－0001360　671.25/355.4
[光緒]朝城縣鄉土志一卷　(清)袁大啟　吳式基等纂　清光緒刻本　一冊

310000－0261－0001361　673.55/107
[光緒]呈貢縣志八卷　(清)朱若功修　(清)李明蟄續修　(清)李蔚文等續纂　清光緒十一年(1885)刻本　八冊

310000－0261－0001362　672.15/223
[光緒]崇明縣志十八卷　(清)林達泉　(清)譚泰來修　(清)李聯琇　(清)葉裕仁纂　清光緒七年(1881)刻本　十二冊

310000－0261－0001363　672.34/2130.0
[光緒]處州府志三十卷首一卷末一卷　(清)潘紹詒修　(清)周榮椿纂　清光緒三年(1877)刻本　二十八冊

310000－0261－0001364　672.34/2130.0：2
[光緒]處州府志三十卷首一卷末一卷　(清)潘紹詒修　(清)周榮椿纂　清光緒三年(1877)刻本　二十八冊

310000－0261－0001365　672.15/215
[光緒]川沙廳志十四卷首一卷末一卷　(清)陳方瀛修　(清)俞樾纂　清光緒五年(1879)上海徐怡卿摹刻本　六冊

310000－0261－0001366　　672.35/329

[光緒]淳安縣志十六卷首一卷　（清)李詩總纂　（清)陳中元　（清)竺士彥協纂　清光緒十年(1884)淳安縣署刻本　八冊

310000－0261－0001367　　672.35/329：2

[光緒]淳安縣志十六卷首一卷　（清)李詩總纂　（清)陳中元　（清)竺士彥協纂　清光緒十年(1884)淳安縣署刻本　八冊

310000－0261－0001368　　672.35/329：3

[光緒]淳安縣志十六卷首一卷　（清)李詩總纂　（清)陳中元　（清)竺士彥協纂　清光緒十年(1884)淳安縣署刻本　十二冊

310000－0261－0001369　　672.35/203

[光緒]慈谿縣志五十六卷列傳附編不分卷　(清)馮可鏞等纂修　清光緒二十五年(1899)刻本　二十四冊

310000－0261－0001370　　672.35/203：2

[光緒]慈谿縣志五十六卷列傳附編不分卷　(清)馮可鏞等纂修　清光緒二十五年(1899)刻本　二十四冊

310000－0261－0001371　　671.15/267

[光緒]大城縣志十二卷首一卷　（清)趙炳文　（清)徐國楨修　（清)鄧毓怡纂　清光緒二十四年(1898)刻本　十二冊

310000－0261－0001372　　672.75/239

[光緒]大寧縣志八卷首一卷　（清)高維嶽修　（清)魏遠猷等纂　清光緒十三年(1887)刻本　八冊

310000－0261－0001373　　672.15/117.71

[光緒]丹徒縣志六十卷首四卷　（清)何紹章　（清)馮壽鏡修　（清)呂耀斗纂　清光緒五年(1879)刻本　三十二冊

310000－0261－0001374　　672.15/119

[光緒]丹陽縣志三十六卷首一卷　（清)凌焯等修　（清)徐錫麟等纂　清光緒十一年(1885)刻本　二十八冊

310000－0261－0001375　　672.65/219

[光緒]道州志十二卷首一卷　（清)李鏡蓉　(清)盛賡修　（清)許清源　（清)洪廷揆纂　清光緒四年(1878)刻本　八冊

310000－0261－0001376　　672.54/2430

[光緒]德安府志二十卷首一卷末一卷　（清)賡音布修　（清)劉國光等纂　清光緒十五年(1889)刻本　二十冊

310000－0261－0001377　　671.25/331

[光緒]德平縣志十二卷首一卷　（清)凌錫祺修　（清)李敬熙纂　清光緒十九年(1893)刻本　六冊

310000－0261－0001378　　673.35/149

[光緒]德慶州志十五卷首一卷末一卷　（清)楊文駿修　（清)朱一新纂　（清)黎佩蘭等續纂　清光緒二十五年(1899)刻本　十冊

310000－0261－0001379　　672.75/259

[光緒]墊江縣志十卷　（清)謝必鏗修　(清)李炳靈纂　清光緒二十六年(1900)刻本　八冊

310000－0261－0001380　　672.35/213.5

[光緒]定海廳志三十卷首一卷　（清)史致馴修　（清)陳重威等纂　清光緒十一年(1885)浙甯鋤經齋刻本　十冊

310000－0261－0001381　　671.55/219

[光緒]定遠廳志二十六卷首一卷末一卷　(清)余修鳳纂修　清光緒五年(1879)刻本　六冊

310000－0261－0001382　　671.55/219：2

[光緒]定遠廳志二十六卷首一卷末一卷　(清)余修鳳纂修　清光緒五年(1879)刻本　十冊

310000－0261－0001383　　672.15/503

[光緒]豐縣志十六卷首一卷　（清)姚鴻杰等纂修　清光緒二十年(1894)刻本　八冊

310000－0261－0001384　　672.75/257：2

[光緒]酆都縣志四卷首一卷　（清)田秀栗　(清)徐濬鏞修　（清)徐緒昌纂　（清)蔣履

泰增纂　清光緒十九年(1893)刻本　八冊

310000－0261－0001385　672.75/257

[光緒]酆都縣志四卷首一卷典禮備考八卷
(清)田秀栗　(清)徐濬鏞修　(清)徐緒昌
纂　(清)蔣履泰增纂　清光緒十九年(1893)
刻本　八冊

310000－0261－0001386　672.35/205

[光緒]奉化縣志十四卷補遺不分卷　(清)錢
開震修　(清)陳文焯纂　清光緒十一年
(1885)刻本　四冊

310000－0261－0001387　672.35/205.4

[光緒]奉化縣志四十卷首一卷　(清)李前泮
修　(清)張美翊纂　清光緒三十四年(1908)
刻本　十二冊

310000－0261－0001388　672.75/229

[光緒]奉節縣志三十六卷首一卷　(清)曾秀
翹修　(清)楊德坤等纂　清光緒十九年
(1893)刻本　八冊

310000－0261－0001389　672.25/305

[光緒]鳳臺縣志二十五卷首一卷　(清)李師
沆等修　(清)葛蔭南　(清)周爾儀纂　清光
緒十九年(1893)豫章洪貴三木活字印本
十冊

310000－0261－0001390　671.55/249

[光緒]鳳縣志十卷首一卷　(清)朱子春修
(清)段澍霖纂　清光緒十八年(1892)刻本
四冊

310000－0261－0001391　671.55/249:2

[光緒]鳳縣志十卷首一卷　(清)朱子春修
(清)段澍霖纂　清光緒十八年(1892)刻本
四冊

310000－0261－0001392　672.4/5832

[光緒]撫州府志八十六卷首一卷　(清)許應
鑅　(清)朱澄瀾等修　(清)謝煌纂　清光緒
二年(1876)刻本　四十冊

310000－0261－0001393　672.15/409

[光緒]阜寧縣志二十四卷首一卷　(清)阮本

焱修　(清)陳肇祁　(清)殷自芳纂　清光緒
十二年(1886)阜邑陸氏刻字修譜局刻本
十冊

310000－0261－0001394　671.55/125

[光緒]富平縣志稿十卷首一卷　樊增祥修
(清)劉錕　(清)譚麟纂　清光緒十七年
(1891)刻本　十冊

310000－0261－0001395　672.35/107

[光緒]富陽縣志二十四卷首一卷　(清)汪文
炳等纂修　清光緒三十二年(1906)刻本　十
六冊

310000－0261－0001396　673.45/325

[光緒]恭城縣志四卷　(清)陶塤修　(清)
陸履中等纂　清光緒十五年(1889)刻本(卷
四補配)　四冊

310000－0261－0001397　673.65/211

[光緒]古州廳志十卷首一卷　(清)余澤春等
修　(清)余嵩慶等纂　清光緒十四年(1888)
刻本　十四冊

310000－0261－0001398　671.25/315

[光緒]館陶縣志十二卷　(清)劉家善修
(清)王學益纂　清光緒十九年(1893)刻本
四冊

310000－0261－0001399　672.75/127.3

[光緒]灌縣鄉土志二卷　(清)鍾文虎修
(清)徐昱　(清)高履和纂　清光緒三十三年
(1907)刻本　二冊

310000－0261－0001400　672.55/225

[光緒]光化縣志八卷首一卷　(清)鍾桐山修
(清)段映斗等纂　(清)葉樹南續纂　清光
緒十三年(1887)刻本　八冊

310000－0261－0001401　671.35/443

[光緒]光州志十二卷首一卷　(清)楊修田修
(清)馬佩玖纂　清光緒十二年至十三年
(1886－1887)初刻朱印本　十二冊

310000－0261－0001402　672.25/207

[光緒]廣德州志六十卷首一卷末一卷　(清)

胡有誠修 （清）丁寶書纂 清光緒七年(1881)刻本 二十冊

310000－0261－0001403 671.45/213.1
[光緒]廣靈縣志十卷首一卷 （清）楊亦銘纂修 清光緒七年(1881)京都琉璃廠漱潤齋王振豪刻本 二冊

310000－0261－0001404 673.34/0030
[光緒]廣州府志一百六十三卷 （清）戴肇辰等修 （清）史澄等纂 清光緒五年(1879)粵秀書院刻本 六十冊

310000－0261－0001405 672.35/131
[光緒]歸安縣志五十二卷首一卷 （清）李昱修 （清）陸心源等纂 清光緒八年(1882)刻本 十六冊

310000－0261－0001406 672.25/235
[光緒]貴池縣志四十四卷首一卷 （清）陸延齡修 （清）桂迓衡等纂 清光緒九年(1883)木活字印本 二十冊

310000－0261－0001407 672.15/227
[光緒]海門廳圖志二十卷首一卷 （清）劉文澈等修 （清）周家祿纂 清光緒二十六年(1900)刻本 四冊

310000－0261－0001408 672.15/227：2
[光緒]海門廳圖志二十卷首一卷 （清）劉文澈等修 （清）周家祿纂 清光緒二十六年(1900)刻本 四冊

310000－0261－0001409 672.15/227：3
[光緒]海門廳圖志二十卷首一卷 （清）劉文澈等修 （清）周家祿纂 清光緒二十六年(1900)刻本 四冊

310000－0261－0001410 672.35/123.1
[光緒]海鹽縣志二十二卷首一卷末一卷 (清)王彬修 （清）徐用儀纂 清光緒三年(1877)刻本 十六冊

310000－0261－0001411 671.25/421.3
[光緒]海陽縣續志十卷首一卷 （清）王敬勳修 （清)李爾梅等纂 清光緒六年(1880)刻

本 六冊

310000－0261－0001412 671.25/239
[光緒]菏澤縣志十八卷首一卷 （清）凌壽柏修 （清）葉道源纂 清光緒十一年(1885)刻本 六冊

310000－0261－0001413 672.75/337.0
[光緒]洪雅縣志十二卷首一卷 （清）郭世棻修 （清）鄧敏修等纂 清光緒十年(1884)刻本 五冊

310000－0261－0001414 673.15/105
[光緒]侯官縣鄉土志八卷 （清）鄭祖庚等纂修 清光緒三十二年(1906)鉛印本 四冊

310000－0261－0001415 672.14/3030
[光緒]淮安府志四十卷首一卷 （清）孫雲錦等修 （清）吳昆田 （清）高延第纂 清光緒十年(1884)刻本 十六冊

310000－0261－0001416 672.55/139
[光緒]黃梅縣志四十卷首一卷 （清）覃瀚元 （清）袁瓊修 （清）宛名昌等纂 清光緒二年(1876)刻本 十二冊

310000－0261－0001417 672.35/231
[光緒]黃巖縣志四十卷首一卷黃巖志校議不分卷 （清）陳鍾英修 （清）王詠霓纂 清光緒五年(1879)刻本 十六冊

310000－0261－0001418 672.35/231：2
[光緒]黃巖縣志四十卷首一卷黃巖志校議不分卷 （清）陳鍾英修 （清）王詠霓纂 清光緒五年(1879)刻本 十六冊

310000－0261－0001419 672.54/4430
[光緒]黃州府志四十卷首一卷 （清）英啟修 （清）鄧琛等纂 清光緒十年(1884)刻本 四十冊

310000－0261－0001420 671.25/131.0
[光緒]惠民縣志補遺不分卷 （清）柳堂修 (清)李鳳岡纂 清光緒二十七年(1901)刻本 一冊

310000－0261－0001421 671.25/131

[光緒]惠民縣志三十卷首一卷末一卷　（清）沈世銓修　（清）李勖纂　清光緒二十五年(1899)柳堂刻本　六冊

310000－0261－0001422　673.34/5030
[光緒]惠州府志四十五卷首一卷　（清）劉溎年等修　（清）鄧掄斌等纂　清光緒七年(1881)刻本　二十冊

310000－0261－0001423　671.45/217.3
[光緒]渾源州續志十卷　（清）賀澍恩修　（清）程績　（清）姚德馨纂　清光緒七年(1881)京都琉璃廠漱潤齋刻本　六冊

310000－0261－0001424　672.15/219
[光緒]嘉定縣志三十二卷首一卷　（清）程其珏修　（清）楊震福纂　清光緒八年(1882)刻本　十六冊

310000－0261－0001425　672.34/4070
[光緒]嘉興府志八十八卷首二卷　（清）許瑤光修　（清）吳仰賢纂　清光緒四年(1878)刻本　四十八冊

310000－0261－0001426　672.35/119
[光緒]嘉興縣志三十七卷首二卷末一卷　（清）趙惟崳修　（清）石中玉纂　清光緒三十四年(1908)刻本　二十四冊

310000－0261－0001427　672.35/327.0
[光緒]建德縣志二十一卷首一卷　（清）謝仁澍等修　（清）俞觀旭等纂　清光緒十八年(1892)刻本　十冊

310000－0261－0001428　672.15/413.2
[光緒]江都續志三十卷首一卷　（清）謝延庚修　（清）劉壽曾纂　清光緒十年(1884)刻本　八冊

310000－0261－0001429　672.15/413.2:2
[光緒]江都續志三十卷首一卷　（清）謝延庚修　（清）劉壽曾纂　清光緒十年(1884)刻本　八冊

310000－0261－0001430　672.75/203
[光緒]江津縣志十二卷　（清）王煌修

（清）袁方城纂　清光緒元年(1875)刻本　十二冊

310000－0261－0001431　672.55/303
[光緒]江陵縣志六十五卷首一卷　（清）蒯正昌等修　（清）劉長謙等纂　清光緒三年(1877)刻本　二十四冊

310000－0261－0001432　672.15/111
[光緒]江浦埤乘四十卷首一卷　（清）侯宗海　（清）夏錫寶纂修　清光緒十七年(1891)刻本　十四冊

310000－0261－0001433　672.15/315
[光緒]江陰縣志三十卷首一卷　（清）盧思誠等修　（清）季念詒　（清）夏煒如纂　清光緒四年(1878)刻本　二十冊

310000－0261－0001434　671.45/349
[光緒]絳縣志二十一卷　（清）胡延纂修　清光緒二十五年(1899)刻本　四冊

310000－0261－0001435　671.45/111
[光緒]交城縣志十卷首一卷　（清）夏肇庸纂修　清光緒八年(1882)刻本　八冊

310000－0261－0001436　671.45/335
[光緒]解州志十八卷首一卷　（清）馬丕瑤（清）魏象乾修　（清）張承熊纂　清光緒七年(1881)刻本　六冊

310000－0261－0001437　672.15/205.2
[光緒]金山縣志三十卷首一卷　（清）龔寶琦（清）崔廷鏞修　（清）黃厚本纂　清光緒四年(1878)刻本　八冊

310000－0261－0001438　672.15/205.2:2
[光緒]金山縣志三十卷首一卷　（清）龔寶琦（清）崔廷鏞修　（清）黃厚本纂　清光緒四年(1878)刻本　一冊　存十二卷(一至十一、首一卷)

310000－0261－0001439　672.15/121
[光緒]金壇縣志十六卷首一卷　（清）丁兆基修　（清）汪國鳳等纂　清光緒十一年(1885)木活字印本　十二冊

310000－0261－0001440　672.55/205
［光緒］京山縣志二十七卷首一卷　（清）沈星標等修　（清）曾憲德　（清）秦有鍠纂　清光緒八年（1882）刻本　十六冊

310000－0261－0001441　672.55/205：2
［光緒］京山縣志二十七卷首一卷　（清）沈星標等修　（清）曾憲德　（清）秦有鍠纂　清光緒八年（1882）刻本　四冊　存六卷（一至五、首一卷）

310000－0261－0001442　672.54/4230
［光緒］荆州府志八十卷首一卷　（清）倪文蔚　（清）蔣銘勳修　（清）顧嘉蘅　（清）李廷鉽纂　清光緒六年（1880）刻本　三十二冊

310000－0261－0001443　672.15/317
［光緒］靖江縣志十六卷首一卷　（清）葉滋森修　（清）褚翔正纂　清光緒五年（1879）馬洲龐瑞親刻本　十冊

310000－0261－0001444　672.65/427.8
［光緒］靖州鄉土志四卷　金蓉鏡輯　清光緒三十四年（1908）刻本　二冊

310000－0261－0001445　672.36/309
［光緒］開化縣志十四卷首一卷　（清）徐名立　（清）潘紹詮修　（清）潘樹棠纂　清光緒二十四年（1898）刻本　十冊

310000－0261－0001446　673.55/101
［光緒］昆明縣志十卷　（清）戴絅孫纂修　清光緒二十七年（1901）刻本　六冊

310000－0261－0001447　672.15/305
［光緒］崑新兩縣續修合志五十二卷首一卷末一卷　（清）金吳瀾等修　（清）汪堃　（清）朱成熙纂　清光緒七年（1881）刻本　二十四冊

310000－0261－0001448　672.65/207
［光緒］耒陽縣志八卷首一卷　（清）于學琴等修　（清）宋世煦纂　清光緒十二年（1886）耒陽縣志局刻本　八冊

310000－0261－0001449　672.15/307.020
［光緒］黎里續志十六卷首一卷　（清）蔡丙圻纂修　清光緒二十五年（1899）刻本　六冊

310000－0261－0001450　672.55/333
［光緒］利川縣志十四卷首一卷　（清）黄世崇纂修　清光緒二十年（1894）鍾靈書院刻本　四冊

310000－0261－0001451　672.15/107
［光緒］溧水縣志二十二卷首一卷　（清）傅觀光　（清）施春膏修　（清）丁維誠纂　清光緒十五年（1889）刻本　十二冊

310000－0261－0001452　671.55/109
［光緒］臨潼縣續志二卷　（清）安守和修　（清）楊彦修纂　清光緒十六年（1890）刻本　二冊

310000－0261－0001453　671.55/109.0
［光緒］臨潼縣續志四卷首一卷　（清）安守和修　（清）楊彦修纂　清光緒二十一年（1895）刻本　四冊

310000－0261－0001454　671.15/255
［光緒］臨榆縣志二十四卷首一卷　（清）游智開　（清）趙允祜修　（清）高錫疇纂　清光緒四年（1878）刻本　十冊

310000－0261－0001455　671.55/171
［光緒］麟遊縣新志草十卷麟山十二景圖不分卷　（清）彭洵纂修　清光緒九年（1883）刻本　四冊

310000－0261－0001456　671.25/335
［光緒］陵縣志二十二卷首一卷　（清）沈淮修　（清）李圖等纂　清光緒元年（1875）刻本　八冊

310000－0261－0001457　672.35/131.02
［光緒］菱湖鎮志四十四卷首一卷　（清）孫志熊纂修　清光緒十九年（1893）歸安孫志熊刻本　六冊

310000－0261－0001458　672.35/131.02：2
［光緒］菱湖鎮志四十四卷首一卷　（清）孫志熊纂修　清光緒十九年（1893）歸安孫志熊刻

本 六冊

310000－0261－0001459　672.15/113
[光緒]六合縣志八卷圖一卷附錄不分卷
(清)謝延庚等修　(清)賀廷壽等纂　清光緒
十年(1884)刻本　十冊

310000－0261－0001460　672.35/413
[光緒]龍泉縣志十二卷首一卷　(清)顧國詔
修　(清)張世堉纂　清光緒四年(1878)刻本
六冊

310000－0261－0001461　672.15/205.02
[光緒]婁縣續志二十卷　(清)汪坤厚
(清)程其珏修　(清)張雲望等纂　清光緒五
年(1879)刻本　六冊

310000－0261－0001462　672.15/205.02:2
[光緒]婁縣續志二十卷　(清)汪坤厚
(清)程其珏修　(清)張雲望等纂　清光緒五
年(1879)刻本　六冊

310000－0261－0001463　672.25/115
[光緒]盧江縣志十六卷首一卷　(清)錢鑅修
(清)盧鈺纂　清光緒十一年(1885)木活字
印本　十六冊

310000－0261－0001464　671.45/151
[光緒]潞城縣志四卷首一卷　(清)崔曉然
(清)盧策修　(清)楊篤纂　清光緒十一年
(1885)刻本　八冊

310000－0261－0001465　672.15/221.02:2
[光緒]羅店鎮志八卷羅溪文徵不分卷　(清)
王樹棻修　(清)潘履祥纂　清光緒十五年
(1889)鉛印本　八冊

310000－0261－0001466　672.15/221.02
[光緒]羅店鎮志八卷羅溪文徵不分卷　(清)
王樹棻修　(清)潘履祥纂　清光緒十五年
(1889)鉛印本　五冊

310000－0261－0001467　672.55/145
[光緒]麻城縣志五十六卷首一卷末一卷
(清)鄭慶華修　(清)潘頤福纂　清光緒二年
(1876)刻本　二十六冊

310000－0261－0001468　672.35/119.024
[光緒]梅里志十八卷　(清)楊謙纂　清光緒
三年(1877)刻本　六冊

310000－0261－0001469　671.55/331
[光緒]米脂縣志十二卷　(清)潘松修
(清)高照煦纂　清光緒三十三年(1907)公記
印字局鉛印本　四冊

310000－0261－0001470　672.75/153
[光緒]綿竹縣鄉土志不分卷　(清)田明理修
黃尚毅纂　清光緒三十四年(1908)綿竹小
北街鄧述古齋刻本　一冊

310000－0261－0001471　671.55/313
[光緒]沔縣志四卷　(清)孫銘鍾　(清)羅
桂銘修　(清)彭齡纂　清光緒九年(1883)刻
本　四冊

310000－0261－0001472　673.15/103.02
[光緒]閩縣鄉土志八卷　(清)朱景星
(清)李駿斌修　(清)鄭祖庚纂　清光緒三十
二年(1906)鉛印本　四冊

310000－0261－0001473　672.45/321
[光緒]南安府志補正十二卷首一卷　(清)楊
錞纂修　清光緒元年(1875)南安府署刻本
六冊

310000－0261－0001474　672.45/321:2
[光緒]南安府志補正十二卷首一卷　(清)楊
錞纂修　清光緒元年(1875)南安府署刻本
六冊

310000－0261－0001475　671.15/455
[光緒]南宮縣志十八卷首一卷　(清)戴世文
纂修　清光緒三十年(1904)刻本　八冊

310000－0261－0001476　671.15/213
[光緒]南皮縣志十五卷首一卷末一卷　(清)
殷樹森等修　(清)汪寶樹　(清)傅金鑅纂
清光緒十四年(1888)刻本　八冊

310000－0261－0001477　671.35/213.1
[光緒]內黃縣志十八卷首一卷　(清)董慶恩
(清)吳淯庚等修　(清)陳熙春纂　清光緒

十六年(1890)刻本　二冊

310000－0261－0001478　671.35/213
[光緒]內黃縣志十九卷首一卷　(清)董慶恩
(清)吳濟庚等修　(清)陳熙春纂　清光緒
十八年(1892)刻本　六冊

310000－0261－0001479　671.25/3640
[光緒]寧津縣志十二卷首一卷　(清)祝嘉庸
修　(清)吳潯源纂　清光緒二十六年(1900)
刻本　一冊　存五卷(八至十二)

310000－0261－0001480　671.55/211
[光緒]寧羌州志五卷　(清)馬毓華修
(清)鄭書香　(清)曹良模纂　清光緒十四年
(1888)刻本　五冊

310000－0261－0001481　672.75/531
[光緒]蓬州志十五卷　(清)方旭修　(清)
張禮傑等纂　清光緒二十三年(1897)刻本
三冊

310000－0261－0001482　672.35/127
[光緒]平湖縣志二十五卷首一卷末一卷平湖
殉難錄不分卷　(清)彭潤章等修　(清)葉廉
鍔纂　清光緒十二年(1886)刻本　十三冊

310000－0261－0001483　671.45/129
[光緒]平遙縣志十二卷　(清)恩端　(清)
錫良等纂修　清光緒九年(1883)刻本　八冊

310000－0261－0001484　673.45/323
[光緒]平樂縣志十卷　(清)全文炳修
(清)伍嘉猷　(清)羅正宗纂　清光緒十年
(1884)平樂縣署刻本　六冊

310000－0261－0001485　673.45/323:2
[光緒]平樂縣志十卷　(清)全文炳修
(清)伍嘉猷　(清)羅正宗纂　清光緒十年
(1884)平樂縣署刻本　六冊

310000－0261－0001486　672.35/323
[光緒]浦江縣志十五卷首一卷殉難錄二卷
(清)善廣修　(清)張景青纂　清光緒三十一
年(1905)刻本　十四冊

310000－0261－0001487　671.45/109

[光緒]祁縣志十六卷　(清)劉發峺　(清)
魏象乾修　(清)李芬纂　清光緒八年(1882)
刻本　十冊

310000－0261－0001488　671.55/163
[光緒]岐山縣志八卷　(清)胡升猷修
(清)張殿元纂　清光緒十一年(1885)刻本
四冊

310000－0261－0001489　672.55/143
[光緒]蘄水縣志二十二卷首一卷末一卷
(清)多祺纂修　清光緒六年(1880)刻本　二
十冊

310000－0261－0001490　671.55/185.1
[光緒]乾州志稿補正不分卷乾陽殉難士女錄
不分卷　(清)周銘旂纂修　清光緒十七年
(1891)刻本　二冊

310000－0261－0001491　671.55/185.1:2
[光緒]乾州志稿補正不分卷乾陽殉難士女錄
不分卷　(清)周銘旂纂修　清光緒十七年
(1891)刻本　二冊

310000－0261－0001492　671.55/185
[光緒]乾州志稿十四卷首一卷乾州志稿別錄
四卷　(清)周銘旂纂修　清光緒十年(1884)
刻本　五冊

310000－0261－0001493　671.55/185:2
[光緒]乾州志稿十四卷首一卷乾州志稿別錄
四卷　(清)周銘旂纂修　清光緒十年(1884)
刻本　五冊

310000－0261－0001494　672.55/207.5
[光緒]潛江縣志續二十卷首一卷　(清)史致
謨修　(清)劉恭冕　(清)郭士元纂　清光緒
五年(1879)傳經書院刻本　八冊

310000－0261－0001495　673.6/342
[光緒]黔西州續志六卷　(清)白建鎏修
(清)諶煥模纂　清光緒十年(1884)刻後印本
四冊

310000－0261－0001496　672.15/209
[光緒]青浦縣志三十卷首二卷末一卷　(清)

汪祖綏修 （清）熊其英 （清）邱式金纂 清光緒五年(1879)刻本 十二冊

310000－0261－0001497 672.15/209：2

[光緒]青浦縣志三十卷首二卷末一卷 （清）汪祖綏修 （清）熊其英 （清）邱式金纂 清光緒五年(1879)刻本 十二冊

310000－0261－0001498 672.35/405

[光緒]青田縣志十八卷首一卷 （清）雷銑修 （清）王棻纂 清光緒二年(1876)刻本 十四冊

310000－0261－0001499 672.35/405：2

[光緒]青田縣志十八卷首一卷 （清）雷銑修 （清）王棻纂 清光緒二年(1876)刻本 十四冊

310000－0261－0001500 671.15/447

[光緒]清河縣志四卷 （清）黃汝香等纂修 清光緒九年(1883)刻本 四冊

310000－0261－0001501 671.45/119

[光緒]清源鄉志十八卷首一卷 （清）王勳祥修 （清）王效尊纂 清光緒八年(1882)刻本 六冊

310000－0261－0001502 672.35/415

[光緒]慶元縣志十二卷首一卷 （清）林步瀛修 （清）史恩緒纂 清光緒三年(1877)刻本 十冊

310000－0261－0001503 673.35/201

[光緒]曲江縣志十六卷 （清）張希京修 （清）歐樾華等纂 清光緒元年(1875)刻本 八冊

310000－0261－0001504 671.25/455

[光緒]日照縣志十二卷首一卷 （清）陳懋修 （清）張庭詩 （清）李塤纂 清光緒十二年(1886)刻本 四冊

310000－0261－0001505 671.55/151.3

[光緒]三續華州志十二卷 （清）吳炳南修 （清）劉域纂 清光緒八年(1882)刻本 六冊

310000－0261－0001506 671.55/119

[光緒]三原縣新志八卷 （清）焦雲龍修 （清）賀瑞麟纂 清光緒六年(1880)刻本 四冊

310000－0261－0001507 671.55/119：2

[光緒]三原縣新志八卷 （清）焦雲龍修 （清）賀瑞麟纂 清光緒六年(1880)刻本 四冊

310000－0261－0001508 671.40/2210

[光緒]山西通志一百八十四卷首一卷 （清）曾國荃 （清）張煦修 （清）楊篤 （清）王軒纂 清光緒十八年(1892)刻本 九十六冊

310000－0261－0001509 672.65/103.2

[光緒]善化縣志三十四卷首一卷 （清）吳兆熙等修 （清）張先掄等纂 清光緒三年(1877)刻本 十六冊

310000－0261－0001510 672.35/223

[光緒]上虞縣志四十八卷首一卷末一卷 （清）唐煦春修 （清）朱士黻纂 清光緒十七年(1891)刻本 二十冊

310000－0261－0001511 672.35/223：2

[光緒]上虞縣志四十八卷首一卷末一卷 （清）唐煦春修 （清）朱士黻纂 清光緒十七年(1891)刻本 二十四冊

310000－0261－0001512 672.35/223.24

[光緒]上虞縣志校續五十卷首一卷末一卷 （清）儲家藻修 （清）徐致靖纂 清光緒二十五年(1899)刻本 二十冊

310000－0261－0001513 672.65/125.02

[光緒]邵陽縣鄉土志四卷首一卷 （清）陳吳萃等修 （清）姚炳奎纂 清光緒三十三年(1907)刻本 五冊

310000－0261－0001514 672.75/242

[光緒]射洪縣志十八卷首一卷 （清）謝廷鈞 （清）黃允欽修 （清）張尚淮 （清）吳紹泗纂 清光緒十二年(1886)刻本 二冊 存十六卷(一至十五、首一卷)

310000－0261－0001515 671.15/373

[光緒]深州風土記二十二卷國朝貞節表五卷
（清）吳汝綸纂修　清光緒二十六年（1900）
文瑞書院刻本　八冊

310000－0261－0001516　672.35/125

[光緒]石門縣志十一卷首一卷　（清）余麗元
等纂修　清光緒五年（1879）刻本　十二冊

310000－0261－0001517　671.25/349

[光緒]壽張縣志十卷首一卷　（清）劉文煒修
（清）王守謙纂　清光緒二十六年（1900）刻
本　六冊

310000－0261－0001518　672.25/311

[光緒]壽州志三十六卷首一卷末一卷　（清）
曾道唯　（清）王萬姓纂修　清光緒十六年
（1890）木活字印本　十六冊

310000－0261－0001519　672.75/115

[光緒]雙流縣志二卷　（清）彭琬等纂修　清
光緒二十年（1894）刻本　四冊

310000－0261－0001520　672.15/203.6

[光緒]上海鄉土志不分卷　（清）李維清編
清光緒三十三年（1907）著易堂鉛印本　一冊

310000－0261－0001521　672.25/329

[光緒]泗虹合志十九卷　（清）方瑞蘭修
（清）江殿颺等纂　清光緒十四年（1888）清江
葉錦文齋刻本　八冊

310000－0261－0001522　672.25/329：2

[光緒]泗虹合志十九卷　（清）方瑞蘭修
（清）江殿颺等纂　清光緒十四年（1888）清江
葉錦文齋刻本　八冊

310000－0261－0001523　671.25/213

[光緒]泗水縣志十五卷首一卷　（清）趙英祚
修　（清）黃承腺纂　清光緒十九年（1893）刻
本　八冊

310000－0261－0001524　672.14/4830.3

[光緒]松江府續志四十卷首一卷圖一卷
（清）博潤修　（清）姚光發等纂　清光緒十年
（1884）松江府刻本　二十四冊

310000－0261－0001525　672.14/4830.3：2

[光緒]松江府續志四十卷首一卷圖一卷
（清）博潤修　（清）姚光發等纂　清光緒十年
（1884）松江府刻本　二十四冊

310000－0261－0001526　675.65/101.2

[光緒]綏遠志十卷首一卷　（清）貽穀修
（清）高賡恩纂　清光緒三十四年（1908）刻本
　六冊

310000－0261－0001527　672.15/311.02

[光緒]泰伯梅里志八卷　（清）吳熙纂修　清
光緒二十三年（1897）刻本　二冊

310000－0261－0001528　672.45/205

[光緒]泰和縣志三十卷首一卷　（清）宋瑛等
修　（清）彭啟瑞等纂　（清）周之鏞續纂　清
光緒五年（1879）刻本　十六冊

310000－0261－0001529　672.15/323

[光緒]泰興縣志二十六卷首一卷末一卷
（清）楊激雲修　（清）顧曾烜纂　清光緒十二
年（1886）刻本　十冊

310000－0261－0001530　672.15/319

[光緒]通州直隸州志十六卷首一卷末一卷
（清）梁悅馨　（清）莫祥芝修　（清）季念詒
　（清）沈鍠纂　清光緒二年（1876）刻本　十
六冊

310000－0261－0001531　672.15/319：2

[光緒]通州直隸州志十六卷首一卷末一卷
（清）梁悅馨　（清）莫祥芝修　（清）季念詒
　（清）沈鍠纂　清光緒二年（1876）刻本　十
六冊

310000－0261－0001532　675.55/213

[光緒]蔚州志二十卷首一卷　（清）慶之金修
　（清）楊篤纂　清光緒三年（1877）蔚州公廨
刻本　八冊

310000－0261－0001533　671.35/325.7

[光緒]閿鄉縣志十二卷首一卷末一卷　（清）
劉思恕　（清）汪鼎臣修　（清）王維國
（清）王守恭纂　清光緒二十年（1894）刻本
八冊

310000－0261－0001534　672.35/131.2

[光緒]烏程縣志三十六卷　（清）郭式昌等修
（清）周學濬等纂　清光緒七年(1881)刻本
十二冊

310000－0261－0001535　672.35/131.2：2

[光緒]烏程縣志三十六卷　（清）郭式昌等修
（清）周學濬等纂　清光緒七年(1881)刻本
十二冊

310000－0261－0001536　672.15/307.8

[光緒]吳江縣續志四十卷首一卷　（清）金福
曾修　（清）熊其英纂　清光緒五年(1879)刻
本　八冊

310000－0261－0001537　672.15/307.8：2

[光緒]吳江縣續志四十卷首一卷　（清）金福
曾修　（清）熊其英纂　清光緒五年(1879)刻
本　八冊

310000－0261－0001538　672.15/311

[光緒]無錫金匱縣志四十卷首一卷殉難紳民
表二卷烈女姓氏錄四卷　（清）裴大中　（清）
倪咸生修　（清）秦緗業纂　清光緒二十九年
(1903)刻本後印本　二十冊

310000－0261－0001539　672.55/101

[光緒]武昌縣志二十六卷首一卷末一卷
（清）鍾銅山修　（清）柯逢時纂　清光緒十一
年(1885)刻本　十冊

310000－0261－0001540　671.55/187.40

[光緒]武功縣續志二卷　（清）張世英修　巨
國桂纂　清光緒十四年(1888)刻本　二冊

310000－0261－0001541　672.25/217.2

[光緒]婺源縣志六十四卷首一卷　（清）吳鶚
修　（清）汪正元纂　清光緒九年(1883)刻本
二十四冊

310000－0261－0001542　672.25/217.4

[光緒]婺源鄉土志不分卷　（清）董鍾琪
（清）汪廷璋纂修　清光緒三十四年(1908)婺
邑暢記公司活字印本　一冊

310000－0261－0001543　672.75/505

[光緒]西充縣志十四卷　（清）高培穀修
（清）劉藻纂　清光緒二年(1876)刻本　六冊

310000－0261－0001544　676.1/1071

[光緒]西陲要略四卷　（清）祁韻士輯　清光
緒四年(1878)同文館鉛印本　二冊

310000－0261－0001545　672.65/105

[光緒]湘陰縣圖志三十四卷首一卷末一卷
（清）郭嵩燾纂修　清光緒七年(1881)湘陰縣
志局刻本　十四冊

310000－0261－0001546　672.65/105：2

[光緒]湘陰縣圖志三十四卷首一卷末一卷
（清）郭嵩燾纂修　清光緒七年(1881)湘陰縣
志局刻本　十二冊

310000－0261－0001547　672.55/129

[光緒]孝感縣志二十四卷續補一卷　（清）朱
希白修　（清）沈用增纂　清光緒九年(1883)
刻本　十三冊

310000－0261－0001548　671.45/237

[光緒]忻州志四十二卷　（清）方戊昌修
（清）方淵如纂　清光緒六年(1880)刻本
八冊

310000－0261－0001549　672.75/121.0

[光緒]新繁縣鄉土志十卷首一卷　（清）余慎
修　（清）陳彥升纂　清光緒三十三年(1907)
鉛印本　二冊

310000－0261－0001550　672.74/3022

[光緒]新修潼川府志三十卷　（清）阿麟修
（清）王龍勳等纂　清光緒二十三年(1897)刻
本　十六冊

310000－0261－0001551　672.55/119

[光緒]興國州志三十六卷首一卷　（清）陳光
亨纂修　（清）劉鳳綸　（清）王鳳池續纂修
清光緒十五年(1889)刻本　十四冊

310000－0261－0001552　672.55/319

[光緒]興山縣志二十二卷　（清）黃世崇纂修
清光緒十一年(1885)經心書院刻本　四冊

310000－0261－0001553　672.75/267

[光緒]秀山縣志十四卷首一卷　（清）王壽松修　（清）李稽勳纂　清光緒十七年（1891）刻本　四冊

310000－0261－0001554　672.15/525

[光緒]盱眙縣志稿十七卷　（清）王錫元修　清光緒二十五年（1899）刻本　八冊

310000－0261－0001555　672.15/525：2

[光緒]盱眙縣志稿十七卷　（清）王錫元修　清光緒二十五年（1899）刻本　八冊

310000－0261－0001556　671.25/211.8

[光緒]徐州府銅山縣鄉土志不分卷　（清）袁國鈞修　（清）楊世楨等纂　清光緒三十年（1904）刻本　一冊

310000－0261－0001557　672.55/227

[光緒]續輯均州志十六卷首一卷　（清）馬雲龍　（清）湯炳堃修　（清）賈洪詔纂　清光緒十年（1884）均州志局刻本　八冊

310000－0261－0001558　671.45/325.1

[光緒]續修臨晉縣志二卷　（清）艾紹濂　（清）吳曾榮修　（清）姚東濟纂　清光緒六年（1880）刻本　二冊

310000－0261－0001559　672.24/0030：2

[光緒]續修廬州府志一百卷首一卷末一卷　（清）黃雲修　（清）林之望等纂　清光緒十一年（1885）刻本　四十八冊

310000－0261－0001560　672.24/0030

[光緒]續修廬州府志一百卷首一卷末一卷　（清）黃雲修　（清）林之望等纂　清光緒十一年（1885）刻本　四十七冊　存九十九卷（一至六、十至一百,首一卷,末一卷）

310000－0261－0001561　673.15/419

[光緒]續修浦城縣志四十二卷首一卷　（清）翁天祐　（清）呂渭英修　（清）翁昭泰纂　清光緒二十六年（1900）刻本　二十冊

310000－0261－0001562　671.45/313

[光緒]續修曲沃縣志三十二卷　（清）張鴻逵　（清）茅丕熙修　（清）韓子泰纂　清光緒六

年（1880）刻本　六冊

310000－0261－0001563　671.35/229.7

[光緒]續濬縣志八卷　（清）黃璟修　（清）李作霖　（清）喬景濂纂　清光緒十三年（1887）刻本　二冊

310000－0261－0001564　672.55/155.1

[光緒]續雲夢縣志略十卷首一卷末一卷　（清）吳念椿修　（清）程壽昌　（清）曾廣潾纂　清光緒九年（1883）刻本　四冊

310000－0261－0001565　672.75/549

[光緒]續增樂至縣志四卷首一卷　（清）胡書雲等修　（清）李星根纂　清光緒九年（1883）刻本　四冊

310000－0261－0001566　672.14/3130

[光緒]續纂江寧府志十五卷首一卷勘誤一卷　（清）蔣啟勳　（清）趙佑宸修　（清）汪士鐸纂　清光緒七年（1881）刻後印本　十二冊

310000－0261－0001567　672.25/223

[光緒]宣城縣志四十卷首一卷　（清）李應泰等修　（清）章綬纂　[嘉慶]宣城縣志餘二卷　（清）陳受培修　（清）張燾纂　清光緒十四年（1888）木活字印本　二十七冊

310000－0261－0001568　672.35/419

[光緒]宣平縣志二十卷首一卷　（清）皮樹棠纂修　清光緒四年（1878）刻本　八冊

310000－0261－0001569　673.55/427

[光緒]選錄鶴慶州志不分卷　（清）王寶儀修　（清）楊金和　（清）楊金鎧纂　清抄本　一冊

310000－0261－0001570　671.55/233

[光緒]洵陽縣志十四卷　（清）劉德全修　（清）郭焱昌　（清）姜善繼纂　清光緒三十年（1904）刻本　四冊

310000－0261－0001571　672.34/6630

[光緒]嚴州府志三十八卷首一卷　（清）吳世榮修　（清）鄒伯森等纂　清光緒二十三年（1897）刻本　二十八冊

310000－0261－0001572　672.15/411

[光緒]鹽城縣志十七卷首一卷　(清)劉崇照修　(清)龍繼棟　(清)陳玉樹纂　清光緒二十一年(1895)刻本　八冊

310000－0261－0001573　672.15/411:2

[光緒]鹽城縣志十七卷首一卷　(清)劉崇照修　(清)龍繼棟　(清)陳玉樹纂　清光緒二十一年(1895)刻本　一冊　存一卷(十四)

310000－0261－0001574　672.15/315.02

[光緒]楊舍堡城志稿十四卷首一卷　(清)葉長齡纂修　清光緒九年(1883)江陰葉氏木活字印本　四冊

310000－0261－0001575　672.15/313.2

[光緒]宜興荊谿縣新志十卷首一卷末一卷　(清)施惠　(清)錢志澄修　(清)吳景牆纂　清光緒八年(1882)刻本　八冊

310000－0261－0001576　671.25/439

[光緒]益都縣圖志五十四卷首一卷　(清)張承燮修　(清)法偉堂等纂　清光緒三十三年(1907)益都官舍刻本　十六冊

310000－0261－0001577　671.25/439:2

[光緒]益都縣圖志五十四卷首一卷　(清)張承燮修　(清)法偉堂等纂　清光緒三十三年(1907)益都官舍刻本　十六冊

310000－0261－0001578　671.45/315

[光緒]翼城縣志二十八卷　(清)王耀章等纂修　清光緒七年(1881)刻本　八冊

310000－0261－0001579　671.45/323

[光緒]永濟縣志二十四卷　(清)李榮和(清)劉鐘麟修　(清)胡仰廷纂　清光緒十二年(1886)刻本　十四冊

310000－0261－0001580　672.35/401

[光緒]永嘉縣志三十八卷首一卷　(清)張寶琳修　(清)王棻纂　清光緒八年(1882)張寶琳刻本　八冊

310000－0261－0001581　672.35/401:2

[光緒]永嘉縣志三十八卷首一卷　(清)張寶琳修　(清)王棻纂　清光緒八年(1882)張寶琳刻本　三十冊

310000－0261－0001582　672.35/319

[光緒]永康縣志十六卷首一卷　(清)李汝爲(清)郭文翹修　(清)潘樹棠等纂　清光緒十八年(1892)刻本　十二冊

310000－0261－0001583　671.15/431

[光緒]永年縣志四十卷首一卷　(清)夏詒鈺纂修　清光緒三年(1877)刻本　八冊

310000－0261－0001584　671.14/3010

[光緒]永平府志七十二卷首一卷末一卷(清)游智開修　(清)史夢蘭纂　清光緒二年(1876)刻本　三十二冊

310000－0261－0001585　671.45/185

[光緒]盂縣志二十二卷首一卷末一卷　(清)張嵐奇　(清)劉鴻逵修　(清)武纘緒(清)劉懋功纂　清光緒七年(1881)刻本　十冊

310000－0261－0001586　672.35/221

[光緒]餘姚縣志二十七卷首一卷末一卷(清)周炳麟修　(清)邵友濂　(清)孫德祖纂　清光緒二十五年(1899)刻本　十六冊

310000－0261－0001587　672.35/221:2

[光緒]餘姚縣志二十七卷首一卷末一卷(清)周炳麟修　(清)邵友濂　(清)孫德祖纂　清光緒二十五年(1899)刻本　十六冊

310000－0261－0001588　672.35/431.1

[光緒]玉環廳志十六卷首一卷　(清)杜冠英(清)胥壽榮修　(清)呂鴻燾纂　清光緒十四年(1888)胡鍾駿刻本　八冊

310000－0261－0001589　672.35/431

[光緒]玉環廳志十四卷首一卷　(清)杜冠英(清)胥壽榮修　(清)呂鴻燾纂　清光緒七年(1881)刻本　八冊

310000－0261－0001590　672.75/513

[光緒]岳池縣志二十卷首一卷　(清)何其泰等修　(清)吳新德纂　清光緒元年(1875)刻

本　十冊

310000－0261－0001591　672.75/311

[光緒]越嶲廳全志十二卷　（清）馬忠良原纂　（清）馬湘等續纂　（清）孫鏘等增修　清光緒三十二年(1906)鉛印本　六冊

310000－0261－0001592　671.15/459.1

[光緒]棗強縣志補正五卷　（清）方宗誠纂修　清光緒二年(1876)棗強縣署刻本　二冊

310000－0261－0001593　672.75/111

[光緒]增修崇慶州志十二卷首一卷　（清）沈恩培等修　（清）胡麟　（清）徐鼎元纂　清光緒三年(1877)刻本　十冊

310000－0261－0001594　671.24/1230

[光緒]增修登州府志六十九卷首一卷　（清）方汝翼　（清）賈瑚修　（清）周悅讓　（清）慕榮幹纂　清光緒七年(1881)刻本　十二冊

310000－0261－0001595　672.15/413.41

[光緒]增修甘泉縣志二十四卷首一卷圖一卷　（清）徐成敟等修　（清）陳浩恩等纂　清光緒十一年(1885)刻本　二十冊

310000－0261－0001596　672.15/413.4

[光緒]增修甘泉縣志二十四卷首一卷圖一卷　（清）徐成敟等修　（清）陳浩恩等纂　清光緒三十三年(1907)刻本　二十冊

310000－0261－0001597　672.75/127

[光緒]增修灌縣志十四卷首一卷　（清）莊思恒等修　（清）鄭珶山纂　清光緒十二年(1886)刻本　十六冊

310000－0261－0001598　673.55/135

[光緒]霑益州志六卷　（清）方汝翼　（清）賈瑚修　（清）周悅讓　（清）慕榮幹纂　清光緒十一年(1885)刻本　六冊

310000－0261－0001599　671.25/103.4

[光緒]章邱縣鄉土志二卷　（清）楊學淵修　（清）李洪鈺等纂　清光緒三十三年(1907)石印本　二冊

310000－0261－0001600　671.35/143.4

[光緒]柘城縣志十卷首一卷　（清）元淮　（清）傅鍾浚纂修　清光緒二十二年(1896)刻本　十冊

310000－0261－0001601　672.35/207

[光緒]鎮海縣志四十卷　（清）于萬川修　（清）俞樾纂　清光緒五年(1879)刻本　十六冊

310000－0261－0001602　671.35/407

[光緒]鎮平縣志六卷　（清）吳聯元等纂修　清光緒二年(1876)刻本　四冊

310000－0261－0001603　673.55/169

[光緒]鎮雄州志六卷　（清）吳光漢修　（清）宋成基纂　清光緒十三年(1887)刻本　八冊

310000－0261－0001604　672.15/209.02

[光緒]蒸里志略十二卷　（清）葉世熊纂　清宣統二年(1910)鉛印本　二冊

310000－0261－0001605　672.15/209.02：2

[光緒]蒸里志略十二卷　（清）葉世熊纂　清宣統二年(1910)鉛印本　二冊

310000－0261－0001606　671.15/333

[光緒]正定縣志四十六卷首一卷末一卷　（清）慶之金　（清）賈孝彰修　（清）趙文濂纂　清光緒元年(1875)刻本　十四冊

310000－0261－0001607　671.45/343

[光緒]直隸絳州志二十卷首一卷　（清）李煥揚修　（清）張于鑄纂　清光緒五年(1879)刻本　十冊　存二十卷(一至十九、首一卷)

310000－0261－0001608　672.75/401

[光緒]直隸瀘州志十二卷　（清）田秀栗修　（清）華國清纂　清光緒八年(1882)刻本　十二冊

310000－0261－0001609　672.35/205.025

[光緒]忠義鄉志二十卷首一卷　（清）吳文江纂　清光緒二十七年(1901)刻本　六冊

310000－0261－0001610　672.15/211

[光緒]重修奉賢縣志二十卷首一卷末一卷

(清)韓佩金修　(清)張文虎纂　清光緒四年
(1878)志書局刻本　六冊

310000－0261－0001611　671.14/0010
[光緒]重修廣平府志六十三卷首一卷　(清)
吳中彥修　(清)胡景桂纂　清光緒二十年
(1894)刻本　二十四冊

310000－0261－0001612　672.15/205.4
[光緒]重修華亭縣志二十四卷首一卷末一卷
　(清)楊開第修　(清)姚光發纂　清光緒五
年(1879)刻本　十冊

310000－0261－0001613　672.35/121
[光緒]重修嘉善縣志三十六卷首一卷　(清)
江峯青修　(清)顧福仁纂　清光緒二十年
(1894)刻本　十七冊

310000－0261－0001614　671.35/212
[光緒]重修盧氏縣志十八卷首一卷　(清)郭
光澍修　(清)李旭春纂　清光緒十八年
(1892)刻本　四冊　存七卷(十二至十八)

310000－0261－0001615　672.75/129
[光緒]重修彭縣志十三卷首一卷末一卷
(清)張龍甲修　(清)呂調陽等纂　清光緒四
年(1878)刻本　十冊

310000－0261－0001616　672.75/129.1
[光緒]重修彭縣志十三卷首一卷末一卷補遺
不分卷　(清)張龍甲修　(清)呂調陽等纂
清光緒六年(1880)刻本　十冊

310000－0261－0001617　672.25/331
[光緒]重修五河縣志二十卷首一卷末一卷
(清)賴同晏　(清)孫玉銘修　(清)俞宗誠
纂　清光緒二十年(1894)金陵刻本　八冊

310000－0261－0001618　672.65/201.0
[光緒]重纂秦州直隸州新志二十四卷首一卷
　(清)余澤春　(清)匡翼之修　(清)王權
(清)任其昌纂　清光緒十五年(1889)刻本
二十冊

310000－0261－0001619　672.15/301.028
[光緒]周莊鎮志六卷首一卷　(清)陶煦纂修

貞豐里庚甲見聞錄二卷　(清)陶煦撰　清
光緒八年(1882)刻本　十二冊

310000－0261－0001620　672.35/219
[光緒]諸暨縣志六十卷首一卷諸暨貞孝節烈
志一卷　(清)陳遹聲　(清)蔣鴻藻纂修　清
宣統三年(1911)刻本　十八冊

310000－0261－0001621　672.35/219：2
[光緒]諸暨縣志六十卷首一卷諸暨貞孝節烈
志一卷　(清)陳遹聲　(清)蔣鴻藻纂修　清
宣統三年(1911)刻本　十八冊

310000－0261－0001622　672.55/135
[光緒]黃岡縣志二十四卷首一卷　(清)戴昌
言修　(清)劉恭冕纂　清光緒八年(1882)黃
岡縣署刻本　二十四冊

310000－0261－0001623　674.2/4044
[光緒]吉林通志一百二十二卷圖一卷　(清)
長順　(清)訥欽修　(清)李桂林　(清)顧
雲纂　清光緒十七年(1891)刻本　四十九冊

310000－0261－0001624　672.40/3110.9
[光緒]江西通志一百八十卷首五卷　(清)劉
坤一等修　(清)趙之謙纂　清光緒七年
(1881)刻本　一百二十冊

310000－0261－0001625　673.5/8032
[光緒]全滇紀要不分卷　(清)雲南課吏館纂
修　清光緒三十二年(1906)鉛印本　十冊

310000－0261－0001626　673.5/8032：2
[光緒]全滇紀要不分卷　(清)雲南課吏館纂
修　清光緒三十二年(1906)鉛印本　十冊

310000－0261－0001627　671.40/2210：2
[光緒]山西通志一百八十四卷首一卷　(清)
曾國荃　(清)張煦等修　(清)楊篤　(清)
王軒纂　清光緒十八年(1892)刻本　四冊
存五卷(一至五)

310000－0261－0001628　672.2/2342
[光緒]皖志便覽六卷　(清)李應珏纂修　清
光緒二十四年(1898)刻本　二冊

310000－0261－0001629　676.6/1044

[光緒]西藏圖考八卷首一卷 （清）黄沛翹纂修 清光緒十二年(1886)刻本 四册

310000－0261－0001630 672.3/3240
[光緒]浙志便覽七卷 （清）李應珏纂修 清光緒十七年(1891)刻本 四册

310000－0261－0001631 672.3/3240.1
[光緒]浙志便覽十卷 （清）李應珏纂修 清光緒二十二年(1896)刻本 四册

310000－0261－0001632 672.20/3028
[光緒]重修安徽通志三百五十卷補遺十卷 (清)吳坤修等修 （清）何紹基等纂 清光緒四年(1878)刻本 一百二十册

310000－0261－0001633 672.5/3711.3
光緒湖北輿地記二十四卷 （清）湖北輿圖局編 清光緒二十年(1894)湖北輿圖局刻本 二十四册

310000－0261－0001634 672.6/3740：3
[光緒]湖南全省輿地圖表不分卷 （□）□□撰 清光緒二十二年(1896)石印本 一册

310000－0261－0001635 672.15/401
光緒丙子清河縣志二十六卷 （清）胡裕燕等修 （清）吳昆田 （清）魯賁纂 清光緒五年(1879)刻本 六册

310000－0261－0001636 672.35/337
光緒分水縣志十卷首一卷末一卷 （清）陳常鏵 （清）馮圻修 （清）臧承宣纂 清光緒三十三年(1907)刻本 六册

310000－0261－0001637 672.24/7776
光緒鳳陽府志二十一卷 （清）馮煦修 （清）魏家驊纂 清光緒三十四年(1908)木活字印本 二十四册

310000－0261－0001638 672.15/523
光緒贛榆縣志十八卷 （清）王豫熙纂修 清光緒十四年(1888)刻本 四册

310000－0261－0001639 673.35/343
光緒嘉應州志三十二卷首一卷 （清）吳宗焯修 （清）溫仲和纂 清光緒二十四年(1898)

刻本 十四册

310000－0261－0001640 673.35/343：2
光緒嘉應州志三十二卷首一卷 （清）吳宗焯修 （清）溫仲和纂 清光緒二十四年(1898)刻本 十四册

310000－0261－0001641 672.75/439
光緒井研志四十二卷首一卷 （清）高承瀛修 （清）吳嘉謨 （清）龔煦春纂 清光緒二十六年(1900)刻本 十二册

310000－0261－0001642 672.35/313
光緒蘭谿縣志八卷首一卷補遺不分卷 （清）秦簀 （清）邵秉經修 （清）唐壬森纂 清光緒十四年(1888)刻本 十册

310000－0261－0001643 672.35/313：2
光緒蘭谿縣志八卷首一卷補遺不分卷 （清）秦簀 （清）邵秉經修 （清）唐壬森纂 清光緒十四年(1888)刻本 十册

310000－0261－0001644 672.35/313：3
光緒蘭谿縣志八卷首一卷補遺不分卷 （清）秦簀 （清）邵秉經修 （清）唐壬森纂 清光緒十四年(1888)刻本 十册

310000－0261－0001645 671.25/449
光緒臨朐縣志十六卷首一卷 （清）姚延福修 （清）鄧嘉緝 （清）蔣師轍纂 清光緒十一年(1885)刻本 六册

310000－0261－0001646 671.25/449：2
光緒臨朐縣志十六卷首一卷 （清）姚延福修 （清）鄧嘉緝 （清）蔣師轍纂 清光緒十一年(1885)刻本 六册

310000－0261－0001647 671.35/129
光緒鹿邑縣志十六卷首一卷 （清）于滄瀾 (清)馬家彦修 （清）蔣師轍纂 鹿邑縣全圖十卷首一卷末一卷 清光緒二十二年(1896)刻本 七册

310000－0261－0001648 672.15/207
光緒南匯縣志二十二卷首一卷末一卷 （清）金福曾 （清）顧思賢修 （清）張文虎纂 清

光緒五年(1879)刻本　十二冊

310000－0261－0001649　671.14/2110
光緒順天府志一百三十卷附錄一卷　(清)李鴻章　(清)萬青藜修　(清)張之洞　繆荃孫纂　清光緒十年至十二年(1884－1886)刻本　六十四冊

310000－0261－0001650　672.15/515
光緒睢寧縣志稿十八卷　(清)侯紹瀛修　(清)丁顯纂　清光緒十三年(1887)刻本　六冊

310000－0261－0001651　672.35/239.0
光緒太平續志十八卷首一卷　(清)陳汝霖等修　(清)王棻纂　清光緒二十二年(1896)刻本　八冊

310000－0261－0001652　672.35/239.0:2
光緒太平續志十八卷首一卷　(清)陳汝霖等修　(清)王棻纂　清光緒二十二年(1896)刻本　十二冊

310000－0261－0001653　672.35/129
光緒桐鄉縣志二十四卷首四卷　(清)嚴辰纂修　楊園淵源錄四卷　(清)沈曰富輯　清光緒十三年(1887)蘇州陶漱藝齋刻本　二十四冊

310000－0261－0001654　672.15/309
光緒武進陽湖縣志三十卷首一卷　(清)王其淦　(清)吳康壽修　(清)湯成烈纂　清光緒五年(1879)刻本　二十冊

310000－0261－0001655　672.15/309:2
光緒武進陽湖縣志三十卷首一卷　(清)王其淦　(清)吳康壽修　(清)湯成烈纂　清光緒五年(1879)刻本　二十冊

310000－0261－0001656　672.35/235.1
光緒仙居志二十四卷首一卷仙居集二十四卷　(清)王壽頤　(清)潘紀恩修　(清)王棻　(清)李仲昭纂　清光緒二十年(1894)木活字印本　十八冊

310000－0261－0001657　672.55/159

光緒應城志十四卷首一卷　(清)羅紳　(清)陳豪修　(清)王承禧纂　清光緒八年(1882)刻本　八冊

310000－0261－0001658　672.35/109.8
光緒餘杭志稿不分卷　(清)褚成博纂修　清光緒三十二年(1906)刻本　一冊

310000－0261－0001659　673.35/103
[宣統]番禺縣續志四十四卷首一卷　(清)梁鼎芬　(清)盧維慶修　(清)丁仁辰　(清)梁慶桂纂　清宣統三年(1911)刻本　十六冊

310000－0261－0001660　672.35/111
[宣統]臨安縣志八卷首一卷末一卷　(清)彭循堯修　(清)董運昌　(清)周鼎纂　清宣統二年(1910)木活字印本　六冊

310000－0261－0001661　672.15/217.5
[宣統]婁東小志七卷　(清)傅振海纂修　清宣統二年(1910)鉛印本　一冊

310000－0261－0001662　673.35/105
[宣統]南海縣志二十六卷末一卷　(清)桂坫等纂　清宣統三年(1911)刻本　十六冊

310000－0261－0001663　672.15/103.7
[宣統]上元江寧鄉土合志六卷　陳作霖編　清宣統二年(1910)江楚編譯局刻本　一冊

310000－0261－0001664　672.35/121.02
[宣統]續修楓涇小志十卷首一卷　(清)程兼善纂修　清宣統三年(1911)鉛印本　四冊

310000－0261－0001665　672.35/121.02:2
[宣統]續修楓涇小志十卷首一卷　(清)程兼善纂修　清宣統三年(1911)鉛印本　四冊

310000－0261－0001666　671.25/319
[宣統]重修恩縣志十卷首一卷　(清)汪鴻孫纂修　清宣統元年(1909)刻本　四冊

310000－0261－0001667　676.10/0211.4:2
[宣統]新疆圖志一百十六卷首一卷　袁大化修　王樹枏　王學曾纂　清宣統三年(1911)木活字印本　八冊　存八卷(三十六至三十七、九十、一百八至一百十二)

310000－0261－0001668　672.15/217.8

壬癸志稿二十八卷　（清）錢寶琛輯　（清）葉裕仁等參校　清光緒六年(1880)刻本　四冊

310000－0261－0001669　672.35/201.03

宋元四明六志八種　（清）徐時棟輯　清光緒五年(1879)刻後印本　四十冊

310000－0261－0001670　672.35/201.03：2

宋元四明六志八種　（清）徐時棟輯　清光緒五年(1879)刻後印本　四十冊

310000－0261－0001671　672.35/103

唐棲志二十卷　（清）王同纂修　清光緒十六年(1890)刻本　八冊

310000－0261－0001672　672.35/103.073

廣福廟志不分卷　（清）唐恆九輯　清光緒三年(1877)錢塘丁氏嘉惠堂刻本　一冊

310000－0261－0001673　672.15/117.05

鶴林寺志不分卷　（明）釋明賢撰　（清）釋福登　（清）釋聞光續修　清宣統元年(1909)刻本　一冊

310000－0261－0001674　672.15/117.05：2

鶴林寺志不分卷　（明）釋明賢撰　（清）釋福登　（清）釋聞光續修　清宣統元年(1909)刻本　一冊

310000－0261－0001675　672.15/413.05

建隆寺志略十卷首一卷　（清）釋昌立撰　清道光二十二年(1842)刻本　四冊

310000－0261－0001676　672.15/413.05：2

建隆寺志略十卷首一卷　（清）釋昌立撰　清道光二十二年(1842)刻本　二冊

310000－0261－0001677　672.15/217.2

彙刻太倉舊志五種　（清）繆朝荃等輯　清宣統元年(1909)刻本　八冊

310000－0261－0001678　672.15/103.051

靈谷禪林志十五卷首一卷　（清）謝元福增訂　清光緒十三年(1887)刻本　二冊

310000－0261－0001679　672.15/103.051：2

靈谷禪林志十五卷首一卷　（清）謝元福增訂

清光緒十三年(1887)刻本　二冊

310000－0261－0001680　672.1/3144.05

南朝佛寺志二卷　（清）孫文川輯　（清）陳作霖編纂　清光緒刻本　二冊

310000－0261－0001681　672.45/201.03

青原志略十三卷首一卷末一卷　（清）釋大然編　（清）施閏章補輯　清康熙八年(1669)方文樓刻本　四冊

310000－0261－0001682　672.35/221.07

聖廟志輯要三十卷首一卷　（清）鹿嗣宗輯　清嘉慶十九年(1814)刻本　八冊

310000－0261－0001683　672.35/103.051

聖水寺志六卷補遺一卷　（清）釋明倫輯　（清）釋寶懿重纂　清光緒十八年(1892)刻本　四冊

310000－0261－0001684　671.15/105.05

潭柘山岫云寺志一卷　（清）神穆德纂　**續刊潭柘山志一卷**　（清）釋義庵續輯　清光緒刻本　二冊

310000－0261－0001685　671.15/105.05：2

潭柘山岫云寺志一卷　（清）神穆德纂　**續刊潭柘山志一卷**　（清）釋義庵續輯　清光緒刻本　二冊

310000－0261－0001686　672.35/201.05

天童寺志十卷首一卷　（清）釋德介　（清）聞性道撰　清嘉慶十三年(1808)刻本　四冊

310000－0261－0001687　672.35/201.05：2

天童寺志十卷首一卷　（清）釋德介　（清）聞性道撰　清嘉慶十三年(1808)刻本　四冊

310000－0261－0001688　672.35/103.07

吳山城隍廟志八卷首一卷　（清）盧崧修　清光緒四年(1878)錢塘丁氏刻本　四冊

310000－0261－0001689　672.35/103.05

吳山伍公廟志六卷首一卷　（清）金文淳纂修　（清）沈永青增輯　清光緒二年(1876)刻本　一冊

310000－0261－0001690　672.35/301.05

吳山伍公廟志六卷首一卷　（清）金文淳纂修
（清）沈永青增輯　清光緒二年（1876）刻本
二冊

310000－0261－0001691　672.35/103.13
武林梵志十二卷　（明）吳之鯨撰　清抄本
五冊

310000－0261－0001692　672.35/103.311
武林理安寺志八卷　（清）釋實月撰　清光緒
四年（1878）刻本　四冊

310000－0261－0001693　672.35/103.03
武林靈隱寺志八卷　（清）孫治輯　（清）徐增
重修　清光緒十四年（1888）錢塘丁氏嘉惠堂
刻本　三冊

310000－0261－0001694　672.35/103.03：2
武林靈隱寺志八卷　（清）孫治輯　（清）徐增
重修　清光緒十四年（1888）錢塘丁氏嘉惠堂
刻本　六冊

310000－0261－0001695　672.45/103.07
逍遙山萬壽宮志二十二卷首一卷　（清）金
桂馨等纂輯　清宣統三年（1911）刻本
十冊

310000－0261－0001696　672.35/103.0315
續修雲林寺志八卷　（清）沈鑅彪纂　清光緒
十四年（1888）錢塘丁氏嘉惠堂刻本　四冊

310000－0261－0001697　672.35/103.0315：2
續修雲林寺志八卷　（清）沈鑅彪纂　清光緒
十四年（1888）錢塘丁氏嘉惠堂刻本　四冊

310000－0261－0001698　672.35/205.05
雪竇寺志十卷　（清）釋行正輯　（清）釋行恂
增輯　清康熙十九年（1680）刻本　三冊

310000－0261－0001699　672.15/209.06
圓津禪院小志六卷　（清）釋覺銘纂　清光緒
二十二年（1896）刻本　二冊

310000－0261－0001700　672.35/103.0314
增修雲林寺志八卷　（清）厲鶚等撰　清光
緒十四年（1888）錢塘丁氏嘉惠堂刻本
二冊

310000－0261－0001701　672.35/103.0314：2
增修雲林寺志八卷　（清）厲鶚等撰　清光緒
十四年（1888）錢塘丁氏嘉惠堂刻本　二冊

310000－0261－0001702　672.75/321.05
重修昭覺寺志八卷首一卷　（清）釋中恂修
（清）羅用霖纂　清光緒二十二年（1896）刻本
四冊

310000－0261－0001703　672.15/301.05
竹堂寺志不分卷　（清）釋真鑒纂　竹堂寺志
補不分卷　（清）釋融泉纂　清宣統元年
（1909）鉛印本　二冊

310000－0261－0001704　672.35/103.062
約園志一卷　（清）徐樹銘輯　清光緒二十三
年（1897）刻本　一冊

310000－0261－0001705　＊660/2665
今古輿地圖三卷　（明）沈定之撰　（明）吳國
輔輯　明崇禎十六年（1643）刻本　一冊　存
二卷（上、中）

310000－0261－0001706　671.1/0023
京師通各省會城道里記不分卷　（清）繆九疇
校　清江楚書局刻本　一冊

310000－0261－0001707　669.8/2834
大清一統志表不分卷　（清）陳蘭森纂修　清
乾隆五十九年（1794）刻本　六冊

310000－0261－0001708　667/3413
大清一統志輯要五十卷　（清）洪亮吉撰　清
光緒二十八年（1902）山左輿圖局石印本　十
二冊

310000－0261－0001709　669.1/2615
大清一統志四百二十四卷　（清）和珅等纂修
清光緒二十三年（1897）杭州竹簡齋石印本
六十冊

310000－0261－0001710　670/4424
皇朝直省府廳州縣歌括不分卷　（清）蔣升撰
清光緒二十九年（1903）上海慈母堂印書局
鉛印本　一冊

310000－0261－0001711　669.8/1040

九域志十卷　（宋）王存纂修　清光緒八年
(1882)金陵書局刻本　四冊

310000－0261－0001712　669.1/1262
括地志八卷　（唐）李泰撰　（清）孫星衍輯
清嘉慶三年(1798)蘭陵孫星衍刻本　二冊

310000－0261－0001713　660/1040
元豐九域志十卷　（宋）王存撰　清光緒二十
五年(1899)廣雅書局刻本　六冊

310000－0261－0001714　669.8/6646
元和郡縣補志九卷　（清）嚴觀輯　清光緒八
年(1882)金陵書局刻本　二冊

310000－0261－0001715　669.8/4045
元和郡縣圖志四十卷闕卷逸文一卷　（唐）李
吉甫纂修　元和郡縣補志九卷　（清）嚴觀輯
　清光緒六年至八年(1880－1882)金陵書局
刻本　八冊

310000－0261－0001716　669.8/4045：2
元和郡縣圖志四十卷闕卷逸文一卷　（唐）李
吉甫纂修　元和郡縣補志九卷　（清）嚴觀輯
　清光緒六年至八年(1880－1882)金陵書局
刻本　八冊

310000－0261－0001717　669.8/4045.0
元和郡縣志四十卷　（唐）李吉甫纂修　清乾
隆武英殿木活字印本　十冊

310000－0261－0001718　2.13/3132
讀史方輿紀要一百三十卷方輿全圖總說五卷
　（清）顧祖禹撰　清光緒二十七年(1901)圖
書集成局鉛印本　三十二冊

310000－0261－0001719　669.1/3132
讀史方輿紀要一百三十卷輿圖要覽四卷
（清）顧祖禹撰　清錦里龍萬育刻本　六十冊

310000－0261－0001720　660/4409
廣輿記二十四卷　（清）陸應陽輯　（清）蔡方
炳增輯　清嘉慶七年(1802)聚文堂刻本　十
二冊

310000－0261－0001721　660/7128
歷代地理沿革圖二十二種　（清）李兆洛撰

（清）六承如襄修　（清）屬雲官其他　（清）
馬徵麟訂正　清同治十一年(1872)金陵刻本
　一冊

310000－0261－0001722　660/7748
輿圖要覽不分卷　（清）顧祖禹撰　清抄本
一冊

310000－0261－0001723　665.6/3004
大金國志四十卷　（宋）宇文懋昭撰　清長洲
顧緝庭抄本　八冊

310000－0261－0001724　3.1/1003
新書十卷附錄一卷　（漢）賈誼撰　（明）黃甫
龍　（明）唐琳訂　明刻本　六冊

310000－0261－0001725　3.1/1037
中說十卷　（隋）王通撰　（宋）阮逸注　明嘉
靖十二年(1533)顧春世德堂刻本　二冊

310000－0261－0001726　3.1/1042
閑家編八卷　（清）王士俊輯　清雍正十二年
(1734)黔南王氏刻本　十冊

310000－0261－0001727　3.1/1123
勸學篇二卷　（清）張之洞撰　清光緒二十四
年(1898)兩湖書院石印本　一冊

310000－0261－0001728　3.1/2004
養正圖解不分卷　（明）焦竑撰　明萬曆刻本
四冊

310000－0261－0001729　3.1/2700
皇極經世六十卷觀物外篇二卷　（宋）邵雍撰
　（清）王宗嶧輯　清光緒十九年(1893)邵毓
嵩刻本　十二冊

310000－0261－0001730　3.1/4060
重刻來瞿唐先生日錄內篇七卷外篇五卷
（明）來知德撰　明萬曆三十九年(1611)刻本
十六冊

310000－0261－0001731　3.1/4130
鹽鐵論四卷　（漢）桓寬撰　明天啓五年
(1625)沈延銓刻本　四冊

310000－0261－0001732　3.1/4302
顏氏學記十卷　（清）戴望撰　清同治十年

(1871)冶城山館刻本　四冊

310000－0261－0001733　3.1/4410

慈溪黃氏日抄分類九十七卷古今紀要十九卷
　（宋）黃震撰　清乾隆三十二年(1767)新安
汪佩鍔刻本　六十四冊

310000－0261－0001734　3.1/4620

荀子二十卷校勘補遺一卷　（唐）楊倞注　清
乾隆五十一年(1786)嘉善謝氏刻本　六冊

310000－0261－0001735　3.1/6030

金華正學編十卷　（明）趙鶴輯　明正德七年
(1512)楊鳳刻遞修本　六冊

310000－0261－0001736　3.1/7746

傳家至寶十卷　（清）與善堂輯　清光緒二十
五年(1899)刻本　二冊

310000－0261－0001737　3.2/4022

煉鉛化機不分卷　（明）太虛山人撰　清抄本
　一冊

310000－0261－0001738　3.2/4022.1

悟玄緒論二卷　（明）太虛山人撰　清抄本
一冊

310000－0261－0001739　3.2/4022.2

金丹玄券經三篇　（□）□□撰　清抄本
一冊

310000－0261－0001740　3.2/6022.2

呂祖種子良方二卷　（唐）呂巖撰　清道光二
十九年(1849)刻本　一冊　存一卷(一)

310000－0261－0001741　3.3/0845

洗冤錄詳義四卷首一卷　（清）許槤撰　清咸
豐六年(1856)許氏古均閣刻本　四冊

310000－0261－0001742　3.3/3435

大清現行刑律案語不分卷　沈家本等編　清
宣統元年(1909)法律館鉛印本　六冊

310000－0261－0001743　3.3/3435.1

核訂現行刑律不分卷修正各條清單不分卷
沈家本等編　清宣統二年(1910)法律館鉛印
本　一冊

310000－0261－0001744　3.3/3603

刑案匯覽六十卷首一卷末一卷拾遺備考一卷
　（清）祝慶祺編　清光緒十九年(1893)上海
鴻文書局石印本　十四冊

310000－0261－0001745　3.3/3603.1

續增刑案匯覽十六卷新增十六卷首一卷
（清）祝慶祺輯　清光緒十九年(1893)上海鴻
文書局石印本　六冊

310000－0261－0001746　3.3/3787

檢驗集證一卷檢驗合參一卷　（清）郎錦麒輯
　清道光二十九年(1849)刻本　一冊

310000－0261－0001747　3.3/4045

大清律集解附例箋釋三十卷首一卷附錄二卷
刑部現行則例二卷督捕則例一卷　（清）剛林
等纂修　清康熙二十八年(1689)刻本　十冊

310000－0261－0001748　3.6/0023

唐荊川先生纂輯武前編六卷後編六卷　（明）
唐順之輯　（明）焦竑校　清木活字印本　十
二冊

310000－0261－0001749　3.6/0837

虎鈐經二十卷　（宋）許洞撰　明刻本　二冊
存十九卷(一至十九)

310000－0261－0001750　3.6/1032

兵垣四編　（□）□□撰　明天啓元年(1621)
刻朱墨套印本　四冊

310000－0261－0001751　3.7/1027

農桑輯要七卷　（元）司農司撰　清乾隆三十
九年(1774)武英殿木活字印本　四冊

310000－0261－0001752　3.7/1032

農書二十二卷　（元）王禎撰　清石印本
二冊

310000－0261－0001753　3.7/1711

遠西奇器圖說錄最三卷　（明）鄧玉函口授
（明）王徵譯繪　明崇禎元年(1628)武位中刻
本　四冊

310000－0261－0001754　3.7/2143

蠶桑萃編十五卷首一卷　（清）衛杰編　清光

緒二十五年(1899)刻本　八冊

310000－0261－0001755　3.7/2143：2
蠶桑萃編十五卷首一卷　（清）衛杰編　清光緒二十五年(1899)刻本　八冊

310000－0261－0001756　3.7/2197
撫郡農產考略不分卷　（清）何剛德撰　清光緒二十九年(1903)撫郡學堂木活字印本　四冊

310000－0261－0001757　3.7/2539
蠶桑答問二卷續編不分卷　（清）朱祖榮撰（清）蔣斧重編　清光緒二十七年(1901)刻本　一冊

310000－0261－0001758　3.7/2728
農雅六卷　（清）倪倬撰　清嘉慶十八年(1813)刻本　一冊

310000－0261－0001759　3.7/2893
農政全書六十卷　（明）徐光啓纂輯　清道光十七年(1837)刻本　十六冊

310000－0261－0001760　3.7/3128
治蝗全法四卷附錄不分卷　（清）顧彥輯　清光緒十四年(1888)刻本　一冊

310000－0261－0001761　3.7/4032
開煤要法十二卷　（英國）士密德輯　（英國）傅蘭雅口譯　（清）王德均筆述　清光緒刻本　一冊

310000－0261－0001762　3.7/4040
捕除蝗蝻要法三種　（清）李煒撰　清咸豐八年(1858)長安李煒刻本　一冊

310000－0261－0001763　3.7/4042
采芳隨筆二十四卷　（清）查彬輯　清嘉慶十九年(1814)刻本　十八冊

310000－0261－0001764　3.7/4424
撫郡農產考略二卷　（清）何剛德撰　種田雜說不分卷　（清）江召棠撰　清光緒三十三年(1907)蘇省刷印局鉛印本　二冊

310000－0261－0001765　3.7/4424.4
柞蠶彙誌不分卷　（清）董元亮撰　清宣統二年(1910)浙江官紙局刻本　一冊

310000－0261－0001766　3.7/4442
增刻桑蠶須知一卷樹桑百益一卷　（清）葉世倬輯　清同治十一年(1872)刻本　一冊

310000－0261－0001767　3.7/4445
蠶桑簡明輯說一卷補遺一卷　（清）黃世本撰　清光緒十四年(1888)刻本　一冊

310000－0261－0001768　3.7/4636
棉業圖說八卷首一卷　（清）農工商部編　清宣統三年(1911)農工商部印刷科鉛印本　二冊

310000－0261－0001769　3.7/5527
種桑說一卷養蠶說一卷　（清）吳烜輯　清光緒二十七年(1901)刻本　一冊

310000－0261－0001770　3.7/6051
農學叢書一百二十八種　（清）上海農學會編譯　清光緒江南總農會石印本　六十冊

310000－0261－0001771　3.7/6851.0
新刊纂圖元亨療馬集六卷圖像水黃牛經合併大全二卷駝經不分卷　（明）喻本元　（明）喻本亨撰　清乾隆元年(1736)同文堂刻本　八冊

310000－0261－0001772　3.7/7529
治蝗書不分卷　（清）陳崇砥撰　清同治十三年(1874)刻本　一冊

310000－0261－0001773　3.7/7529：2
治蝗書不分卷　（清）陳崇砥撰　清同治十三年(1874)刻本　一冊

310000－0261－0001774　3.7/7753
蠶桑寶要四卷　（清）周春溶輯　清同治十一年(1872)川東保甲局刻本　一冊

310000－0261－0001775　3.7/8392
捕蝗要訣一卷除蝻八要一卷　（清）錢炘和撰　清光緒十七年(1891)江蘇書局刻本　一冊

310000－0261－0001776　3.836/3644
婦科一卷附圖一卷　（美國）湯麥斯撰　舒高第　（清）鄭昌棪譯　清光緒二十六年(1900)

製造局鉛印本　六冊

310000－0261－0001777　3.836/8020

婦嬰新說二卷　（英國）合信　（清）管茂材撰　清咸豐八年（1858）上海仁濟醫館刻本　二冊

310000－0261－0001778　3.846/1032.8

公民醫學必讀二編　丁福保編　清宣統元年（1909）上海棋盤街文明書局鉛印本　一冊

310000－0261－0001779　3.833/2126

內科理法前編六卷後編十卷後編附一卷　（英國）虎伯撰　（清）舒高第口譯　清江南製造總局刻本　十二冊

310000－0261－0001780　3.8/3824

儒門醫學三卷附一卷　（英國）海得蘭撰　（英國）傅蘭雅口譯　（清）趙元益筆述　清同治六年（1867）刻本　四冊

310000－0261－0001781　3.8/6841

體用十章四卷　（英國）哈士烈撰　（清）孔慶高筆譯　（美國）嘉約翰校正　清光緒十年（1884）刻本　二冊

310000－0261－0001782　3.8363/4472

西醫繪圖保產理法不分卷　（英國）薛臣卿撰　（英國）宓蓮孫譯　清光緒二十八年（1902）上海美華書館鉛印本　一冊

310000－0261－0001783　3.842/1200.1

西醫內科全書六種　（清）孔慶高譯　（美國）嘉約翰校正　清光緒八年（1882）博濟醫局刻本　六冊

310000－0261－0001784　3.8349/4278

臨陣傷科捷要四卷圖一卷　（英國）帕脫編　舒高第　（清）鄭昌棪譯　清光緒鉛印本　二冊

310000－0261－0001785　3.8/4133

全體闡微三卷　（美國）柯爲良　（清）林鼎文編譯　清光緒十五年（1889）福州聖教醫館石印本　六冊

310000－0261－0001786　3.8/2421

全體通考十八卷圖二卷首一卷　（英國）德貞譯　清光緒十二年（1886）同文館鉛印本　十六冊

310000－0261－0001787　3.8316/5025

護病新編不分卷　（美國）車以輪初譯　（美國）白路得繼譯　（清）潘江筆述　清宣統元年（1909）粵城美華印書局鉛印本　一冊

310000－0261－0001788　3.8316/2748

炎症論略不分卷　（美國）嘉約翰譯　清光緒十五年（1889）刻本　一冊

310000－0261－0001789　3.8338/2020

治心免病法二卷　（美國）烏特亨利撰　（英國）傅蘭雅譯　清光緒二十二年（1896）上海格致書室鉛印本　一冊

310000－0261－0001790　3.841/3445

萬國藥方八卷　（美國）洪士提譯　清光緒二十二年（1896）美華書館石印本　八冊

310000－0261－0001791　3.841/3445.4

萬國藥方八卷　（美國）洪士提譯　清光緒二十四年（1898）美華書館石印本　八冊

310000－0261－0001792　3.842/6840

西藥大成十卷首一卷　（英國）來拉　（英國）海得蘭撰　（英國）傅蘭雅口譯　（清）趙元益筆述　清光緒十年（1884）江南機器製造總局刻本　十六冊

310000－0261－0001793　3.842/3142

西藥大成藥品中西名目表一卷附人物表地名表　（英國）來拉編　（清）江南製造局編譯　清光緒十三年（1887）江南機器製造總局鉛印本　一冊

310000－0261－0001794　3.842/1200

西藥略釋四卷總論一卷　（清）孔繼良撰　清光緒十二年（1886）羊城博濟醫局刻本　四冊

310000－0261－0001795　3.841/7743

醫藥通考四卷　（英國）醫德譯　清光緒二十六年（1900）同文館鉛印本　四冊

310000－0261－0001796　3.8373/6045

小兒語一卷女小兒語一卷續小兒語三卷演小
兒語一卷 （明）呂得勝撰 （明）呂坤撰續
（明）孫獲珮重刊 明萬曆孫獲珮刻本 二冊

310000－0261－0001797 3.8/4060

東垣先生此事難知集二卷 （元）王好古撰
明嘉靖八年(1529)遼藩朱寵瀼梅南書屋刻本
一冊

310000－0261－0001798 3.8391/2650.8

黃帝三部鍼灸甲乙經十二卷 （晉）皇甫謐集
明抄本 十二冊

310000－0261－0001799 3.8/2721

青囊雜纂八種八卷 （明）邵以正編 明弘治
刻本 二冊 存二種二卷(濟急仙方一卷、仙
傳濟陰方一卷)

310000－0261－0001800 3.846/1162

攝生眾妙方十一卷 （明）張時徹輯 明隆慶
三年(1569)衡府刻本 五冊

310000－0261－0001801 3.8311/4405

新刊黃帝內經靈樞十二卷 （□）□□撰 元
後至元五年(1339)胡氏古林書堂刻本 四冊

310000－0261－0001802 3.8/1010

醫林類證集要十卷 （明）王璽撰 明成化十
八年(1482)春德堂刻本 二十冊

310000－0261－0001803 3.8/2844.77

醫學源流論二卷 （清）徐大椿撰 （清）徐爔
校 清乾隆二十二年(1757)半松齋刻本
二冊

310000－0261－0001804 3.8/7778

醫驗不分卷 （清）何氏輯 清古越何氏輯藏
抄本 四冊

310000－0261－0001805 3.8/0094.1

欽定古今圖書集成一萬卷目錄四十卷 （清）
蔣廷錫 （清）陳夢雷等輯 清雍正四年
(1726)內府銅活字印本 六冊 存十一卷
(博物彙編藝術典三百七十九至三百八十、三
百八十七至三百九十、三百九十三至三百九
十五、三百九十七至三百九十八)

310000－0261－0001806 3.8/3161

重校聖濟總錄二百卷 （宋）徽宗趙佶敕撰
（清）汪鳴珂 （清）汪鳴鳳校 清乾隆五十四
年(1789)平川燕遠堂刻本 六十二冊

310000－0261－0001807 3.841/1141

本草崇原集說三卷本草經讀附錄集說不分卷
（清）張志聰 （清）高世栻撰 （清）仲學
輅編 清宣統二年(1910)錢塘仲氏刻本
四冊

310000－0261－0001808 3.841/1141：2

本草崇原集說三卷本草經讀附錄集說不分卷
（清）張志聰 （清）高世栻撰 （清）仲學
輅編 清宣統二年(1910)錢塘仲氏刻本
四冊

310000－0261－0001809 3.841/1141：3

本草崇原集說三卷本草經讀附錄集說不分卷
（清）張志聰 （清）高世栻撰 （清）仲學
輅編 清宣統二年(1910)錢塘仲氏刻本
四冊

310000－0261－0001810 3.841/1141：4

本草崇原集說三卷本草經讀附錄集說不分卷
（清）張志聰 （清）高世栻撰 （清）仲學
輅編 清宣統二年(1910)錢塘仲氏刻本
四冊

310000－0261－0001811 3.841/2623.4

本草從新六卷 （清）吳儀洛輯 清乾隆二十
二年(1757)杭州敦古堂刻本 四冊

310000－0261－0001812 3.841/2623.4：2

本草從新六卷 （清）吳儀洛輯 清乾隆二十
二年(1757)杭州敦古堂刻本 四冊

310000－0261－0001813 3.841/2623

本草從新十八卷 （清）吳儀洛輯 清光緒六
年(1880)紫文閣刻本 六冊

310000－0261－0001814 ＊3.841/3426

本草洞詮二十卷 （清）沈穆撰 清順治十八
年(1661)刻本 十冊

310000－0261－0001815 3.841/2000

本草分經不分卷 （清）姚瀾編 清光緒十四年（1888）鉛印本 一冊

310000－0261－0001816 ＊3.841/4061.4

本草綱目五十二卷瀕湖脈學一卷脈訣考證一卷奇經八脈考一卷 （明）李時珍撰 明萬曆三十一年（1603）刻本 二十四冊

310000－0261－0001817 3.841/4061.2

本草綱目五十二卷圖三卷 （明）李時珍撰 清順治刻本 二十四冊

310000－0261－0001818 3.841/4054

本草匯十八卷補遺一卷 （清）郭佩蘭纂輯 清康熙五年（1666）吳門郭氏梅花嶼刻本 十六冊

310000－0261－0001819 ＊3.841/3110

本草彙箋十卷附圖一卷天元芥說一卷總略一卷 （清）顧元交撰 清康熙五年（1666）龍耕堂刻本 八冊

310000－0261－0001820 3.841/2720

本草彙言二十卷 （明）倪朱謨輯 （明）沈琯校正 清順治元年（1644）刻本 十二冊

310000－0261－0001821 3.841/2740.0

本草經疏三十卷 （明）繆希雍撰 清光緒十七年（1891）池陽周氏刻本 十四冊

310000－0261－0001822 3.841/4432

本草求真九卷本草求真主治二卷脈理求真三卷 （清）黃宮繡撰 清文奎堂刻本 十二冊

310000－0261－0001823 3.841/2588

本草詩箋十卷 （清）朱鑰撰 清光緒八年（1882）群玉山房刻本 四冊

310000－0261－0001824 3.841/4665

本草述鉤元三十二卷 （清）楊時泰輯 清道光二十二年（1842）毗陵涵雅堂刻本 十冊

310000－0261－0001825 3.841/4665：2

本草述鉤元三十二卷 （清）楊時泰輯 清道光二十二年（1842）毗陵涵雅堂刻本 十四冊

310000－0261－0001826 ＊3.841/1118

本草選六卷 （明）張三錫纂 （明）王肯堂校

明刻本 十冊

310000－0261－0001827 3.841/3034

本草衍義二十卷 （宋）寇宗奭撰 醫經正本書一卷 （元）程迥撰 清光緒三年（1877）歸安陸氏刻本 二冊

310000－0261－0001828 3.841/4050

本草原始十二卷 （明）李中立纂輯 清嘉慶二十三年（1818）經餘堂刻本 十六冊

310000－0261－0001829 3.841/2734

本經序疏要八卷 （清）鄒澍撰 清道光二十九年（1849）刻本 三冊

310000－0261－0001830 3.847/1047

東皋握靈本草十卷序例一卷補遺一卷 （清）王翃編 清乾隆五年（1740）朱鐘勳刻本 四冊

310000－0261－0001831 3.847/1047：2

東皋握靈本草十卷序例一卷補遺一卷 （清）王翃編 清乾隆五年（1740）朱鐘勳刻本 八冊

310000－0261－0001832 3.841/2844

神農本草經百種錄一卷 （清）徐大椿撰 （清）徐曦校 清乾隆元年（1736）刻本 一冊

310000－0261－0001833 ＊3.841/2740

神農本草經疏三十卷 （明）繆希雍撰 明天啓五年（1625）毛晉綠君亭刻本 八冊

310000－0261－0001834 ＊3.841/2740：2

神農本草經疏三十卷 （明）繆希雍撰 明天啓五年（1625）毛晉綠君亭刻本 十四冊

310000－0261－0001835 3.841/3440

食物本草會纂十二卷食物本草圖一卷 （清）沈李龍輯 清乾隆四十八年（1783）金閶書業堂刻本 三冊

310000－0261－0001836 ＊3.841/4477

藥性本草二卷食物本草二卷 （明）薛己輯 （明）燕志學校 明刻本 二冊

310000－0261－0001837 3.845/4494

藥性蒙求不分卷 （清）張仁錫輯 （清）吳炳

參訂　清抄本　二冊

310000－0261－0001838　3.841/0092.6
重修政和經史證類備用本草三十卷　（宋）唐慎微撰　（宋）曹孝忠校勘　明隆慶六年（1572）施篤臣、曹科刻本　十二冊

310000－0261－0001839　3.841/3160.4
本草備要不分卷附圖　（清）汪昂撰　清江陰寶文堂書莊刻本　四冊

310000－0261－0001840　3.841/3160.2
本草備要二卷　（清）汪昂撰　清道光二十五年（1845）瓶花書屋刻本　二冊

310000－0261－0001841　＊3.841/0092.4
經史證類大全本草三十一卷　（宋）唐慎微撰　元大德六年（1302）宗文書院刻本　一冊
存一卷（二）

310000－0261－0001842　3.83363/1011.1
九九賦　（清）王廷瑞撰　清乾隆四十九年（1784）抄本　一冊

310000－0261－0001843　3.841/3160.6
圖註本草醫方合編五種圖像首一卷　（清）汪昂輯　清經元堂刻本　六冊

310000－0261－0001844　3.845/6039
藥性賦直解八卷末一卷　（明）羅必煒訂　**四言舉要一卷**　（宋）崔嘉彥撰　清光緒三十年（1904）寶慶勸學書舍刻本　四冊

310000－0261－0001845　3.845/7236
藥性集要便讀六卷醫藥要覽一卷　（清）岳昶輯　清道光嵩陽書屋刻本　三冊

310000－0261－0001846　3.845/7236.0
藥性集要便讀三卷　（清）岳昶輯　清道光三十年（1850）嵩陽書屋活字印本　六冊

310000－0261－0001847　3.83363/1011.5
醫學闡微　（清）王廷瑞撰　清乾隆四十九年（1784）抄本　一冊

310000－0261－0001848　3.841/3160.5
增補本草備要四卷經絡歌訣不分卷經絡圖說瀕湖二十七脈歌不分卷湯頭歌訣不分卷附小

310000－0261－0001849　3.841/7442
兒稀痘方　（清）汪昂輯　清光緒三十三年（1907）刻本　六冊

310000－0261－0001849　3.841/7442
本草拔萃二卷　（清）陸太純輯　（清）譚位坤校　**藥性驗方合訂不分卷**　（清）譚位坤輯　清雍正三年（1725）譚位坤抄本　三冊

310000－0261－0001850　3.841/7732
本草匯纂十卷　（清）屠道和輯　清光緒二十九年（1903）思賢書局刻本　四冊

310000－0261－0001851　3.841/4412
本草萬方針線八卷藥品總目一卷　（清）蔡烈先輯　清刻本　三冊

310000－0261－0001852　3.841/0033
本草問答二卷　（清）唐宗海撰　清光緒二十年（1894）申江袖海山房書局石印本　一冊

310000－0261－0001853　3.841/2844.5
神農本草經徐陳註合纂不分卷　（清）冬友抄　清光緒二十四年（1898）冬友抄本　一冊

310000－0261－0001854　3.845/4497
藥性陰陽論不分卷　（□）□□撰　**本草通玄二卷附方**　（明）李中梓撰　清抄本　一冊

310000－0261－0001855　3.841/4902
醫門小學本草快讀貫註四卷首一卷末一卷　（清）趙亮采撰　清光緒十三年（1887）鹿門慎業齋刻本　四冊

310000－0261－0001856　＊3.841/7530
本草發明蒙筌十二卷附歷代名醫考一卷　（明）陳嘉謨撰　清抄本　八冊

310000－0261－0001857　3.841/4978
本草綱目拾遺十卷首一卷　（清）趙學敏輯　清同治十年（1871）錢唐張應昌吉心堂刻本　十二冊

310000－0261－0001858　3.841/4061.5
本草綱目五十二卷　（明）李時珍撰　清道光十三年（1833）本立堂刻本　四十八冊

310000－0261－0001859　3.841/4061
本草綱目五十二卷首一卷圖三卷奇經八脈考

一卷脈訣一卷瀕湖脈學一卷　（明）李時珍撰

　本草萬方鍼線八卷　（清）蔡烈先輯　**本草綱目拾遺十卷**　（清）趙學敏輯　清光緒十一年(1885)合肥張紹棠味古齋刻本　四十冊

310000－0261－0001860　3.841/4061.7

本草綱目五十二卷圖二卷奇經八脈考一卷瀕湖脈學一卷脈訣考證一卷　（明）李時珍撰　清刻本　五冊

310000－0261－0001861　3.841/4061.0

本草綱目五十二卷圖三卷瀕湖脈學一卷奇經八脈考一卷脈訣考證一卷　（明）李時珍撰　清宣統元年(1909)鴻寶齋石印本　二十四冊

310000－0261－0001862　3.841/0092

經史證類大觀本草三十一卷　（宋）唐慎微撰　清光緒三十年(1904)武昌柯氏刻本　十六冊

310000－0261－0001863　3.841/0092:2

經史證類大觀本草三十一卷　（宋）唐慎微撰　清光緒三十年(1904)武昌柯氏刻本　十六冊

310000－0261－0001864　3.841/0092:3

經史證類大觀本草三十一卷　（宋）唐慎微撰　清光緒三十年(1904)武昌柯氏刻本　十六冊

310000－0261－0001865　3.841/0092.2

紹興校定經史證類備急本草畫五卷　（宋）唐慎微纂　（宋）王繼先校　清抄本　四冊　存四卷(一至四)

310000－0261－0001866　3.841/0092.1

重刊經史證類大全本草三十一卷　（宋）唐慎微撰　（宋）寇宗奭衍義　（明）王大獻　（明）王大成校錄　明萬曆五年(1577)王秋尚義堂刻本　十二冊

310000－0261－0001867　3.841/0731.0

本草三家合注六卷　（清）郭汝聰編　**神農本草經百種錄一卷**　（清）徐大椿撰　清聚經閣刻本　六冊

310000－0261－0001868　3.841/1117.0

本經逢原四卷　（清）張璐撰　清同德堂刻本　四冊

310000－0261－0001869　3.841/2734.5

本經疏證十二卷本經續疏六卷本經續疏要八卷　（清）鄒澍撰　清咸豐八年(1858)常郡韓文煥齋刻本　十二冊

310000－0261－0001870　3.841/2734.5:2

本經疏證十二卷本經續疏六卷本經續疏要八卷　（清）鄒澍撰　清咸豐八年(1858)常郡韓文煥齋刻本　八冊

310000－0261－0001871　3.841/2734.5:3

本經疏證十二卷本經續疏六卷本經續疏要八卷　（清）鄒澍撰　清咸豐八年(1858)常郡韓文煥齋刻本　十二冊

310000－0261－0001872　3.841/4946

上醫本草四卷　（明）趙南星輯　明泰昌元年(1620)趙悅學刻本　四冊

310000－0261－0001873　3.841/3440.4

食物本草會纂八卷食物本草圖六卷　（清）沈李龍輯　清嘉慶八年(1803)金陵致和堂刻本　六冊

310000－0261－0001874　3.841/3410

食物本草會纂十二卷食物本草圖不分卷　（清）沈李龍輯　清道光二十三年(1843)尊德堂刻本　三冊

310000－0261－0001875　3.843/4048

隨園食單不分卷　（清）袁枚撰　清光緒十八年(1892)著易堂鉛印本　一冊

310000－0261－0001876　3.837/2642

保赤彙編七種　（清）朱之榛輯　清光緒四年至五年(1878－1879)蘇州刻本　十冊

310000－0261－0001877　3.837/9940

保赤金鑑四卷　（清）穆氏編　清光緒十八年(1892)文遠堂刻本　二冊

310000－0261－0001878　3.837/4414

保赤全編三種　（清）莊一夔撰　清刻本

一冊

310000－0261－0001879　＊3.837/8842

保赤全書二卷　（明）管橓編　（明）李時中增補　明萬曆二十九年（1601）沈堯中陽春堂刻本　二冊

310000－0261－0001880　3.837/1024.1

保赤要言五卷首一卷　（清）王德森輯　清宣統二年（1910）蘇城筥錦和刻本　一冊

310000－0261－0001881　＊3.837/4482

保嬰撮要二十卷　（明）薛鎧撰　明刻本　十冊

310000－0261－0001882　3.837/4444

抱乙子幼科指掌遺稿五卷　（清）葉其蓁編（清）葉大本述　清乾隆八年（1743）李大綸刻本　三冊

310000－0261－0001883　3.837/7521

鼎鍥幼幼集成六卷　（清）陳復正輯　清松盛堂刻本　六冊

310000－0261－0001884　3.837/7521.0

鼎鍥幼幼集成六卷　（清）陳復正輯　清小酉山房刻本　六冊

310000－0261－0001885　3.837/7521.03

鼎鍥幼幼集成六卷　（清）陳復正輯　清乾隆龍溪堂刻本　六冊

310000－0261－0001886　3.837/7521.46

鼎鍥幼幼集成六卷　（清）陳復正輯　清翰墨園刻本　六冊

310000－0261－0001887　3.837/7521.47

鼎鍥幼幼集成六卷　（清）陳復正輯　清乾隆積秀堂刻本　十二冊

310000－0261－0001888　3.837/7521.48

鼎鍥幼幼集成六卷　（清）陳復正輯　清學庫山房刻本　六冊

310000－0261－0001889　3.8372/4446

痘疹慢驚秘訣二卷　（清）莊一夔撰　清嘉慶十五年（1810）刻本　一冊

310000－0261－0001890　3.837/4424

兒科醒十二卷　（清）芝嶼樵客撰　清上海千頃堂書局刻本　二冊

310000－0261－0001891　3.837/1099

活幼心法大全九卷　（明）聶尚恒撰　（清）黃光會校　清抄本　一冊

310000－0261－0001892　3.837/1021

活幼心法九卷林文忠公諱則徐戒煙神效方一卷　（明）聶尚恒撰　（清）周雨郇編　清同治五年（1866）杭城聚文堂刻本　二冊

310000－0261－0001893　3.837/8317

錢氏小兒藥證直訣三卷附方一卷　（宋）錢乙撰　（宋）閻孝忠輯　清刻本　四冊

310000－0261－0001894　3.837/8317.9

錢氏小兒藥證直訣三卷附方一卷　（宋）錢乙撰　（宋）閻孝忠輯　董氏小兒斑疹備急方論不分卷　（宋）董汲撰　清光緒十八年（1892）姚江黃氏五桂樓刻本　二冊

310000－0261－0001895　3.808/1154

述古齋幼科新書三種六卷　（清）張振鋆纂輯　清光緒十五年（1889）邗上張氏刻本　六冊

310000－0261－0001896　3.808/1154.1

述古齋幼科新書三種六卷　（清）張振鋆纂輯　清光緒十八年（1892）上海思求闕齋刻本　六冊

310000－0261－0001897　3.837/8022

詳註足本金鏡錄三卷增補保赤心法附二卷續增金鏡錄西法治小兒考略附不分卷　（明）翁仲仁撰　（清）喬來初註　清光緒十四年（1888）上海陶務本堂刻本　四冊

310000－0261－0001898　3.837/8317.1

小兒藥證直訣三卷附方一卷　（宋）錢乙撰（宋）閻孝忠輯　閻氏小兒方論一卷　（宋）閻孝忠著　小兒斑疹備急方論一卷　（宋）董汲撰　清光緒十七年（1891）池陽周氏刻本　二冊

310000－0261－0001899　3.8372/2557.2

小兒證治定本不分卷　（清）岣山老人撰　清抄本　一冊

310000－0261－0001900　3.837/0812

小兒諸熱辨不分卷　（清）許豫和撰　清刻本　一冊

310000－0261－0001901　3.836/3485.2

幼科釋謎六卷　（清）沈金鰲輯　清同治元年（1862）醉六堂刻本　二冊

310000－0261－0001902　3.837/7710.2

幼科醫學指南四卷　（清）周震撰　（清）吳恆（清）潘寅校　清乾隆五十四年（1789）溧陽保赤堂、玉樹堂刻本　八冊

310000－0261－0001903　3.837/1029.3

幼科證治準繩九卷　（明）王肯堂輯　清九思堂刻本　二十冊

310000－0261－0001904　3.837/0034

增補幼科銕鏡五卷　（清）夏鼎撰　清光緒二十八年（1902）刻本　二冊

310000－0261－0001905　3.8372/0980

誠書痘疹三集　（清）談金章撰　清刻本　二冊

310000－0261－0001906　3.8372/4415

痘科會要便覽六卷　（清）樊琪輯　清道光二十六年（1846）刻本　二冊

310000－0261－0001907　3.8372/2557

痘疹傳心錄十四卷莊氏福幼編不分卷　（明）朱惠民撰　清刻本　二冊

310000－0261－0001908　3.8372/2522

痘疹定論四卷　（清）朱純嘏輯　清乾隆三十二年（1767）姑蘇緝熙堂刻本　二冊

310000－0261－0001909　3.8372/0009

痘疹精義不分卷　（清）虞霖輯　清抄本　六冊

310000－0261－0001910　3.8372/4480

痘疹心法二十三卷　（明）萬全撰　（明）翁仲仁輯　清乾隆十三年（1748）刻本　六冊

310000－0261－0001911　3.8372/4480：2

痘疹心法二十三卷　（明）萬全撰　（明）翁仲仁輯　清乾隆十三年（1748）刻本　十二冊

310000－0261－0001912　3.8372/2557.2

痘疹證治纂要不分卷　（清）岣山老人撰　清抄本　四冊

310000－0261－0001913　3.8372/0000

痘疹證治纂要痘疹證治纂要彙方　（清）□□撰　清抄本　八冊

310000－0261－0001914　3.8372/1625

痘證寶筏六卷　（清）強健撰　清同治元年（1862）醉六堂刻本　二冊

310000－0261－0001915　3.8372/1625.4

痘證寶筏六卷　（清）強健撰　清同治元年（1862）刻本　六冊

310000－0261－0001916　3.8/5535

救偏瑣言十卷附瑣言備用良方　（清）費啟泰撰　清康熙二十七年（1688）惠迪堂刻本　四冊

310000－0261－0001917　3.8372/1022

秘傳經驗痘疹方五卷　（明）黃廉輯　明天啓四年（1624）刻本　六冊

310000－0261－0001918　3.8372/4027.7

天花精言六卷　（清）袁句撰　清同治七年（1868）山陰陳氏刻本　二冊

310000－0261－0001919　＊3.8372/2627

聞人氏伯圜先生痘疹論二卷　（宋）聞人規撰　（明）吳勉學校　明萬曆新安吳勉學刻本　一冊

310000－0261－0001920　3.8372/8042

翁仲仁先生痘科金鏡賦六卷　（清）俞茂鯤集解　（清）于人龍參評　清光緒十一年（1885）刻本　八冊

310000－0261－0001921　3.8372/8042.1

翁仲仁先生痘科金鏡賦六卷　（清）俞茂鯤集解　（清）于人龍參評　清光緒二年（1876）維揚李松壽刻本　四冊

310000－0261－0001922　3.8372/2557.2

新刊痘疹傳心錄十六卷　（明）朱惠民撰　清抄本　四冊

310000－0261－0001923　3.8372/2615

新刻小兒痘疹要訣二卷　（明）吳子楊撰　清抄本　二冊

310000－0261－0001924　3.8372/2119

引種牛痘方書　（清）邱熺輯　清光緒二十五年(1899)刻本　一冊

310000－0261－0001925　3.8/5522

用中篇二卷　（清）費德對撰　（清）曹秉直編述　清乾隆二十二年(1757)敬業堂刻本　五冊

310000－0261－0001926　3.8372/8022

增補秘傳痘疹玉髓金鏡錄真本四卷圖像不分卷　（明）翁仲仁輯　清道光二十年(1840)掃葉山房刻本　二冊

310000－0261－0001927　3.8372/2510

摘星樓治痘全書十八卷　（明）朱一鱗撰　清光緒十二年(1886)培植堂刻本　十冊

310000－0261－0001928　3.8373/6045

疹科一卷　（明）呂坤撰　明萬曆刻本　二冊

310000－0261－0001929　3.83368/8735.8

鄭氏瘄科保赤金丹四卷　（清）鄭啟壽撰　清光緒三十三年(1907)刻本　四冊

310000－0261－0001930　3.83368/8735

鄭氏瘄略不分卷　（清）鄭啟壽撰　清同治九年(1870)汲綆齋刻本　一冊

310000－0261－0001931　3.8373/4972

治疹全書三卷首一卷尾一卷　（□）□□撰　（清）錢沛增補　清咸豐八年(1858)紹嵊長樂錢遺經堂刻本　二冊

310000－0261－0001932　3.8372/1119.5

中西痘科合璧十二卷　（清）張琰編輯　（清）曾衡波參　清光緒三十二年(1906)上海書局石印本　六冊

310000－0261－0001933　3.8372/1119

310000－0261－0001934　3.83363/1011.4

種痘新書十二卷　（清）張琰編輯　（清）曾衡波參　清掃葉山房刻本　六冊

310000－0261－0001934　3.83363/1011.4

保赤要言不分卷　（清）王廷瑞撰　清乾隆四十七年(1782)抄本　一冊

310000－0261－0001935　3.8372/2640

博愛心鑑發明全書三卷　（明）魏直撰　清抄本　一冊

310000－0261－0001936　3.837/1183

慈幼新書十二卷首一卷　（明）張介賓撰　（明）程雲鵬輯　清乾隆十一年(1746)玉詔堂刻本　四冊

310000－0261－0001937　3.837/8317.4

錢氏小兒藥證直訣三卷附方一卷　（宋）錢乙撰　（宋）閻孝忠輯　**董氏小兒斑疹備急方論不分卷**　（宋）董汲撰　清光緒十八年(1892)刻本　二冊

310000－0261－0001938　3.837/8028

全幼心鑑不分卷　（□）□□撰　清抄本　四冊

310000－0261－0001939　3.837/4480

新刊萬氏家傳幼科發揮二卷　（明）周希令（明）方尚恂撰　清抄本　二冊

310000－0261－0001940　＊3.837/1035：2

嬰童百問十卷　（明）魯伯嗣撰　（明）王肯堂訂　明聚錦堂刻本　六冊

310000－0261－0001941　＊3.837/1035：3

嬰童百問十卷　（明）魯伯嗣撰　（明）王肯堂訂　明聚錦堂刻本　五冊　存九卷(一至九)

310000－0261－0001942　3.837/1035

嬰童百問十卷　（明）魯伯嗣撰　（明）王肯堂訂　明聚錦堂刻本　六冊

310000－0261－0001943　3.837/5063

幼科折衷二卷　（明）秦昌遇撰　清抄本　四冊

310000－0261－0001944　3.837/1731

著石堂新刻幼科百效六卷　（清）孟河撰　清

康熙十七年(1678)刻本　六冊

310000－0261－0001945　3.846/1114
北平藥行商會醫方　(清)北平藥行商會編
清宣統二年(1910)鉛印本　六冊

310000－0261－0001946　3.846/2413
備要神方不分卷　(□)□□撰　清抄本
一冊

310000－0261－0001947　3.846/1000
博濟方五卷　(宋)王袞撰　清抄本　二冊

310000－0261－0001948　3.846/1042
不藥良方二卷續集十卷　(清)王站柱輯　清
光緒七年(1881)紹衣堂刻本　十二冊

310000－0261－0001949　3.846/7583.3
長沙方歌括六卷　(清)陳念祖撰　清刻本
一冊　存二卷(五至六)

310000－0261－0001950　3.846/4978
串雅内編四卷　(清)趙學敏輯　清光緒十四
年(1888)榆園刻本　二冊

310000－0261－0001951　3.846/4978.2
串雅内編四卷　(清)趙學敏輯　清光緒十七
年(1891)刻本　二冊

310000－0261－0001952　3.846/1701
春腳集四卷　(清)孟文瑞輯　清道光二十六
年(1846)潞河謝金聲刻本　一冊

310000－0261－0001953　3.846/8332
慈惠小編三卷　(清)錢守和　(清)吳煥輯
清乾隆四十年(1775)刻本　四冊

310000－0261－0001954　3.846/6077.4
慈意方一卷慈義方一卷　(明)釋景隆撰　清
抄本　二冊

310000－0261－0001955　3.846/3269
都仙真君神功妙濟方不分卷　(清)胡克勷輯
清刻本　二冊

310000－0261－0001956　3.846/8083
公善源流四卷　(□)□□撰　清同治五年
(1866)刻本　四冊

310000－0261－0001957　3.846/2024
古方彙精五卷　(清)愛虛老人編　清嘉慶九
年(1804)京江尊仁堂刻本　二冊

310000－0261－0001958　3.846/4005
古方摘選二卷　(□)□□撰　清抄本　二冊

310000－0261－0001959　3.846/2733
海上方不分卷　(清)段永源輯　清光緒四年
(1878)刻本　二冊

310000－0261－0001960　3.846/2413
行藥妙範不分卷　(□)□□撰　清抄本
一冊

310000－0261－0001961　3.846/3130
集古良方十二卷　(清)江進輯　清嘉慶十一
年(1806)文苑堂刻本　四冊

310000－0261－0001962　3.846/7744
濟世良方六卷首一卷補遺四卷　(清)周其芬
編　清同治四年(1865)湖北衡善堂刻本
八冊

310000－0261－0001963　3.846/2043
濟世養生集三卷　(清)毛世洪輯　清道光十
七年(1837)潁川壽萱堂刻本　一冊

310000－0261－0001964　3.846/1011
絳雪園古方選註三卷絳雪園得宜本草一卷
(清)王子接註　(清)葉桂校　清乾隆二年
(1737)介景樓刻本　四冊

310000－0261－0001965　3.846/1015.0
絳雪園古方選註三卷絳雪園得宜本草一卷
(清)王子接註　(清)葉桂校　清雍正十年
(1732)刻本　八冊

310000－0261－0001966　3.846/1015.2
絳雪園古方選註三卷絳雪園得宜本草一卷
(清)王子接註　(清)葉桂校　清綠蔭堂刻本
六冊

310000－0261－0001967　3.846/1015.4
絳雪園古方選註三卷絳雪園得宜本草一卷
(清)王子接註　(清)葉桂校　清掃葉山房刻
本　四冊

310000－0261－0001968　3.846/1015.4：2

絳雪園古方選註三卷絳雪園得宜本草一卷
（清）王子接註　（清）葉桂校　清掃葉山房刻本　四冊

310000－0261－0001969　3.846/1015.4：3

絳雪園古方選註三卷絳雪園得宜本草一卷
（清）王子接註　（清）葉桂校　清掃葉山房刻本　二冊　存二卷（一至二）

310000－0261－0001970　3.8/8008

金瘡鐵扇散醫案不分卷　（清）沈大潤撰　清光緒三十四年（1908）揚州務本堂刻本　一冊

310000－0261－0001971　3.8334/7583.8

金匱方歌括六卷　（清）陳念祖撰　清咸豐五年（1855）重慶閭書業堂刻本　一冊

310000－0261－0001972　3.846/1049

經驗各種秘方輯要二卷　（清）王松堂輯　清光緒二十四年（1898）上海著易堂書坊鉛印本　一冊

310000－0261－0001973　3.846/6070

景岳方摘抄不分卷　（□）□□撰　清抄本　一冊

310000－0261－0001974　3.846/7583.2

景岳新方砭四卷　（清）陳念祖撰　清光緒三年（1877）葛元煦嘯園刻本　四冊

310000－0261－0001975　＊3.846/3191

軍中醫方備要二卷　（清）澼絖道人撰　清道光侯官林氏銅活字印本　一冊

310000－0261－0001976　3.846/0822：2

類證普濟本事方十卷　（宋）許叔微撰　（清）王陳梁校　清乾隆四十二年（1777）雲間王陳梁刻本　六冊

310000－0261－0001977　3.8/4004

李氏醫鑑十卷續補一卷　（清）李文來彙輯　清康熙三十五年（1696）貽安堂刻本　十冊

310000－0261－0001978　3.846/4437

旅舍備要方不分卷　（宋）董汲撰　清抄本　一冊

310000－0261－0001979　3.846/6053

名醫方論四卷　（清）羅美輯　清康熙十四年（1675）古懷堂刻本　四冊

310000－0261－0001980　3.846/6053.1

名醫方論四卷　（清）羅美輯　清刻本　四冊

310000－0261－0001981　3.846/8736

墨寶齋集驗方不分卷　（清）鄭澤集　清初刻本　四冊

310000－0261－0001982　3.846/2451

普濟應驗良方十卷　（清）德軒纂輯　清嘉慶二十四年（1819）刻本　一冊

310000－0261－0001983　＊3.8/1022

普門醫品四十八卷　（明）王化貞編　清康熙三十三年（1694）廣甯郎氏娛暉堂刻本　二十四冊

310000－0261－0001984　3.846/1034

奇疾方不分卷　（清）王遠輯　清抄本　一冊

310000－0261－0001985　＊3.846/4007

奇效丹方八卷　（清）姚梅園編　清乾隆四十七年（1782）節愛堂刻本　四冊

310000－0261－0001986　3.846/1021

三補簡便驗方四集　（明）王象晉撰　清順治刻本　二冊　存一集（春集）

310000－0261－0001987　3.846/7583.6

時方妙用四卷　（清）陳念祖撰　清刻本　二冊

310000－0261－0001988　3.846/5044.0

史載之方二卷　（宋）史堪撰　清光緒二年（1876）吳興陸氏十萬卷樓刻本　四冊

310000－0261－0001989　3.846/5044

史載之方二卷　（宋）史堪撰　清光緒二年（1876）吳興陸氏十萬卷樓刻本　一冊

310000－0261－0001990　3.846/3604

壽世彙編五種　（清）祝韻梅輯　清光緒三十四年（1908）程敬慎堂刻本　一冊

310000－0261－0001991　3.846/7542

隨軒偶記六卷　（□）□□撰　清抄本　六冊

310000－0261－0001992　3.8/1111.2

同壽錄四卷　（清）項天瑞編　清乾隆二十七年(1762)刻本　四冊

310000－0261－0001993　3.8/1111.7

同壽錄四卷尾一卷　（清）項天瑞編　清刻本　十四冊

310000－0261－0001994　3.846/2308

外證知要不分卷　（□）□□撰　清抄本　一冊

310000－0261－0001995　3.844/8327

丸散膏丹類書不分卷　（宋）錢乙撰　（清）黃壽南抄　清光緒黃壽南抄本　一冊

310000－0261－0001996　3.846/1032.5

衛生鴻寶六卷　（清）祝補齋編　清咸豐七年(1857)上海寶賢堂刻本　四冊

310000－0261－0001997　3.846/1032.5：2

衛生鴻寶六卷　（清）祝補齋編　清咸豐七年(1857)上海寶賢堂刻本　四冊

310000－0261－0001998　3.846/4422.4

衛生鴻寶六卷　（清）祝補齋編　清光緒十一年(1885)刻本　四冊

310000－0261－0001999　＊3.846/4739

衛生易簡方十二卷　（明）胡濙撰　明嘉靖四十一年(1562)淮安府刻本　八冊

310000－0261－0002000　3.837/2873

新刊袖珍小兒經驗良方十卷　（明）徐用宣編　明弘治刻本　四冊　存七卷(三至四、六至十)

310000－0261－0002001　3.846/2741.1

驗方新編八卷首一卷　（清）鮑相璈編　（清）鮑相壁校　清光緒元年(1875)粵東拾芥園刻本　八冊

310000－0261－0002002　3.846/2741

驗方新編二十四卷　（清）鮑相璈編　（清）鮑相壁校　清光緒十一年(1885)鉛印本　十二冊

310000－0261－0002003　3.845/0847

藥性奇方四卷　（明）許希周編　（明）張振先重訂　明嘉靖刻本　四冊

310000－0261－0002004　3.8/5524.9

醫醇賸義四卷　（清）費伯雄撰　清光緒十四年(1888)上海掃葉山房刻本　二冊

310000－0261－0002005　3.8/5524

醫醇賸義四卷醫方論四卷　（清）費伯雄撰　清同治五年(1866)耕心堂刻本　八冊

310000－0261－0002006　3.8/5524.3

醫醇賸義四卷醫方論四卷　（清）費伯雄撰　清光緒三年(1877)刻本　六冊

310000－0261－0002007　3.846/0060

醫方辨難大成下集外科三十一卷　（□）□□撰　清刻本　七冊

310000－0261－0002008　3.846/7700

醫方不分卷　（□）□□撰　清抄本　一冊

310000－0261－0002009　3.846/2840

醫方叢話八卷　（清）徐士鑾輯　清光緒十五年(1889)徐氏蜨園刻本　四冊

310000－0261－0002010　3.846/2840：2

醫方叢話八卷　（清）徐士鑾輯　清光緒十五年(1889)徐氏蜨園刻本　四冊

310000－0261－0002011　3.846/5524

醫方論四卷　（清）費伯雄撰　清光緒十四年(1888)上海掃葉山房刻本　四冊

310000－0261－0002012　3.846/5524.0

醫方論四卷　（清）費伯雄撰　清光緒三年(1877)刻本　二冊

310000－0261－0002013　3.846/5524：2

醫方論四卷　（清）費伯雄撰　清光緒十四年(1888)上海掃葉山房刻本　一冊

310000－0261－0002014　3.846/3160.03

醫方湯頭歌訣不分卷經絡歌訣不分卷　（清）汪昂撰　清刻本　一冊

310000－0261－0002015　3.846/3160

醫方湯頭歌訣不分卷經絡歌訣不分卷奇經八脈不分卷　（清）汪昂撰　清宣統元年（1909）上海千頃堂石印本　一冊

310000－0261－0002016　3.846/0321

醫方易簡新編六卷　（清）龔自璋彙輯　清光緒二十一年（1895）刻本　四冊

310000－0261－0002017　3.846/3114

醫方擇要二卷續集二卷　（清）汪廷楷等輯　清道光十六年（1836）六藝齋刻本　四冊

310000－0261－0002018　3.846/7583.9

醫學金鍼八卷　（清）陳念祖撰　（清）潘霨增輯　清光緒四年（1878）吳縣潘霨敏德堂刻本　四冊

310000－0261－0002019　3.846/1242

應驗簡便良方二卷　（清）孫克任編　清同治八年（1869）梅花閣刻本　二冊

310000－0261－0002020　3.837/4444.2

幼科要略附方不分卷　（清）葉桂撰　清光緒三十三年（1907）徐恩綬抄本　一冊

310000－0261－0002021　3.846/3482.2

增補醫方一盤珠全集十卷首一卷　（清）洪金鼎纂　清宣統二年（1910）淵明書莊石印本　一冊

310000－0261－0002022　3.8/0117.1

增補醫林狀元壽世保元十卷附太乙神鍼　（明）龔廷賢編　清宣統三年（1911）上海江東書局石印本　八冊

310000－0261－0002023　3.846/0208

張景嶽新方八略不分卷述臨證指南不分卷　（明）張介賓撰　清藤溪居抄本　二冊

310000－0261－0002024　3.846/4444.44

種福堂公選良方兼刻古吳名醫精論四卷　（清）葉桂撰　（清）華南田校　清道光九年（1829）衛生堂刻本　二冊

310000－0261－0002025　3.844/4444.2

種福堂公選良方四卷　（清）葉桂撰　（清）田岫雲校　清乾隆刻本　一冊　存二卷（三至四）

310000－0261－0002026　3.846/4444

種福堂公選良方四卷　（清）葉桂撰　（清）田岫雲校　清維揚文富堂刻本　二冊

310000－0261－0002027　3.846/6032

重刊菉竹堂集驗方六卷　（清）羅浮山人輯　清上海點石齋書局石印本　二冊

310000－0261－0002028　＊3.846/8022

重刻萬氏家傳濟世良方五卷　（明）萬表輯　（明）萬邦孚增補　明杭城書林翁倚山刻本　五冊

310000－0261－0002029　3.846/0041

諸方解義不分卷　（□）□□撰　清抄本　一冊

310000－0261－0002030　3.846/2171

慈恩玉歷彙錄五卷續錄一卷　（清）俞大文輯　清同治十三年（1874）刻本　二冊　存三卷（慈恩玉歷彙錄四至五、續錄一卷）

310000－0261－0002031　3.844/4740

丸散膏丹集不分卷　（□）□□撰　清抄本　四冊

310000－0261－0002032　3.844/4742

丸散集要不分卷　（□）□□撰　清抄本　一冊

310000－0261－0002033　3.844/4419

萬承志堂丸散膏丹全集不分卷　（清）萬承志堂編　清光緒十一年（1885）萬承志堂刻本　一冊

310000－0261－0002034　3.844/4422

萬氏積善堂秘驗滋補諸方不分卷　（明）鹿元居士輯　附論二篇　（清）王隱君撰　清抄本　一冊

310000－0261－0002035　3.844/4422.7

葉種德堂丸散膏丹全錄不分卷　（清）葉種德堂主人撰　清光緒十三年（1887）葉種德堂刻本　一冊

310000－0261－0002036　3.846/0029

育齡堂頤世方書不分卷　（清）育齡堂主人撰
清育齡堂刻本　二冊

310000－0261－0002037　3.846/5957

抄本醫方不分卷　（□）□□撰　清抄本
一冊

310000－0261－0002038　3.846/5957.0

抄本醫方不分卷　（□）□□撰　清抄本
一冊

310000－0261－0002039　3.846/4978.0

串雅內編四卷串雅外編四卷　（清）趙學敏輯
清抄本　二冊

310000－0261－0002040　3.846/5524.3

怪疾奇方一卷　（清）費伯雄編　清光緒十年
(1884)衆寶室刻本　一冊

310000－0261－0002041　3.846/1047.3

怪疾奇方一卷　（清）汪汲撰　清嘉慶六年
(1801)古愚山房刻本　一冊

310000－0261－0002042　3.846/7144

厚德堂集驗方萃編四卷　（清）奇克唐阿輯
清光緒二十二年(1896)上海珍藝書局石印本
四冊

310000－0261－0002043　3.846/7543

回生集二卷　（清）陳傑撰　清同治三年
(1864)刻本　二冊

310000－0261－0002044　3.846/4479

活人方彙編七卷　（清）林開燧編　清同治八
年(1869)刻本　七冊

310000－0261－0002045　3.837/3223

活幼心方一卷　（□）□□撰　清刻本　一冊

310000－0261－0002046　3.846/1220

急救應驗良方不分卷　（清）費山壽輯　清光
緒元年(1875)刻本　一冊

310000－0261－0002047　3.846/1047

集選奇效簡便良方四卷　（清）丁堯臣輯　清
光緒七年(1881)刻本　四冊

310000－0261－0002048　3.846/9402

集驗簡易良方四卷　（清）德豐輯　清道光七
年(1827)長白德懷庭刻本　四冊

310000－0261－0002049　3.846/9250

集驗良方拔萃二卷　（清）恬素氏輯　清同治
元年(1862)得見齋刻本　二冊

310000－0261－0002050　3.846/9250.2

集驗良方拔萃二卷續補一卷　（清）恬素氏輯
清咸豐九年(1859)寄漚氏刻本　一冊

310000－0261－0002051　＊3.846/3702

集驗良方三卷　（清）梁文科輯　清康熙四十
九年(1710)春暉堂刻本　六冊

310000－0261－0002052　3.846/1198

幾希錄良方合璧二卷首一卷　（清）張維善編
清同治八年(1869)姑蘇得見齋刻本　二冊

310000－0261－0002053　3.846/4009

經驗廣集四卷　（清）李文炳輯　（清）李友洙
參訂　清乾隆四十三年(1778)李氏刻本
四冊

310000－0261－0002054　3.846/3763

經驗良方二卷　（清）梁思淇輯　清咸豐五年
(1855)刻本　二冊

310000－0261－0002055　3.846/4791

經驗良方三卷　（清）胡光瓚撰　清同治十年
(1871)刻本　四冊

310000－0261－0002056　3.83363/1011.2

類選單方　（清）王廷瑞撰　清乾隆四十九年
(1784)抄本　一冊

310000－0261－0002057　3.8/2624

理瀹駢文不分卷存濟堂藥局修合施送方并加
藥法不分卷　（清）吳師機撰　清光緒刻本
四冊

310000－0261－0002058　3.8/2624.5

理瀹駢文二十一種膏藥不分卷附二十七種糝
藥　（清）吳師機撰　清光緒十三年(1887)融
經館刻本　二冊

310000－0261－0002059　3.8/2624.50

理瀹駢文二十一種膏藥不分卷附二十七種糝

藥 （清）吳師機撰 清光緒元年(1875)江蘇書局刻本 二冊

310000－0261－0002060 3.846/0410

良方合璧二卷 （清）謝元慶編 （清）王慶霄校 清光緒八年(1882)刻本 二冊

310000－0261－0002061 3.846/0413

良方集腋二卷 （清）謝元慶編 （清）王慶霄校 清同治六年(1867)刻本 二冊

310000－0261－0002062 3.846/0413.0

良方集腋二卷 （清）謝元慶編 （清）王慶霄校 清光緒八年(1882)刻本 二冊

310000－0261－0002063 3.846/4024

秘方彙集不分卷 （清）李德中撰 清光緒二十九年(1903)刻本 二冊

310000－0261－0002064 ＊3.846/1137

秘方集驗二卷 （清）王夢蘭編 清康熙四年(1665)刻本 四冊

310000－0261－0002065 3.846/6648

奇方類編二卷附錄經驗秘方一卷 （清）吳世昌輯 清抄本 五冊

310000－0261－0002066 3.846/4240

神仙濟世良方二卷 （清）柏鶴亭編 清刻本 二冊

310000－0261－0002067 3.846/7547

壽世良方四卷首一卷 （清）陳勷輯 清光緒十四年(1888)四明王氏刻本 一冊

310000－0261－0002068 3.846/6033

痰飲治效方二卷 （清）田宗漢撰 清光緒二十八年(1902)刻本 四冊

310000－0261－0002069 3.846/2743

外治壽世方初編四卷 （清）鄒存淦輯 清光緒三年(1877)杭州勤藝堂刻本 一冊

310000－0261－0002070 3.846/3026

萬方類纂八卷 （清）宋穆撰 清光緒二十五年(1899)桂林毓蘭書屋刻本 六冊

310000－0261－0002071 3.846/4450

萬氏家抄濟世良方六卷 （明）萬表輯 （明）萬邦孚增補 清抄本 六冊

310000－0261－0002072 3.846/2105

文堂集驗方四卷 （清）何京輯 清乾隆四十年(1775)文堂刻本 二冊

310000－0261－0002073 3.846/2801

新編救急奇方二卷 （清）徐文弼輯 清同治三年(1864)刻本 二冊

310000－0261－0002074 3.846/2147

信驗方不分卷 （清）盧蔭長輯 清道光十九年(1839)刻本 一冊

310000－0261－0002075 3.846/6039

醫方藥性合編二種 （明）羅必煒訂 清光緒二十四年(1898)益元局刻本 一冊

310000－0261－0002076 3.846/3482

增補醫方一盤珠全集十卷首一卷 （清）洪金鼎撰 清光緒二十四年(1898)澹雅書局刻本 四冊

310000－0261－0002077 3.846/5000.0

證脈方藥合編五卷石隱補遺方一卷 （清）惠庵撰 清光緒里洞刻本 一冊

310000－0261－0002078 3.846/5000

重訂方藥合編四卷石隱補遺方一卷 （清）釋惠庵撰 清光緒十一年(1885)刻本 一冊

310000－0261－0002079 3.846/1263

備急千金要方三十卷 （唐）孫思邈撰 （宋）林億等校 清光緒四年(1878)長洲麟瑞堂刻本 十二冊

310000－0261－0002080 3.846/1263.0

備急千金要方三十卷考異一卷 （唐）孫思邈撰 （宋）林億等校 清光緒四年(1878)蘇州崇德書業公所刻本 十二冊

310000－0261－0002081 3.846/1263.0：2

備急千金要方三十卷考異一卷 （唐）孫思邈撰 （宋）林億等校 清光緒四年(1878)蘇州崇德書業公所刻本 十二冊

310000－0261－0002082 3.846/1263：2

備急千金要方三十卷考異一卷　（唐）孫思邈
撰　（宋）林億等校　清光緒四年(1878)長洲
麟瑞堂刻本　十二冊

310000－0261－0002083　3.846/1263：3
備急千金要方三十卷考異一卷　（唐）孫思邈
撰　（宋）林億等校　清光緒四年(1878)長洲
麟瑞堂刻本　十六冊

310000－0261－0002084　3.8/4042.6
編注醫學入門七卷首一卷　（明）李梴撰　明
萬曆三年(1575)刻遞修本　八冊

310000－0261－0002085　3.846/2623
成方切用二十六卷　（清）吳儀洛輯　清道光
二十七年(1847)瓶花書屋刻本　六冊

310000－0261－0002086　3.846/6077
慈濟方不分卷　（明）釋景隆輯　清宣統二年
(1910)吳氏石蓮盦刻本　一冊

310000－0261－0002087　3.846/4434.3
葛仙翁肘後備急方八卷　（晉）葛洪撰　清嘉
慶刻本　四冊

310000－0261－0002088　＊3.846/6818
虺後方不分卷　（明）喻政輯　明崇禎七年
(1634)刻本　二冊

310000－0261－0002089　3.846/2043.3
彙刊經驗方十一種　（清）毛世洪輯　清咸豐
九年(1859)刻本　二冊

310000－0261－0002090　3.846/3107
雞峰普濟方三十卷　（宋）張銳撰　清道光八
年(1828)藝芸書舍刻本　十二冊　存二十六
卷(一、四至五、七、九至三十)

310000－0261－0002091　3.846/3107：2
雞峰普濟方三十卷　（宋）張銳撰　清道光八
年(1828)藝芸書舍刻本　二十冊

310000－0261－0002092　＊3.846/1162.3
急救良方二卷　（明）張時徹輯　明刻本
二冊

310000－0261－0002093　3.846/1162.2
急救良方二卷　（明）張時徹輯　明嘉靖二十

九年(1550)刻本　二冊

310000－0261－0002094　3.846/1023
絳囊撮要不分卷　（清）雲川道人輯　清乾隆
九年(1744)集善堂刻本　二冊

310000－0261－0002095　3.846/0822
類證普濟本事方十卷　（宋）許叔微撰　（清）
王陳梁校　清乾隆四十二年(1777)雲間王陳
梁刻本　四冊

310000－0261－0002096　3.846/0822.2
類證普濟本事方十卷　（宋）許叔微撰　（清）
葉桂釋義　清嘉慶十九年(1814)刻本　四冊

310000－0261－0002097　3.846/4444.5
類證普濟本事方十卷　（宋）許叔微撰　（清）
葉桂釋義　清嘉慶十九年(1814)姑蘇掃葉山
房刻本　六冊

310000－0261－0002098　3.846/4444.5：2
類證普濟本事方十卷　（宋）許叔微撰　（清）
葉桂釋義　清嘉慶十九年(1814)姑蘇掃葉山
房刻本　四冊

310000－0261－0002099　3.846/0303
劉涓子鬼遺方五卷　（南朝宋）劉涓子傳
(南朝齊)龔慶宣編　清抄本　一冊

310000－0261－0002100　3.846/4422
平易方四卷　（清）葉香侶輯　清道光十二年
(1832)來鹿堂刻本　四冊

310000－0261－0002101　3.846/0822.0
普濟本事方十卷　（宋）許叔微撰　清抄本
二冊

310000－0261－0002102　＊3.846/1263.6
千金翼方三十卷　（唐）孫思邈撰　（宋）林億
等校　明萬曆三十三年(1605)王肯堂刻本
十冊

310000－0261－0002103　3.846/1263.4
千金翼方三十卷　（唐）孫思邈撰　（宋）林億
等校　清乾隆二十八年(1763)華希閎刻本
二十冊

310000－0261－0002104　3.846/1263.5

千金翼方三十卷 （唐）孫思邈撰 （宋）林億
等校 清光緒四年(1878)上海獨山莫氏影印
本 八冊

310000－0261－0002105 3.846/1263.5：2
千金翼方三十卷 （唐）孫思邈撰 （宋）林億
等校 清光緒四年(1878)上海獨山莫氏影印
本 八冊

310000－0261－0002106 3.846/1263.5：4
千金翼方三十卷 （唐）孫思邈撰 （宋）林億
等校 清光緒四年(1878)上海獨山莫氏影印
本 十二冊

310000－0261－0002107 3.846/1263.5：5
千金翼方三十卷 （唐）孫思邈撰 （宋）林億
等校 清光緒四年(1878)上海獨山莫氏影印
本 八冊

310000－0261－0002108 3.846/1263.7
千金翼方三十卷 （唐）孫思邈撰 （宋）林億
等校 清同治七年(1868)掃葉山房刻本 十
四冊

310000－0261－0002109 3.846/1263.5：3
千金翼方三十卷考異一卷 （唐）孫思邈撰
（宋）林億等校 清光緒四年(1878)上海獨山
莫氏影印本 八冊

310000－0261－0002110 3.846/1066
全生指迷方四卷 （宋）王貺撰 清抄本
一冊

310000－0261－0002111 3.846/7500
三因極一病證方論十八卷 （宋）陳言撰 清
道光二十三年(1843)青蓮華館刻本 八冊

310000－0261－0002112 ＊3.846/1162：2
攝生眾妙方十一卷急救良方二卷 （明）張時
徹輯 明隆慶三年(1569)衡府刻本 八冊

310000－0261－0002113 3.846/1162.4
攝生眾妙方十一卷急救良方二卷 （明）張時
徹輯 清抄本 六冊

310000－0261－0002114 3.846/7583
時方歌括二卷 （清）陳念祖撰 清嘉慶刻本

四冊

310000－0261－0002115 3.846/7583.0
時方歌括二卷 （清）陳念祖撰 清嘉慶刻本
二冊

310000－0261－0002116 3.846/2777
宋陳無擇三因司天方不分卷 （宋）陳言撰
清抄本 一冊

310000－0261－0002117 3.846/3444
蘇沈內翰良方十卷 （宋）蘇軾 （宋）沈括撰
清抄本 一冊

310000－0261－0002118 3.846/3444.9
蘇沈內翰良方十卷 （宋）蘇軾 （宋）沈括撰
清光緒二十三年(1897)武強賀氏刻本
四冊

310000－0261－0002119 3.846/1117
孫真人千金方衍義三十卷 （清）張璐撰 清
光緒五年(1879)步月山房刻本 三十二冊

310000－0261－0002120 3.846/1050
唐王燾先生外臺秘要方四十卷 （唐）王燾撰
清同治十三年(1874)廣東翰墨園刻本 四
十冊

310000－0261－0002121 3.846/1050.1
唐王燾先生外臺秘要方四十卷 （唐）王燾撰
清光緒二十四年(1898)上海圖書集成印書
局石印本 十六冊

310000－0261－0002122 3.846/1050：2
唐王燾先生外臺秘要方四十卷 （唐）王燾撰
清同治十三年(1874)廣東翰墨園刻本 四
十冊

310000－0261－0002123 3.846/1224.1
新刊良朋彙集五卷 （清）孫偉輯 清康熙長
白吳化善刻本 五冊

310000－0261－0002124 3.846/1224.2
新刊良朋彙集五卷 （清）孫偉輯 清刻本
五冊

310000－0261－0002125 3.846/1224
新刊良朋彙集五卷急救仙方一卷 （清）孫偉

輯　清善成堂刻本　　六冊

310000－0261－0002126　3.846/1162.1

新刻攝生總論十二卷　（明）張時徹輯　（清）王梅訂　清康熙五十四年(1715)魏瑞昌刻本　　六冊

310000－0261－0002127　＊3.846/6060

新刻萬氏家傳保命歌括十卷　（明）萬全撰　明萬曆二十五年(1597)怡慶堂刻本　　二冊

310000－0261－0002128　3.844/1122

修事指南不分卷　（清）張叡撰　清刻本　二冊

310000－0261－0002129　＊3.846/7775

醫便二卷提綱一卷　（明）王三才編　明萬曆刻本　　四冊

310000－0261－0002130　＊3.846/1014

醫便五卷提綱一卷醫便二集六卷提綱一卷（明）王三才輯　**脈便二卷本草便二卷**　（明）張懋辰訂　明刻本　　十六冊

310000－0261－0002131　3.846/3160.5

醫方集解不分卷　（清）汪昂撰　清光緒十三年(1887)姑蘇掃葉山房刻本　　三冊

310000－0261－0002132　3.846/3160.1

醫方集解六卷　（清）汪昂撰　清宣統元年(1909)書業德刻本　　六冊

310000－0261－0002133　3.846/3160.3

醫方集解三卷　（清）汪昂撰　清道光二十五年(1845)瓶花書屋刻本　　四冊

310000－0261－0002134　3.846/5520.7

醫方捷效三卷　（清）曹鼎望輯　清康熙刻本　　三冊

310000－0261－0002135　＊3.846/2626

醫方考六卷脈語二卷　（明）吳崑撰　明萬曆十二年(1584)刻本　　八冊

310000－0261－0002136　＊3.846/7702

醫方選要十卷　（明）周文采輯　明嘉靖二十四年(1545)費寀刻本　　十冊

310000－0261－0002137　3.8363/3144

產科心法二集　（清）汪喆輯　清光緒十八年(1892)刻本　　一冊

310000－0261－0002138　3.8363/3144.1

產科心法二集　（清）汪喆輯　清同治五年(1866)刻本　　二冊

310000－0261－0002139　3.8363/3144.3

產科心法二集　（清）汪喆輯　清道光十四年(1834)上洋王氏曙海樓刻本　　二冊

310000－0261－0002140　3.8363/4072

婦科秘方一卷胎產護生篇一卷　（清）竹林寺僧撰　（清）李長科輯　清南京李光明莊刻本　　二冊

310000－0261－0002141　3.8363/4072：2

婦科秘方一卷胎產護生篇一卷　（清）竹林寺僧撰　（清）李長科輯　清南京李光明莊刻本　　二冊

310000－0261－0002142　3.836/3485

婦嬰三書十八卷　（清）沈金鰲撰　（清）朱增惠校　清光緒十七年(1891)刻本　　六冊

310000－0261－0002143　3.836/1330.0

濟陰綱目十四卷　（明）武之望撰　（清）汪淇箋釋　清金閶書業堂刻本　　八冊

310000－0261－0002144　3.836/6022

呂祖種子良方二卷醒心真經不分卷　（唐）呂巖撰　清道光二十九年(1849)刻本　　二冊

310000－0261－0002145　＊3.836/4438

秘傳驗效女科選錄秘閣藏書不分卷　（清）何仁元傳　（清）黃永念集　**內府傳授胎前產後女科方脈主意三卷**　（清）于鼎重錄　（清）胡任素　（清）程士捷同看　**京傳試驗產後選錄秘閣藏書不分卷**　（清）黃永念集　清抄本　一冊

310000－0261－0002146　3.836/7254

妙一齋醫學正印種子編男科二卷女科三卷（明）岳甫嘉撰　（明）岳虞巒訂　明崇禎繡谷三樂齋刻本　　四冊

310000－0261－0002147　3.836/7254：2
妙一齋醫學正印種子編女科調經不分卷
（明）岳甫嘉撰　（明）岳虞巒訂　明刻本
二冊

310000－0261－0002148　3.836/3042
寧坤秘笈三卷　（清）竹林寺僧撰　清乾隆刻
本　二冊

310000－0261－0002149　3.836/0025.5
女科百問二卷　（宋）齊仲甫撰　清抄本
二冊

310000－0261－0002150　3.836/0025
女科百問二卷附產寶雜錄一卷　（宋）齊仲甫
撰　清乾隆六十年(1795)聚錦堂刻本　四冊

310000－0261－0002151　3.836/2322.2
女科二卷　（清）傅山撰　清抄本　四冊

310000－0261－0002152　3.836/2322.21
女科二卷產後編二卷　（清）傅山撰　清同治
八年(1869)湖北崇文書局刻本　二冊

310000－0261－0002153　3.836/7729
女科輯要八卷胎產全書不分卷　（清）周紀常
輯　清宣統二年(1910)上海千頃堂書局石印
本　二冊

310000－0261－0002154　3.836/3444
女科輯要二卷　（清）沈堯封輯　清同治元年
(1862)刻本　二冊

310000－0261－0002155　3.836/4442
女科經綸八卷　（清）蕭壎撰　清光緒十六年
(1890)掃葉山房刻本　四冊

310000－0261－0002156　3.836/2633
女科切要八卷　（清）吳道源輯　（清）王式金
評定　（清）劉文思參訂　清乾隆三十八年
(1773)刻本　二冊

310000－0261－0002157　3.836/3210
女科要略一卷　（清）潘霨輯　產寶一卷
（清）倪枝維撰　（清）潘霨增輯　清光緒九年
(1883)江西書局刻本　一冊

310000－0261－0002158　3.836/1029

女科證治準繩五卷類方準繩一卷　（明）王肯
堂輯　清九思堂刻本　六冊

310000－0261－0002159　3.836/7526.3
三刻太醫院補注婦人良方大全二十四卷
（宋）陳自明輯　清竹林堂刻本　三冊

310000－0261－0002160　＊3.836/7526：2
太醫院校註婦人良方大全二十四卷　（宋）陳
自明編　（明）薛己校註　（明）唐富春梓　明
古吳陳長卿刻本　十二冊

310000－0261－0002161　3.836/7526
太醫院校註婦人良方大全二十四卷　（宋）陳
自明編　（明）薛己校註　（明）唐富春梓　明
古吳陳長卿刻本　八冊

310000－0261－0002162　3.836/8844
竹林女科證治四卷　（清）竹林寺僧撰　清光
緒九年(1883)當塗黃氏刻本　二冊

310000－0261－0002163　3.836/8844.8
竹林寺女科秘傳不分卷　（清）竹林寺僧撰
清刻本　一冊

310000－0261－0002164　＊3.8363/2510
產寶百問五卷附總論　（元）朱震亨輯　明吳
門德馨堂刻本　六冊

310000－0261－0002165　3.8363/2653
產寶家傳二卷　（清）倪東溟撰　清光緒二十
七年(1901)合肥李氏刻本　一冊

310000－0261－0002166　3.8363/0034
產寶奇書二卷　（□）□□撰　清刻本　二冊

310000－0261－0002167　3.8363/0022
產科秘書不分卷　（□）□□撰　清刻本
一冊

310000－0261－0002168　3.8363/1161
產孕集二卷　（清）張曜孫撰　清同治七年
(1868)刻本　一冊

310000－0261－0002169　3.8363/1707.4
達生編二卷　（清）亟齋居士撰　清同治十一
年(1872)保赤堂刻本　一冊

310000－0261－0002170　3.8363/1707.5

達生編二卷　（清）亟齋居士撰　**遂生編一卷**
福幼編一卷　（清）莊一夔撰　清同治十年
(1871)刻本　一冊

310000－0261－0002171　3.8363/2588

達生編二卷　（清）亟齋居士撰　清嘉慶十四
年(1809)刻本　一冊

310000－0261－0002172　＊3.8363/2377

經效產寶三卷續編一卷　（唐）昝殷撰　清光
緒三年(1877)影宋刻本　一冊

310000－0261－0002173　3.3863/2377.6

經效產寶三卷續編一卷　（唐）昝殷撰　清光
緒三年(1877)刻本　二冊

310000－0261－0002174　3.836/1741

仁壽鏡四卷　（清）孟葑輯　清光緒二十一年
(1895)渝城術古堂刻本　四冊

310000－0261－0002175　＊3.836/8760

生生錄三卷附餘一卷　（清）鄭晟纂集　清康
熙五十七年(1718)鋤經堂刻本　四冊

310000－0261－0002176　3.8363/7543

胎產秘書二卷　（清）陳敬之撰　清刻本
二冊

310000－0261－0002177　3.8363/0022.4

大生要旨五卷　（清）唐千頃撰　清道光九年
(1829)申江種善堂刻本　二冊

310000－0261－0002178　3.847/8042

廣嗣要語不分卷　（明）俞橋撰輯　清抄本
二冊

310000－0261－0002179　3.8363/7721.0

胎產心法三卷　（清）閻純璽撰　清刻本
三冊

310000－0261－0002180　3.8363/7721.7

胎產心法三卷　（清）閻純璽撰　清同治十年
(1871)刻本　六冊

310000－0261－0002181　3.836/0022

增廣大生要旨五卷　（清）唐千頃纂　（清）葉
灝增訂　清咸豐九年(1859)寶賢堂刻本

四冊

310000－0261－0002182　3.836/0022.0

增廣大生要旨五卷　（清）唐千頃纂　（清）葉
灝增訂　清光緒十年(1884)掃葉山房刻本
二冊

310000－0261－0002183　3.8363/1707

婦嬰至寶八卷　（清）亟齋居士編　（清）三農
老人注　清光緒二十九年(1903)刻本　二冊

310000－0261－0002184　3.8363/1707.0

婦嬰至寶六卷　（清）亟齋居士編　（清）三農
老人注　清刻本　一冊

310000－0261－0002185　3.8363/1707.1

婦嬰至寶六卷　（清）亟齋居士編　（清）三農
老人注　清光緒八年(1882)蘇州謝氏望炊樓
刻本　一冊

310000－0261－0002186　3.8363/1707.7

婦嬰至寶三卷　（清）亟齋居士編　（清）三農
老人注　清同治五年(1866)刻本　一冊

310000－0261－0002187　3.8363/2322

傅徵君產後編二卷　（清）傅山撰　清刻本
二冊

310000－0261－0002188　3.836/2291

種子金丹二種　（□）□□撰　清道光二十六
年(1846)刻本　二冊

310000－0261－0002189　3.8355/1133

喉科指掌六卷　（清）張宗良撰　清同治九年
(1870)通州西德堂刻本　二冊

310000－0261－0002190　3.8/2213

咽喉秘集二卷　（清）海山仙館編梓　**疻癤全**
書三卷　（清）林森傳授　（清）王凱編輯　**王**
洪緒先生外科證治全生一卷　（清）王洪緒撰
　清光緒九年(1883)山西濬文書局刻本
三冊

310000－0261－0002191　3.8355/8733

重樓玉鑰二卷　（清）鄭宏綱撰　清光緒七年
(1881)刻本　二冊

310000－0261－0002192　3.8355/4634

重錄增補經驗喉科紫珍集二卷　（清）黃梅谿秘藏　（清）朱純良得授　（清）朱翔宇增補
清咸豐十年(1860)句曲楊啟葆舜華氏刻本
二冊

310000－0261－0002193　3.8355/3712

洞主仙師白喉治法忌表抉微一卷　（清）耐修子輯　清光緒十八年(1892)四明姜氏刻本
一冊

310000－0261－0002194　3.8355/3712:2

洞主仙師白喉治法忌表抉微一卷　（清）耐修子輯　清光緒十八年(1892)四明姜氏刻本
一冊

310000－0261－0002195　3.8355/3712:3

洞主仙師白喉治法忌表抉微一卷　（清）耐修子輯　清光緒十八年(1892)四明姜氏刻本
一冊

310000－0261－0002196　3.8355/7438

爛喉丹痧輯要不分卷　（清）金德鑒撰　清光緒十八年(1892)海上陸氏刻本　一冊

310000－0261－0002197　3.8355/8027

爛喉丹痧輯要不分卷　（清）金德鑒撰　清光緒二十八年(1902)刻本　一冊

310000－0261－0002198　3.8355/1055

疫喉淺論二卷疫喉淺論治驗一卷　（清）夏春農撰　清光緒五年(1879)存吾春齋刻本
三冊

310000－0261－0002199　3.8355/3424

喉科秘書二卷　（清）沈璟抄　清抄本　一冊
存一卷(一)

310000－0261－0002200　3.8355/2650

世傳尤氏喉科秘授不分卷　（明）尤乘撰　**古**
歙槐塘程松崖眼科不分卷　（明）程松崖撰
清光緒七年(1881)吳中育抄本　二冊

310000－0261－0002201　3.808/7235.0

劉河間醫學六書　（金）劉完素撰　明萬曆二十九年(1601)吳勉學刻本　八冊

310000－0261－0002202　3.8/0046

醫書抄不分卷　（□）□□撰　清抄本　一冊

310000－0261－0002203　3.8/1118

醫學準繩六要十九卷　（明）張三錫撰　（明）王肯堂校　明崇禎十七年(1644)張維藩刻本
二十冊

310000－0261－0002204　3.8/1029.0

證治準繩六種四十四卷　（明）王肯堂輯　明萬曆三十年至三十六年(1602－1608)刻本
八十冊

310000－0261－0002205　3.846/4442

感傷分理不分卷　（清）蔣藻熊輯　清嘉慶十六年(1811)經國堂刻本　二冊

310000－0261－0002206　3.846/4037

腳氣治法總要二卷　（宋）董汲撰　清抄本
一冊

310000－0261－0002207　3.8339/2410

理虛元鑑二卷　（清）汪綺石撰　清光緒二年(1876)葛氏嘯園刻本　一冊

310000－0261－0002208　3.836/2322.90

男科二卷女科二卷　（清）傅山撰　清光緒刻本　四冊

310000－0261－0002209　3.8/2322.2

男科二卷附經驗良方不分卷　（清）傅山撰
清光緒三十年(1904)刻本　三冊

310000－0261－0002210　3.833/4022

內科秘傳不分卷　（□）□□撰　清抄本
一冊

310000－0261－0002211　3.833/4477

內科摘要二卷　（明）薛己撰　（明）蔣宗瀚校
明刻本　一冊

310000－0261－0002212　3.83385/4060

脾胃論三卷　（金）李杲撰　明嘉靖八年(1529)遼藩朱寵瀼梅南書屋刻本　一冊

310000－0261－0002213　3.8/4414

西塘感藏三卷　（清）董廢翁撰　（清）黃壽南手錄　清光緒三十一年(1905)黃壽南抄本
一冊

310000－0261－0002214　＊3.8/7225.6

新刊玉機微義五十卷　(明)徐彥純撰　明王象晉刻本　二十四冊

310000－0261－0002215　3.8/0033.2

血證論八卷　(清)唐宗海撰　清光緒二十年(1894)申江褒海山房書局石印本　二冊

310000－0261－0002216　3.8/4435

醫略稿六十七卷　(清)蔣寶素撰　清道光三十年(1850)快志堂刻本　八冊

310000－0261－0002217　3.8/4435：2

醫略稿六十七卷　(清)蔣寶素撰　清道光三十年(1850)快志堂刻本　八冊

310000－0261－0002218　3.8/7583.0

醫學從衆八卷　(清)陳念祖撰　清光緒三十三年(1907)善成堂刻本　三冊

310000－0261－0002219　3.8/7583.772

醫學從衆八卷　(清)陳念祖撰　清光緒南雅堂刻本　五冊

310000－0261－0002220　3.8349/4060

內外傷辨三卷脾胃論三卷　(金)李杲撰　清江陰朱氏刻本　三冊

310000－0261－0002221　3.8339/0002

雜症集解不分卷　(□)□□撰　清抄本　五冊

310000－0261－0002222　＊3.8332/4279

潛溪續編新增傷寒蘊要全書二卷　(明)彭用光續編　明嘉靖四十一年(1562)胡憶刻本　六冊

310000－0261－0002223　3.846/1044

醫壘元戎十二卷　(元)王好古撰　明嘉靖四十一年(1562)魏尚純刻本　十六冊

310000－0261－0002224　3.8334/4313

丹溪先生金匱鉤玄三卷活法機要一卷證治要訣類方四卷　(元)朱震亨撰　(明)吳中珩校　清乾隆宏德堂刻本　二冊

310000－0261－0002225　3.8334/1142

金匱心典三卷　(漢)張機撰　(清)尤怡集注

310000－0261－0002226　3.8334/1142.0

金匱心典三卷　(漢)張機撰　(清)尤怡集注　清雍正十年(1732)掃葉莊刻本　三冊

310000－0261－0002227　3.8334/1142.3

金匱心典三卷　(漢)張機撰　(清)尤怡集注　清同治八年(1869)陸氏雙白燕堂刻本　三冊

310000－0261－0002228　3.8334/1142.3：2

金匱心典三卷　(漢)張機撰　(清)尤怡集注　清同治八年(1869)陸氏雙白燕堂刻本　三冊

310000－0261－0002229　3.8334/1142.3：3

金匱心典三卷　(漢)張機撰　(清)尤怡集注　清同治八年(1869)陸氏雙白燕堂刻本　三冊

310000－0261－0002230　3.8334/1142.3：4

金匱心典三卷　(漢)張機撰　(清)尤怡集注　清同治八年(1869)陸氏雙白燕堂刻本　三冊

310000－0261－0002231　3.8334/1142：2

金匱心典三卷　(漢)張機撰　(清)尤怡集注　清光緒七年(1881)崇德書院刻本　三冊

310000－0261－0002232　3.8334/2193

金匱要略方論本義二十二卷　(清)魏荔彤撰　清康熙六十年(1721)寶綸堂刻本　六冊

310000－0261－0002233　3.8334/7583

金匱要略淺注補正九卷　(漢)張機撰　(清)陳念祖集注　清光緒二十年(1894)申江袖海山房書局石印本　三冊

310000－0261－0002234　3.8334/1142.87

金匱要略淺注十卷　(漢)張機撰　(清)陳念祖集注　清光緒三十三年(1907)巴蜀善成堂刻本　五冊

310000－0261－0002235　3.8334/7583.0

金匱要略淺注十卷　(漢)張機撰　(清)陳念祖集注　清光緒十五年(1889)光裕書屋刻本

109

五冊

310000－0261－0002236　3.8334/4343
金匱翼八卷　（清）尤怡撰　清宏道堂刻本
六冊

310000－0261－0002237　3.8334/4922.2
金匱玉函經二注二十二卷　（元）趙以德衍義
（清）周揚俊補注　清抄本　四冊

310000－0261－0002238　3.8334/1142.48
金匱玉函經二注二十二卷附補方一卷十藥神
書一卷　（元）趙以德衍義　（清）周揚俊補注
清同治二年（1863）上洋經義齋刻本　六冊

310000－0261－0002239　3.8334/4922.9
金匱玉函經二注二十二卷附補方一卷十藥神
書一卷　（元）趙以德衍義　（清）周揚俊補注
清光緒二十四年（1898）養恬齋刻本　六冊

310000－0261－0002240　3.831/7542
醫經八卷　（清）陳世傑撰　（清）張邵煥參
清抄本　八冊

310000－0261－0002241　3.8334/2842.0
張仲景金匱要略論注二十四卷　（清）徐彬撰
（清）朱酺校　清康熙十年（1671）刻本
四冊

310000－0261－0002242　3.8334/1142.40
金匱要略不分卷　（漢）張機撰　（明）盧復正
明刻芷園醫種本　一冊

310000－0261－0002243　3.8332/4020
訂正仲景傷寒論釋義不分卷　（清）李續文撰
清宣統元年（1909）文瑞樓刻本　六冊

310000－0261－0002244　3.8332/2733
行仁一藝四卷　（清）詹法祖撰　清康熙四十
一年（1702）刻本　四冊

310000－0261－0002245　3.8332/2838
黃壽南抄輯醫書十六種　（清）黃壽南抄　清
宣統三年（1911）抄本　一冊

310000－0261－0002246　3.8332/1023
刻王氏家寶傷寒備覽不分卷外附經絡傳變圖
六卷　（□）□□撰　清抄本　一冊

310000－0261－0002247　3.8332/2646.6
類編傷寒活人書括指掌圖論十卷　（宋）李知
先編　（元）吳恕圖說　（明）熊宗立類編　類
辨傷寒活人指掌提綱不分卷　（元）吳恕撰
明萬曆五年（1577）金陵書坊唐少橋刻本
四冊

310000－0261－0002248　3.8332/7543
傷寒辯證四卷　（清）陳堯道撰　清抄本
四冊

310000－0261－0002249　3.8332/7234
傷寒標本心法類萃二卷　（金）劉完素撰　劉
河間傷寒醫鑒不分卷　明萬曆刻本　一冊

310000－0261－0002250　3.8332/5324
傷寒補天石二卷續傷寒補天石二卷　（明）戈
維城撰　清寧波汲綆齋刻本　四冊

310000－0261－0002251　3.8332/5034
傷寒大白四卷　（清）秦之楨撰　清康熙五十
三年（1714）陳氏其順堂刻本　四冊

310000－0261－0002252　3.8332/5034.2
傷寒大白四卷　（清）秦之楨撰　清康熙五十
三年（1714）陳氏其順堂刻本　二冊

310000－0261－0002253　3.8332/1117.30
傷寒大成四種　（清）張璐撰　清康熙七年
（1668）同德堂刻本　七冊

310000－0261－0002254　3.8332/1142.238
傷寒分經十卷　（漢）張機撰　（明）喻昌注
清乾隆三十一年（1766）硤川利濟堂刻本
八冊

310000－0261－0002255　3.8332/1121
傷寒兼證析義不分卷　（清）張倬撰　清刻本
四冊

310000－0261－0002256　3.8332/2838.2
傷寒金丹二卷　（明）李中梓撰　清抄本
二冊

310000－0261－0002257　3.8332/4643
傷寒類書活人總括七卷　（宋）楊士瀛撰
（明）朱崇正補遺　（清）鮑泰圻重校　傳信

適用方四卷　產寶諸方不分卷　（清）鮑泰
圻重校　清道光八年(1828)棠樾鮑氏刻本
五冊

310000－0261－0002258　3.8332/2600
傷寒論後條辨十五卷　（清）程應旄撰　清乾
隆九年(1744)刻本　八冊

310000－0261－0002259　3.8332/1142.90
傷寒論類方四卷　（清）徐大椿撰　（清）潘霨
增輯　長沙方歌括一卷　（清）陳念祖撰
（清）潘霨增輯　清同治五年(1866)古吳潘氏
刻本　二冊

310000－0261－0002260　3.8332/2844
傷寒論類方四卷　（清）徐大椿撰　（清）潘霨
增輯　長沙方歌括一卷　（清）陳念祖撰
（清）潘霨增輯　清光緒九年(1883)江西書局
刻本　三冊

310000－0261－0002261　3.8332/1141.2
傷寒論六卷傷寒論本義不分卷　（漢）張機撰
（清）張志聰注　清刻本　六冊

310000－0261－0002262　3.8332/1141.1
傷寒論六卷傷寒論本義一卷　（漢）張機撰
（清）張志聰注　清光緒二十五年(1899)石印
本　四冊

310000－0261－0002263　3.8332/7583
傷寒論淺註補正七卷首一卷　（漢）張機撰
（清）陳念祖注　清光緒二十年(1894)上海袖
海山房書局石印本　三冊

310000－0261－0002264　3.8332/7583.0
傷寒論淺註補正七卷首一卷　（漢）張機撰
（清）陳念祖注　清光緒二十六年(1900)成都
兩義堂刻本　四冊

310000－0261－0002265　3.8332/7724
傷寒論三註十六卷　（清）周揚俊輯　（清）丁
思孔定　清康熙二十二年(1683)刻本　四冊

310000－0261－0002266　3.8332/7724：2
傷寒論三註十六卷　（清）周揚俊輯　（清）丁
思孔定　清康熙二十二年(1683)刻本　六冊

310000－0261－0002267　＊3.8332/0044
傷寒論條辨八卷本草鈔一卷或問一卷痙書一
卷　（明）方有執撰　（明）陳有恭校　明萬曆
二十年至二十七年(1592－1599)古歙方氏刻
本　二冊

310000－0261－0002268　3.8332/4111.1
傷寒論註四卷　（漢）張機撰　（清）柯琴編註
清金閶綠慎堂刻本　六冊

310000－0261－0002269　3.8332/4111.3
傷寒論註四卷　（漢）張機撰　（清）柯琴編註
清乾隆三十一年(1766)博古堂刻本　六冊

310000－0261－0002270　3.8332/4111.4
傷寒論註四卷　（漢）張機撰　（清）柯琴編註
清乾隆三十一年(1766)博古堂刻本　四冊

310000－0261－0002271　3.8332/4111
傷寒論註四卷傷寒附翼二卷　（漢）張機撰
（清）柯琴編註　清掃葉山房刻本　六冊

310000－0261－0002272　3.8332/5387
傷寒明理論三卷　（宋）成無己撰　清刻本
一冊

310000－0261－0002273　3.8332/2703
傷寒審癥表不分卷　（清）包誠輯　清同治十
年(1871)湖北崇文書局刻本　一冊

310000－0261－0002274　3.8332/4432
傷寒微旨論二卷　（宋）韓祇和撰　清抄本
一冊

310000－0261－0002275　3.8332/1117.2
傷寒緒論二卷　（清）張璐撰　傷寒兼證析義
一卷　（清）張倬撰　清康熙刻本　五冊

310000－0261－0002276　3.8332/6012
傷寒尋源三集　（清）呂震名撰　清咸豐四年
(1854)吳門潘氏刻本　二冊

310000－0261－0002277　3.8332/4444
傷寒意珠篇二卷　（明）韓籍琬撰　清康熙二
十二年(1683)書錦堂刻本　二冊

310000－0261－0002278　3.8332/6860
尚論篇四卷首一卷尚論後篇四卷　（清）喻昌

撰　清光緒三十三年（1907）上海簡青齋書局石印本　二冊

310000－0261－0002279　3.8/6840
尚論張仲景傷寒論重編三百九十七法二卷首一卷後四卷　（清）喻昌撰　清乾隆五年（1740）三讓堂刻本　四冊

310000－0261－0002280　3.8332/6860.0
尚論張仲景傷寒論重編三百九十七法二卷首一卷後四卷　（清）喻昌撰　清善成堂刻本　八冊

310000－0261－0002281　3.8332/6860.4
尚論張仲景傷寒論重編三百九十七法二卷首一卷後四卷　（清）喻昌撰　清善成堂刻本　四冊

310000－0261－0002282　3.8332/6860.29
尚論張仲景傷寒論重編三百九十七法二卷首一卷後四卷寓意草不分卷　（清）喻昌撰　清乾隆四年（1739）靖安在茲園刻本　十九冊

310000－0261－0002283　3.8332/6860.9
尚論張仲景傷寒論重編三百九十七法四卷首一卷後四卷　（清）喻昌撰　清光緒三十一年（1905）經元書室刻本　八冊

310000－0261－0002284　3.8332/6860.32
尚論張仲景傷寒論重編三百九十七法四卷首一卷後四卷寓意草不分卷　（清）喻昌撰　清乾隆二十八年（1763）陳守常刻本　六冊

310000－0261－0002285　3.8332/7744.01
陶節庵傷寒全生集四卷　（明）陶華撰　清嘉慶二十四年（1819）桐石山房刻本　四冊

310000－0261－0002286　3.8332/7744.21
陶節庵傷寒全生集四卷　（明）陶華撰　清嘉慶眉壽堂刻本　四冊

310000－0261－0002287　3.8332/7744.21:2
陶節庵傷寒全生集四卷　（明）陶華撰　清嘉慶眉壽堂刻本　四冊

310000－0261－0002288　3.8332/7744
陶節菴傷寒全生集四卷　（明）陶華撰　清乾

隆四十七年（1782）古越尺木堂刻本　四冊

310000－0261－0002289　3.8332/7744.21:3
陶節菴傷寒全生集四卷　（明）陶華撰　清嘉慶眉壽堂刻本　四冊

310000－0261－0002290　3.8332/2646
校刻傷寒圖歌活人指掌五卷　（宋）吳恕撰　明萬曆四十三年（1615）刻本　四冊

310000－0261－0002291　3.8332/7744.2
新鐫陶節菴家藏秘授傷寒六書六卷　（明）陶華撰　清竹園書林刻本　六冊

310000－0261－0002292　3.8332/0087
新刻傷寒六書纂要辨疑四卷　（明）童養學纂輯　清順治十五年（1658）大梁周氏醉畊堂刻本　四冊

310000－0261－0002293　3.8332/8707
再重訂傷寒集注十卷附五卷　（清）舒詔撰　清乾隆三十五年（1770）刻本　四冊

310000－0261－0002294　3.8332/3463
張仲景傷寒六經辨證治法八卷　（清）沈明宗編　清康熙三十二年（1693）世德堂刻本　二冊

310000－0261－0002295　3.8332/1142.4
張仲景傷寒論貫珠集八卷　（漢）張機撰（清）尤怡注　清蘇州綠蔭堂刻本　四冊

310000－0261－0002296　3.8332/1142.4:2
張仲景傷寒論貫珠集八卷　（漢）張機撰（清）尤怡注　清蘇州綠蔭堂刻本　四冊

310000－0261－0002297　3.8332/1142.7
張仲景傷寒論原文淺註六卷　（清）陳念祖集註　清光緒三十三年（1907）巴蜀善成堂刻本　三冊

310000－0261－0002298　3.8332/1142.70
張仲景傷寒論原文淺註六卷　（清）陳念祖集註　長沙方歌括六卷　（清）陳念祖撰　清光緒三十四年（1908）寶慶經元書局刻本　五冊

310000－0261－0002299　3.8332/2574.1
重校證活人書十八卷　（宋）朱肱撰　清抄本

五册　存十五卷(四至十八)

310000－0261－0002300　3.8332/1142.22
注解傷寒論十卷　(漢)張機撰　(晉)王叔和撰次　(金)成無已注解　(明)吳勉學閱　(明)徐熔校　**傷寒明理論四卷**　(明)成無已撰　(明)吳勉學閱　清同治九年(1870)常郡陸氏雙白燕堂刻本　六册

310000－0261－0002301　3.8332/1142.6
注解傷寒論十卷　(漢)張機撰　(晉)王叔和撰次　(金)成無已注解　(明)吳勉學閱　(明)徐熔校　**傷寒明理論四卷**　(明)成無已撰　(明)吳勉學閱　明天啓刻本　六册

310000－0261－0002302　3.8332/7235.0
劉河間傷寒六書八種　(金)劉完素撰　清宣統元年(1909)上海千頃堂石印本　二册

310000－0261－0002303　3.8332/7235.0：2
劉河間傷寒六書八種　(金)劉完素撰　清宣統元年(1909)上海千頃堂石印本　四册

310000－0261－0002304　3.8332/7235.0：3
劉河間傷寒六書八種　(金)劉完素撰　清宣統元年(1909)上海千頃堂石印本　四册

310000－0261－0002305　3.8332/1044
陰證略例一卷　(元)王好古撰　(清)陸心源校　清光緒五年(1879)吳興陸氏十萬卷樓刻本　二册

310000－0261－0002306　3.8349/8326
傷科補要四卷　(清)錢秀昌輯　清咸豐八年(1858)刻本　二册

310000－0261－0002307　3.8392/2104
推拿廣意三卷　(清)熊應雄輯　清光緒蘇州綠蔭堂刻本　二册

310000－0261－0002308　3.8342/2725
瘡瘍經驗二卷幼科摘要一卷　(清)鮑集成輯　清嘉慶五年(1800)誦芬書屋刻本　三册

310000－0261－0002309　3.8342/3037.0
瘡瘍經驗全書六卷　(宋)竇漢卿輯　清康熙同文堂刻本　六册

310000－0261－0002310　3.8342/3037.2
瘡瘍經驗全書十三卷　(宋)竇漢卿輯　清會文堂刻本　七册

310000－0261－0002311　3.8342/3037：2
瘡瘍經驗全書十三卷　(宋)竇漢卿輯　清康熙五十六年(1717)浩然樓刻本　十二册

310000－0261－0002312　3.8342/3037
瘡瘍經驗全書十三卷　(宋)竇漢卿輯　清康熙五十六年(1717)浩然樓刻本　十册

310000－0261－0002313　3.834/7548.0
洞天奧旨十六卷　(清)陳士鐸撰　清光緒善成堂刻本　六册

310000－0261－0002314　3.8/2554
急救須知不分卷　(清)朱泰來纂　清初刻本　四册

310000－0261－0002315　＊3.834/4477
立齋外科發揮八卷　(明)薛己撰　(明)吳玄有校　明刻本　四册

310000－0261－0002316　3.8/2322
男科二卷　(明)傅山撰　清光緒九年(1883)掃葉山房刻本　二册

310000－0261－0002317　3.8/2322：2
男科二卷　(明)傅山撰　清光緒九年(1883)掃葉山房刻本　二册

310000－0261－0002318　3.834/5039
申斗垣校正外科啓玄十二卷　(明)申拱宸撰　明萬曆三十二年(1604)聚錦堂刻本　四册

310000－0261－0002319　3.834/3745.1
外科大成四卷　(清)祁坤輯撰　清康熙四年(1665)善成堂刻本　四册

310000－0261－0002320　3.834/3745：2
外科大成四卷　(清)祁坤輯撰　清康熙四年(1665)聚錦堂刻本　六册

310000－0261－0002321　3.834/0023
外科精義二卷　(元)齊德之撰　(明)吳勉學校正　清抄本　二册

310000－0261－0002322　3.834/3142.6

外科理例七卷　(明)汪機編輯　(明)陳桷校正　明嘉靖本　三冊　存六卷(一至六)

310000－0261－0002323　3.834/0077

外科心法十卷外科選要二卷　(清)唐黌輯　清乾隆四十一年(1776)貽經堂刻本　十冊

310000－0261－0002324　3.834/7232

外科心法真驗指掌四卷首一卷　(清)劉濟川撰　清光緒十三年(1887)劉氏刻本　四冊

310000－0261－0002325　3.834/2720

外科真詮二卷　(清)鄒嶽撰　清同治十一年(1872)刻本　二冊

310000－0261－0002326　3.834/2720：2

外科真詮二卷　(清)鄒嶽撰　清同治十一年(1872)刻本　二冊

310000－0261－0002327　3.834/7530

外科正宗十二卷　(明)陳實功撰　清咸豐十年(1860)刻本　六冊

310000－0261－0002328　3.834/7530.1

外科正宗十二卷　(明)陳實功撰　清光緒三十一年(1905)上洋海左書局石印本　四冊

310000－0261－0002329　3.834/7530.9

重訂外科正宗十二卷　(明)陳實功撰　清光緒十四年(1888)掃葉山房刻本　六冊

310000－0261－0002330　3.834/0846

外科證治全書五卷附刻全生集醫案一卷　(清)許克昌　(清)畢法輯　清同治六年(1867)刻本　五冊

310000－0261－0002331　3.834/0375

新鐫外科活人定本四卷　(明)龔居中纂　清順治刻本　四冊

310000－0261－0002332　3.834/2322

新刊外科微義四卷　(□)□□撰　明刻本　十六冊

310000－0261－0002333　＊3.8342/7503

瘍科選粹八卷　(明)陳文治輯　(清)繆希雍校　清康熙四十六年(1707)潯溪達尊堂刻本　四冊

310000－0261－0002334　＊3.8342/7503：2

瘍科選粹八卷　(明)陳文治輯　(清)繆希雍校　明崇禎元年(1628)許僖刻本　八冊

310000－0261－0002335　3.834/2321

枕藏外科形圖諸癥二卷　(清)吳璟撰　清抄本　二冊

310000－0261－0002336　3.8337/7515

黴瘡秘錄二卷　(明)陳司成撰　清光緒十一年(1885)刻本　二冊

310000－0261－0002337　3.834/1022.9

外科症治全生集四卷　(清)王維德纂輯　清光緒四年(1878)吳縣潘氏刻本　二冊

310000－0261－0002338　3.834/1022

王洪緒先生外科證治全生不分卷　(清)王維德撰　清咸豐十一年(1861)武昌節署刻本　一冊

310000－0261－0002339　3.834/1022.39

王洪緒先生外科證治全生不分卷　(清)王維德撰　清道光二十五年(1845)瓶花書屋刻本　三冊

310000－0261－0002340　3.834/1022.39：2

王洪緒先生外科證治全生不分卷　(清)王維德撰　清道光二十五年(1845)瓶花書屋刻本　一冊

310000－0261－0002341　3.834/1022.4

王洪緒先生外科證治全生不分卷　(清)王維德撰　清光緒二年(1876)玉笥山房刻本　二冊

310000－0261－0002342　3.834/1022.7

王洪緒先生外科證治全生不分卷　(清)王維德撰　清同治十一年(1872)鉛印本　二冊

310000－0261－0002343　3.834/1022：2

王洪緒先生外科證治全生不分卷　(清)王維德撰　清咸豐十一年(1861)武昌節署刻本　一冊

310000－0261－0002344　3.834/1022.0

王洪緒先生外科證治全生不分卷 （清）王維德撰 金瘡鐵扇散醫案不分卷 （清）沈大潤撰 清光緒八年(1882)刻本 二冊

310000－0261－0002345 3.8342/0028

瘍科臨證心得集三卷瘍科心得集方彙三卷 （清）高秉鈞輯 清嘉慶十四年(1809)盡心齋刻本 四冊

310000－0261－0002346 3.8342/0028.4

瘍科臨證心得集三卷瘍科心得集方彙三卷 （清）高秉鈞輯 清嘉慶十四年(1809)盡心齋刻本 六冊

310000－0261－0002347 3.8342/3143

瘍醫大全四十卷 （清）顧世澄撰 清同治九年(1870)敦仁堂刻本 四十冊

310000－0261－0002348 3.8342/3143.0

瘍醫大全四十卷 （清）顧世澄撰 清光緒二十年(1894)善成堂刻本 四十冊

310000－0261－0002349 3.846/4037

集驗背疽方不分卷 （宋）李迅撰 清抄本 一冊

310000－0261－0002350 3.834/3437

解圍元藪四卷 （明）沈之問輯 （清）黃鐘參訂 清嘉慶二十一年(1816)無錫孫敬德堂刻本 二冊

310000－0261－0002351 3.8342/2180

師竹齋抄驗瘡瘍內服秘方二卷癰疽原論三卷 （清）□□撰 清抄本 五冊

310000－0261－0002352 3.8344/3785

增訂治疗彙要三卷 （清）過鑄撰 清光緒二十四年(1898)武林刻本 二冊

310000－0261－0002353 3.846/1024

慈航集四卷 （清）王勳纂撰 清嘉慶四年(1799)敦行堂刻本 四冊

310000－0261－0002354 3.8/4444.49

存省齋溫熱論注一卷 （清）葉桂撰 清蔡鼎勳抄本 一冊

310000－0261－0002355 3.8316/4481

感證集腋二卷 （清）茅鐘盈輯 清嘉慶二十一年(1816)拜石山房刻本 二冊

310000－0261－0002356 3.8336/1022

時病論八卷 （清）雷豐撰 清光緒三十年(1904)石印本 二冊

310000－0261－0002357 3.8/1713

四時病機十四卷溫毒病論一卷女科歌訣六卷附經驗方一卷 （清）邵登瀛輯 清光緒六年(1880)震澤莊元植署刻本 六冊

310000－0261－0002358 3.8/1713：2

四時病機十四卷 （清）邵登瀛輯 清光緒六年(1880)震澤莊元植署刻本 一冊 存七卷（一至七）

310000－0261－0002359 3.8/1713.1

四時病機十四卷溫毒病論一卷女科歌訣六卷附經驗方一卷 （清）邵登瀛輯 清宣統元年(1909)江南醫學公會石印本 四冊

310000－0261－0002360 3.8336/7242.3

松峰說疫六卷 （清）劉奎撰 清乾隆五十四年(1789)刻本 六冊

310000－0261－0002361 3.83363/4408

溫病二百三十七法湯頭歌括三卷 （清）葉謙輯 清光緒二十五年(1899)葉氏種瓠草堂刻本 一冊

310000－0261－0002362 3.83363/2610.0

溫病條辨六卷首一卷 （清）吳塘撰 清道光十五年(1835)慈溪葉氏濬吾樓刻本 四冊

310000－0261－0002363 3.83363/2610.6

溫病條辨六卷首一卷 （清）吳塘撰 清光緒十九年(1893)上海圖書集成印書局石印本 四冊

310000－0261－0002364 3.83363/7534

溫熱病指南集不分卷 （清）陳祖恭撰 清光緒二年(1876)刻本 一冊

310000－0261－0002365 3.83363/1044

溫熱經緯五卷 （清）王士雄纂 清同治十三年(1874)湖北崇文書局刻本 四冊

310000 – 0261 – 0002366　3.83363/1044.0

溫熱經緯五卷　（清）王士雄纂　清光緒常熟
嬛嬛仙館刻本　四冊

310000 – 0261 – 0002367　3.83363/1044：2

溫熱經緯五卷　（清）王士雄纂　清同治十三
年(1874)湖北崇文書局刻本　四冊

310000 – 0261 – 0002368　3.83363/6840

溫癥朗照不分卷　（清）喻昌撰　清龍江書院
刻本　二冊

310000 – 0261 – 0002369　3.83363/2610

問心堂溫病條辨六卷首一卷　（清）吳塘撰
清光緒三十一年(1905)掃葉山房刻本　六冊

310000 – 0261 – 0002370　3.83363/2610.4

問心堂溫病條辨六卷首一卷　（清）吳塘撰
清道光十六年(1836)刻本　六冊

310000 – 0261 – 0002371　3.8355/7553

疫疹草不分卷痧喉闡解不分卷　（清）陳耕道
撰　清光緒二十九年(1903)同善堂刻本
二冊

310000 – 0261 – 0002372　3.8355/7553：2

疫疹草不分卷痧喉闡解不分卷　（清）陳耕道
撰　清光緒二十九年(1903)同善堂刻本
一冊

310000 – 0261 – 0002373　3.83365/1283

痢疾論四卷　（清）孔毓禮輯　清道光二十七
年(1847)謙益堂刻本　二冊

310000 – 0261 – 0002374　3.83365/2633.4

痢證匯參十卷　（清）吳道源纂輯　清乾隆三
十八年(1773)敦厚堂刻本　四冊

310000 – 0261 – 0002375　3.83368/3609

麻證全書四卷　（清）湯鼎烜纂　清光緒三十
一年(1905)刻本　四冊

310000 – 0261 – 0002376　3.83363/1011

溫熱病論　（清）王廷瑞撰　清乾隆四十九年
(1784)抄本　一冊

310000 – 0261 – 0002377　3.8336/7752

溫熱暑疫全書四卷　（清）周揚俊撰　清乾隆

十九年(1754)吳門蔣氏庸德堂刻本　三冊

310000 – 0261 – 0002378　3.83363/7752.3

溫熱暑疫全書四卷　（清）周揚俊撰　清道光
二十年(1840)寶善堂刻本　一冊

310000 – 0261 – 0002379　3.8339/7752.0

溫熱暑疫全書四卷　（清）周揚俊撰　清光緒
十五年(1889)掃葉山房刻本　二冊

310000 – 0261 – 0002380　3.8339/7752.0：2

溫熱暑疫全書四卷　（清）周揚俊撰　清光緒
十五年(1889)掃葉山房刻本　二冊

310000 – 0261 – 0002381　3.83368/4410

沙疹輯要四卷　（清）葉霖撰　清光緒十六年
(1890)四明李氏刻本　四冊

310000 – 0261 – 0002382　3.83368/0743.0

痧脹玉衡書三卷後卷一卷　（清）郭志邃撰
清甯郡大酉山房刻本　四冊

310000 – 0261 – 0002383　3.83368/0743.1

痧脹玉衡書三卷後卷一卷　（清）郭志邃撰
清康熙十七年(1678)刻本　二冊

310000 – 0261 – 0002384　3.83368/0743.10

痧脹玉衡書三卷後卷一卷　（清）郭志邃撰
清刻本　二冊

310000 – 0261 – 0002385　3.83368/4722

痧癥度鍼二卷　（清）胡盧叟輯　清光緒十九
年(1893)石印本　一冊

310000 – 0261 – 0002386　3.83368/4440.1

痧癥全書三卷　（清）林森傳授　（清）王凱輯
清光緒八年(1882)刻本　二冊

310000 – 0261 – 0002387　3.83368/8032

痧證指微一卷　（清）釋普淨撰　清光緒三十
四年(1908)刻本　一冊

310000 – 0261 – 0002388　3.8355/7553.9

疫疹草不分卷　（清）陳耕道撰　清光緒三十
年(1904)魏塘紫陽氏鉛印本　一冊

310000 – 0261 – 0002389　3.8355/7553.0

疫疹草三卷　（清）陳耕道撰　清光緒十四年

(1888)北京琉璃廠梓文齋刻本　　一冊

310000－0261－0002390　3.83363/4510
廣瘟疫論四卷末一卷　（清）戴天章撰　清同治寶慶經綸堂刻本　　二冊

310000－0261－0002391　3.83364/1044.3
霍亂論二卷　（清）王士雄撰　清光緒十八年(1892)刻本　　一冊

310000－0261－0002392　3.83364/1044.5
霍亂論二卷　（清）王士雄撰　清掃葉山房刻本　　一冊

310000－0261－0002393　3.83364/2533
霍亂論摘要不分卷　（清）朱湛溪輯　清光緒二十一年(1895)刻本　　一冊

310000－0261－0002394　3.83364/0847
霍亂然犀說二卷末一卷　（清）許起撰　清光緒十四年(1888)刻本　　一冊

310000－0261－0002395　3.83364/4334
霍亂新論不分卷　（清）姚訓恭撰　清光緒二十八年(1902)刻本　　一冊

310000－0261－0002396　3.8337/4774
鼠疫良方彙編一卷　（清）沈敦和輯　清宣統二年(1910)上海中國公立醫院鉛印本　　一冊

310000－0261－0002397　3.83363/3320
溫病診治辯論不分卷　（清）塗山濮氏輯　清光緒二十一年(1895)刻本　　一冊

310000－0261－0002398　3.83363/5043
溫病指南二卷　（清）婁杰輯　清光緒二十九年(1903)聽虛館刻本　　一冊

310000－0261－0002399　3.83363/2649.32
溫疫論補註二卷　（清）周揚俊撰　清光緒六年(1880)掃葉山房刻本　　二冊

310000－0261－0002400　3.83363/2649.7
瘟疫論補註二卷　（明）吳有性撰　清同治三年(1864)樊川文成堂刻本　　四冊

310000－0261－0002401　3.83363/2649
瘟疫論二卷　（明）吳有性撰　清康熙四十八年(1709)劉氏思仁堂刻本　　二冊

310000－0261－0002402　3.83363/8781
瘟疫明辨四卷瘟疫明辨方不分卷　（清）鄭奠一撰　清光緒二十八年(1902)常郡長年醫局木活字印本　　二冊

310000－0261－0002403　3.83363/8781.3
瘟疫明辨四卷瘟疫明辨方不分卷　（清）鄭奠一撰　清嘉慶二十二年(1817)晉祁書業堂刻本　　二冊

310000－0261－0002404　3.83363/8781.0
瘟疫明辨四卷瘟疫明辨方不分卷　（清）鄭奠一撰　洞主仙師白喉治法忌表抉微不分卷白喉藏治養陰忌表歌括　（清）耐修子撰　清光緒十七年(1891)上海掃葉山房刻本　　二冊

310000－0261－0002405　3.83363/6060
瘟疫條辨摘要不分卷　（清）陳良佐晰義（清）楊璿條辨　（清）呂田集錄　清光緒十五年(1889)浙江書局刻本　　一冊

310000－0261－0002406　3.8352/2323
傅氏眼科審視瑤函六卷首一卷　（明）傅仁宇纂輯　（清）林長生校補　（清）傅維藩編集　清姑蘇書業堂刻本　　三冊

310000－0261－0002407　3.8352/2323.0
傅氏眼科審視瑤函六卷首一卷　（明）傅仁宇纂輯　（清）林長生校補　（清）傅維藩編集　清大文堂刻本　　六冊

310000－0261－0002408　3.8352/2323.2
傅氏眼科審視瑤函六卷首一卷　（明）傅仁宇纂輯　（清）林長生校補　（清）傅維藩編集　清致和堂刻本　　六冊

310000－0261－0002409　3.8352/2323.6
傅氏眼科審視瑤函六卷首一卷　（明）傅仁宇纂輯　（清）林長生校補　（清）傅維藩編集　清姑蘇聚文堂刻本　　六冊

310000－0261－0002410　3.8352/4493
秘傳眼科龍木醫書總論十卷葆光道人秘傳眼科不分卷　（明）葆光道人撰　明萬曆三年

(1575)刻本　四冊

310000－0261－0002411　3.8352/1150
啟蒙真諦二卷　（清）鄧苑撰　清光緒鉛印本
　二冊

310000－0261－0002412　3.8352/1150.1
啟蒙真諦二卷　（清）鄧苑撰　清光緒七年
（1881）上海申報館鉛印本　二冊

310000－0261－0002413　3.8352/1150.1:2
啟蒙真諦二卷　（清）鄧苑撰　清光緒七年
（1881）上海申報館鉛印本　一冊　存一卷
（草亭目科全書一）

310000－0261－0002414　3.8352/1150:2
啟蒙真諦二卷　（清）鄧苑撰　清光緒鉛印本
　一冊　存一卷（異授眼科）

310000－0261－0002415　3.8352/5002
眼科錦囊四卷續眼科錦囊二卷　（日本）本莊
俊篤撰　清光緒十一年（1885）上海福瀛書局
刻本　四冊

310000－0261－0002416　3.8352/4030
眼科秘旨不分卷　（□）□□撰　清紅杏山房
刻本　二冊

310000－0261－0002417　3.8352/2642
眼科神效方　（清）程松崖撰　清光緒十一年
（1885）龍華齋刻本　一冊

310000－0261－0002418　3.8352/6721
眼科總要不分卷　（清）懋芝抄　清光緒三十
三年（1907）懋芝抄本　一冊

310000－0261－0002419　3.8352/6056
異授眼科不分卷眼有柒拾貳藏醫法不分卷
（□）□□撰　清抄本　二冊

310000－0261－0002420　3.8352/1263.0
銀海精微四卷　（唐）孫思邈原輯　（清）周亮
節校正　清文光堂刻本　二冊

310000－0261－0002421　3.847/3653
金丹正宗三卷　（清）□□撰　清抄本　四冊

310000－0261－0002422　3.847/4071

三元延壽參贊書五卷　（元）李鵬飛編　清影
元抄本　二冊

310000－0261－0002423　＊3.847/2780
壽親養老新書四卷　（元）鄒鉉撰　（元）黃應
紫校　明萬曆刻本　四冊

310000－0261－0002424　3.8/7427
隨息居飲食譜不分卷　（清）王士雄撰　清光
緒十八年（1892）上海醉六堂刻本　二冊

310000－0261－0002425　3.843/1044.7
隨息居飲食譜不分卷　（清）王士雄纂　清同
治二年（1863）刻本　一冊

310000－0261－0002426　3.8/1029.2
衛濟餘編十八卷　（清）王纕堂編　清嘉慶二
十一年（1816）刻本　十二冊

310000－0261－0002427　3.847/3653.1
衛生要訣不分卷　（□）□□撰　清抄本
二冊

310000－0261－0002428　3.8/4440
衛生要訣四卷　（清）范在文撰　清嘉慶八年
（1803）安懷堂刻本　四冊

310000－0261－0002429　3.8/8733
中外衛生要旨四卷　（清）鄭官應編輯　清光
緒十九年（1893）刻本　四冊

310000－0261－0002430　3.849/8010
古今醫案按十卷　（清）俞震纂輯　（清）李齡
壽重校輯　清光緒九年（1883）吳江李氏刻本
　十冊

310000－0261－0002431　3.849/8010.2
古今醫案按十卷　（清）俞震纂輯　（清）李齡
壽重校輯　清宣統元年（1909）上海會文堂書
局石印本　十冊

310000－0261－0002432　3.849/8010:2
古今醫案按十卷　（清）俞震纂輯　（清）李齡
壽重校輯　清光緒九年（1883）吳江李氏刻本
　十冊

310000－0261－0002433　3.849/8010:3
古今醫案按十卷　（清）俞震纂輯　（清）李齡

壽重校輯　清光緒九年(1883)吳江李氏刻本
　　九冊　存九卷(一至三、五至十)

310000－0261－0002434　3.849/8015
古今醫案按十卷　(清)俞震纂輯　(清)李齡
壽重校輯　清宣統元年(1909)上海會文堂書
局石印本　十冊

310000－0261－0002435　3.8/1044.2
歸硯錄四卷　(清)王士雄撰　清同治元年
(1862)歸硯草堂刻本　四冊

310000－0261－0002436　3.849/2844.3
洄溪醫案一卷慎疾芻言一卷　(清)徐大椿撰
　　清光緒二年(1876)刻本　四冊　存一卷
(洄溪醫案一卷)

310000－0261－0002437　3.849/4320
靜香樓醫案不分卷　(清)尤怡撰　清黃壽南
抄本　一冊

310000－0261－0002438　3.849/8742
靜香樓醫案不分卷　(清)尤怡撰　清王烈抄
本　一冊

310000－0261－0002439　3.849/4444.10
臨證指南醫案十卷　(清)葉桂撰　清乾隆三
十三年(1768)衛生堂刻本　十冊

310000－0261－0002440　3.849/4444.2
臨證指南醫案十卷　(清)葉桂撰　清乾隆刻
本　一冊　存一卷(一)

310000－0261－0002441　3.849/4444.3
臨證指南醫案十卷　(清)葉桂撰　清乾隆刻
本　十冊

310000－0261－0002442　3.849/4444.30
臨證指南醫案十卷　(清)葉桂撰　清道光十
一年(1831)衛生堂刻本　十冊

310000－0261－0002443　3.849/4444.31
臨證指南醫案十卷　(清)葉桂撰　清道光二
十四年(1844)刻朱墨套印本　十二冊

310000－0261－0002444　3.849/4444.39
臨證指南醫案十卷　(清)葉桂撰　清道光三
年(1823)五柳居刻本　十二冊

310000－0261－0002445　3.849/4444.7
臨證指南醫案十卷　(清)葉桂撰　清同治三
年(1864)刻本　十二冊

310000－0261－0002446　3.849/4444.93
臨證指南醫案十卷　(清)葉桂撰　清光緒十
年(1884)文富堂刻本　十冊

310000－0261－0002447　3.849/4730
柳選四家醫案　(清)柳寶詒選評　清宣統二
年(1910)時中書局石印本　四冊

310000－0261－0002448　3.849/3114
名醫類案十二卷　(明)江瓘輯　清宣統元年
(1909)上海書局石印本　二十冊

310000－0261－0002449　3.849/3114.7
名醫類案十二卷　(明)江瓘輯　清同治十年
(1871)藏修堂刻本　十二冊

310000－0261－0002450　3.849/3114.9
名醫類案十二卷　(明)江瓘輯　清光緒二十
二年(1896)畊餘堂鉛印本　十冊

310000－0261－0002451　3.849/3114.9:2
名醫類案十二卷　(明)江瓘輯　清光緒二十
二年(1896)畊餘堂鉛印本　二十冊

310000－0261－0002452　3.849/4444.4
評琴書屋葉案括要八卷　(清)葉桂撰　清同
治十二年(1873)潘氏刻本　四冊

310000－0261－0002453　3.849/4444.12
三家醫案合刻不分卷　(清)葉桂撰　(清)吳
金壽輯　溫熱贅言不分卷　(清)寄瓢子撰
醫效秘傳三卷　(清)葉桂撰　(清)吳金壽輯
　　清道光十一年(1831)笠澤吳金壽刻本
四冊

310000－0261－0002454　3.849/4444.13
三家醫案合刻三卷　(清)葉桂撰　(清)吳金
壽輯　溫熱贅言不分卷　(清)寄瓢子撰　醫
效秘傳三卷　(清)葉桂撰　(清)吳金壽輯
清道光蘇州綠潤堂刻本　一冊

310000－0261－0002455　3.849/4444.14
三家醫案合刻三卷　(清)葉桂撰　(清)吳金

壽輯　**溫熱贅言不分卷**　（清）寄瓢子撰　**醫效秘傳三卷**　（清）葉桂撰　（清）吳金壽輯　清道光十一年(1831)笠澤吳金壽刻本　六冊

310000－0261－0002456　3.849/7422

三世醫驗五卷　（明）陸嶽撰　清道光十八年(1838)刻本　三冊　存四卷(一至四)

310000－0261－0002457　3.849/3142

石山醫案八種三十四卷　（明）汪機撰　明崇禎新安祁門樸墅刻本　十四冊

310000－0261－0002458　3.849/8062

外證醫案彙編四卷　（清）余景和輯　清光緒三十一年(1905)集古山房刻本　四冊

310000－0261－0002459　3.849/8062.2

外證醫案彙編四卷　（清）余景和輯　清光緒二十年(1894)上海文瑞樓刻本　四冊

310000－0261－0002460　3.849/8062：2

外證醫案彙編四卷　（清）余景和輯　清光緒三十一年(1905)集古山房刻本　四冊

310000－0261－0002461　3.849/1044

王氏醫案二卷續編八卷霍亂論二卷　（清）王士雄撰　（清）周鑠輯　清錢塘趙氏刻本　四冊

310000－0261－0002462　3.849/1044.0

王氏醫案二卷續編八卷霍亂論二卷　（清）王士雄撰　（清）周鑠輯　清咸豐元年(1851)吟香書屋刻本　四冊

310000－0261－0002463　3.849/1044：2

王氏醫案二卷續編八卷霍亂論二卷　（清）王士雄撰　（清）周鑠輯　清錢塘趙氏刻本　四冊

310000－0261－0002464　3.849/1144.1

王氏醫案三編三卷　（清）王士雄撰　（清）徐然石輯　清光緒十四年(1888)潘萼齋抄本　一冊

310000－0261－0002465　3.849/4435.4

問齋醫案五卷　（清）蔣寶素撰　清道光三十年(1850)鎮江蔣氏快志堂刻本　五冊

310000－0261－0002466　3.849/4435.4：2

問齋醫案五卷　（清）蔣寶素撰　清道光三十年(1850)鎮江蔣氏快志堂刻本　六冊

310000－0261－0002467　3.849/4435.4：3

問齋醫案五卷　（清）蔣寶素撰　清道光三十年(1850)鎮江蔣氏快志堂刻本　六冊

310000－0261－0002468　3.8/3185.7

吳門治驗錄四卷　（清）顧金壽撰　清道光五年(1825)蘇州青霞齋吳學圃刻本　四冊

310000－0261－0002469　3.849/4455

葉按贅語不分卷　（□）□□撰　清抄本　四冊

310000－0261－0002470　3.849/4414

葉氏醫案存真三卷　（清）葉桂撰　清光緒二十二年(1896)上海千頃堂書局石印本　二冊

310000－0261－0002471　3.849/4414.3

葉氏醫案存真三卷　（清）葉桂撰　清光緒九年(1883)刻本　四冊

310000－0261－0002472　3.849/2634

醫案不分卷　（清）吳達撰　清光緒十一年(1885)刻本　一冊

310000－0261－0002473　3.849/1214

醫案五卷　（明）孫一奎輯　明萬曆刻本　二冊　存二卷(一至二)

310000－0261－0002474　3.849/1214：2

醫案五卷　（明）孫一奎輯　明萬曆刻本　四冊

310000－0261－0002475　3.849/5957

醫案選選不分卷　（□）□□撰　清抄本　一冊

310000－0261－0002476　3.846/9434

醫徹四卷　（清）懷遠撰　清道光十年(1830)刻本　四冊

310000－0261－0002477　3.833/6860.2

寓意草不分卷　（明）喻昌撰　清善成堂刻本　二冊

310000－0261－0002478　3.833/6860.3

寓意草不分卷　（明）喻昌撰　清善成堂刻本
　三冊

310000－0261－0002479　3.833/6860.8

寓意草不分卷　（明）喻昌撰　清光緒三十三
年（1907）簡青齋書局石印本　一冊

310000－0261－0002480　3.833/6860.9

寓意草不分卷　（明）喻昌撰　清光緒三十一
年（1905）經元書室刻本　二冊

310000－0261－0002481　3.8316/7512

診餘舉隅錄二卷　（清）陳廷儒撰　清光緒二
十四年（1898）鉛印本　二冊

310000－0261－0002482　3.8/7773

讀醫隨筆六卷　（清）周學海撰　清光緒二十
四年（1898）建德周氏刻本　四冊

310000－0261－0002483　3.8/7423

冷廬醫話五卷　（清）陸以湉撰　清光緒二十
三年（1897）烏程龐氏刻本　二冊

310000－0261－0002484　3.8/7500

師傳醫恒三卷　（清）陳應亨抄　清陳應亨抄
本　三冊

310000－0261－0002485　3.8/7104

醫略存真一卷　（清）馬文植撰　清光緒二十
四年（1898）刻本　一冊

310000－0261－0002486　3.8/4343.4

**醫學讀書記三卷醫學續記一卷靜香樓醫案三
十一條不分卷**　（清）尤怡撰　清光緒十四年
（1888）吳縣朱氏槐廬家塾刻本　二冊

310000－0261－0002487　3.8/2647

引經證醫四卷　（清）程汀茵撰　清光緒八年
（1882）刻本　四冊

310000－0261－0002488　3.808/4060.4

東垣十書十三卷　（明）□□輯　（明）邵偉元
校　明隆慶二年（1568）曹灼刻本　十冊

310000－0261－0002489　3.8311/1141.44

黃帝內經素問九卷靈樞經九卷　（清）張志聰
注　清光緒十六年（1890）浙江書局刻本　十

四冊

310000－0261－0002490　3.8311/4412.4

黃氏遺書三種　（清）黃元御撰　清同治十一
年至光緒六年（1872－1880）陽湖馮承熙刻本
　十二冊

310000－0261－0002491　3.8311/2100

類經纂要三卷追憶舊錄四川治驗醫案不分卷
　（清）虞庠輯　清同治六年（1867）浙江翰墨
齋刻本　四冊

310000－0261－0002492　3.8/1077

醫經溯洄集不分卷　（明）王履撰　明初梅南
書屋刻本　一冊

310000－0261－0002493　3.8/1077.3

醫經溯洄集一卷　（元）王履撰　（明）吳勉學
校　明萬曆二十九年（1601）新安吳勉學刻本
　二冊

310000－0261－0002494　3.8/4410

醫經原旨六卷　（清）薛雪集注　清楊采青重
校寧郡簡香齋刻本　六冊

310000－0261－0002495　3.8314/5048

古本難經闡注二卷　（戰國）秦越人（扁鵲）撰
　（清）丁錦集注　清嘉慶五年（1800）刻本
四冊

310000－0261－0002496　3.8314/5048.4

古本難經闡注二卷　（戰國）秦越人（扁鵲）撰
　（清）丁錦集注　清同治三年（1864）刻本
一冊

310000－0261－0002497　3.8314/5048.42

難經經釋二卷　（戰國）秦越人（扁鵲）撰
（清）徐大椿釋　清雍正五年（1727）刻本
四冊

310000－0261－0002498　3.8314/5548.1

圖注八十一難經辨真四卷　（戰國）秦越人
（扁鵲）撰　（明）張世賢注　清光緒二年
（1876）通州西山堂刻本　二冊

310000－0261－0002499　3.8314/5548.3

圖注八十一難經辨真四卷　（戰國）秦越人

（扁鵲）撰　（明）張世賢注　清光緒二年
(1876)通州西山堂刻本　四冊

310000－0261－0002500　3.8314/1147
圖註八十一難經辨真四卷　（戰國）秦越人
（扁鵲）撰　（明）張世賢注　清文瑞樓刻本
四冊

310000－0261－0002501　3.8314/5548.0
圖註八十一難經辨真四卷　（戰國）秦越人
（扁鵲）撰　（明）張世賢注　清浙江亦西齋刻
本　六冊

310000－0261－0002502　3.8311/1032.93
補註黃帝內經素問二十四卷素問遺篇不分卷
靈樞十二卷　（唐）王冰注　（宋）林億等校
清光緒三年(1877)浙江書局刻本　十冊

310000－0261－0002503　3.8311/1032.93：2
補註黃帝內經素問二十四卷素問遺篇不分卷
靈樞十二卷　（唐）王冰注　（宋）林億等校
清光緒三年(1877)浙江書局刻本　十冊

310000－0261－0002504　3.8311/1032.4
新刊補注釋文黃帝內經素問十二卷　（隋）全元
起訓解　（唐）王冰注　（宋）林億校正　（宋）孫
兆改誤　（明）熊宗立句讀重刊　明成化十年
(1474)鼇峰熊宗立種德堂刻本　十二冊

310000－0261－0002505　3.8312/3750.0
讀素問鈔二卷　（元）滑壽撰　清抄本　二冊

310000－0261－0002506　3.8311/3239.1
黃帝內經靈樞九卷黃帝內經遺補一卷　（唐）
王冰注　（明）潘之恒定　明萬曆四十八年
(1620)刻本　五冊

310000－0261－0002507　3.8313/7144
黃帝內經靈樞註證發微九卷　（明）馬蒔撰
清道光二十三年(1843)潤州包氏守研堂刻本
八冊

310000－0261－0002508　3.8311/2616
黃帝內經素問二十四卷　（明）吳崐注　明金
閶寶翰樓刻本　十冊

310000－0261－0002509　3.8311/2616.0

黃帝內經素問二十四卷　（明）吳崐注　明萬
曆三十七年(1609)刻本　四冊

310000－0261－0002510　3.8311/2616.9
黃帝內經素問二十四卷　（明）吳崐注　清光
緒二十五年(1899)續溪程氏刻本　八冊

310000－0261－0002511　3.8311/2622
黃帝內經素問二十四卷　（明）吳崐注　清宏
道堂刻本　六冊

310000－0261－0002512　3.8311/3239
黃帝內經素問二十四卷　（唐）王冰注　（明）
潘之恒定　明萬曆四十八年(1620)刻本
四冊

310000－0261－0002513　3.8311/1141.4
黃帝內經素問九卷　（清）張志聰注　清聚錦
堂刻本　六冊

310000－0261－0002514　3.8311/1141.40
黃帝內經素問九卷　（清）張志聰注　清光緒
十六年(1890)浙江書局刻本　六冊

310000－0261－0002515　3.8312/0044
黃帝內經素問九卷　（清）張志聰注　清光緒
十三年(1887)浙江書局刻本　八冊

310000－0261－0002516　3.8311/7238
黃帝內經素問遺篇一卷　（宋）劉溫舒撰　清
光緒十年(1884)文成堂刻本　一冊

310000－0261－0002517　3.8312/7144
黃帝內經素問註證發微九卷　（明）馬蒔註證
　清道光二十三年(1843)潤州包氏守研堂刻
本　十二冊

310000－0261－0002518　3.8311/7114.4
黃帝內經素問註證發微九卷黃帝內經靈樞註
證發微九卷　（明）馬蒔註證　清嘉慶十年
(1805)芸生堂刻本　二十四冊

310000－0261－0002519　3.8/1183.3
類經三十二卷類經圖翼十一卷類經附翼四卷
　（明）張介賓類注　清嘉慶四年(1799)金閶
萃英堂刻本　二十四冊

310000－0261－0002520　3.8311/1183

類經三十二卷類經圖翼十一卷類經附翼四卷
　（明）張介賓類注　清道光二十年（1840）宏
道堂刻本　三十冊

310000－0261－0002521　3.8311/1141.9

靈樞經九卷　（清）張志聰集注　清光緒五年
（1879）刻本　八冊

310000－0261－0002522　3.8313/1141

靈樞經九卷　（清）張志聰集注　清光緒十六
年（1890）浙江書局刻本　八冊

310000－0261－0002523　3.8313/1141.1

靈樞經九卷　（清）張志聰集注　清刻本
六冊

310000－0261－0002524　3.8313/1141.14

靈樞經九卷　（清）張志聰集注　清刻本
九冊

310000－0261－0002525　3.8311/7583

靈素提要淺註十二卷　（清）陳念祖集註
(清)陳元犀參訂　清光緒十九年（1893）江左
書林刻本　六冊

310000－0261－0002526　3.8332/7235.7

劉河間傷寒三書三種二十卷　（金）劉完素撰
　清宣統元年（1909）上海千頃堂書局石印本
　二冊

310000－0261－0002527　3.8332/7235.7：2

劉河間傷寒三書三種二十卷　（金）劉完素撰
　清宣統元年（1909）上海千頃堂書局石印本
　四冊

310000－0261－0002528　3.8311/8739

內經必讀二卷　（清）鄭道煌輯　清光緒抄本
　四冊

310000－0261－0002529　3.831/4084.3

內經知要二卷　（明）李中梓輯　清光緒十六
年（1890）常郡振玉山房刻本　二冊

310000－0261－0002530　3.8311/4412

素靈微蘊四卷　（清）黃元御撰　清咸豐十年
（1860）長沙徐樹銘蠁穌精舍刻本　二冊

310000－0261－0002531　＊3.846/7235.5

素問病機氣宜保命集三卷　（明）劉完素撰
明萬曆二十九年（1601）新安吳勉學刻本
一冊

310000－0261－0002532　＊3.846/7235.5：2

素問病機氣宜保命集三卷　（明）劉完素撰
明萬曆二十九年（1601）新安吳勉學刻本
一冊

310000－0261－0002533　3.8312/5072

素問糾略九略　（元）朱震亨纂　清康熙抄本
一冊　存四略（一至四）

310000－0261－0002534　3.8311/3160

素問靈樞類纂約註三卷　（清）汪昂纂輯　清
光緒十三年（1887）掃葉山房刻本　三冊

310000－0261－0002535　3.8312/3160.1

素問靈樞類纂約註三卷　（清）汪昂纂輯　清
江陰寶文堂書莊刻本　三冊

310000－0261－0002536　3.8312/1114

素問釋義十卷　（清）張琦撰　清道光十年
（1830）陽湖張氏刻宛鄰書屋叢書本　四冊

310000－0261－0002537　3.8/4410.0

醫經原旨六卷　（清）薛雪集注　清乾隆十九
年（1754）薛氏掃葉莊刻本　四冊

310000－0261－0002538　3.8311/1032.6

重廣補注黃帝內經素問二十四卷　（唐）王冰
注　（宋）林億校正　（宋）孫兆改誤　明嘉靖
二十九年（1550）顧從德影宋刻本　十冊

310000－0261－0002539　3.8311/1032

重廣補注黃帝內經素問二十四卷遺篇一卷靈
樞十二卷　（唐）王冰注　（宋）林億校正
(宋)孫兆改誤　清光緒十年（1884）京口文成
堂仿宋刻本　十冊

310000－0261－0002540　3.8311/1032.40

重廣補註黃帝內經素問二十四卷　（唐）王冰
注　（宋）林億校正　（宋）孫兆改誤　明嘉靖
二十九年（1550）顧從德影宋刻本　十冊

310000－0261－0002541　3.8311/1032.42

重廣補註黃帝內經素問二十四卷黃帝內經靈

樞十二卷　（唐）王冰注　（宋）林億校正
（宋）孫兆改誤　清光緒十年(1884)京口文成
堂刻本　十一冊

310000－0261－0002542　3.8/1141
侶山堂類辯二卷　（清）張志聰撰　清乾隆四
十五年(1780)刻本　二冊

310000－0261－0002543　＊3.8/3432
沈朗仲先生病機匯論十八卷　（明）沈頤撰
清康熙五十二年(1713)吳門馬氏刻本　十
六冊

310000－0261－0002544　3.8/1024
市隱廬醫學雜著不分卷　（清）王德森撰　清
咸豐三年(1853)市隱廬刻本　一冊

310000－0261－0002545　3.8/1046
王氏醫存十七卷　（清）王燕昌撰　清同治十
三年(1874)皖城黃竹友齋刻本　四冊

310000－0261－0002546　3.8/4444
葉選醫衡二卷　（清）葉桂選　清宣統二年
(1910)上海文瑞樓石印本　二冊

310000－0261－0002547　3.8/4444：2
葉選醫衡二卷　（清）葉桂選　清宣統二年
(1910)上海文瑞樓石印本　二冊

310000－0261－0002548　3.8/4033
醫綱提要八卷　（清）李宗源輯　清光緒二十
三年(1897)南京李光明莊刻本　四冊

310000－0261－0002549　3.8/1032.1
醫林改錯二卷　（清）王清任撰　清光緒十七
年(1891)刻本　一冊

310000－0261－0002550　3.8/1032.2
醫林改錯二卷　（清）王清任撰　清光緒善成
堂刻本　二冊

310000－0261－0002551　3.8/1032.20
醫林改錯二卷　（清）王清任撰　清光緒三十
二年(1906)校經山房刻本　一冊

310000－0261－0002552　＊3.8/4544
醫學綱目四十卷　（明）樓英撰　明嘉靖四十
四年(1565)曹灼刻本　四十一冊

310000－0261－0002553　3.8/1127
醫學階梯二卷　（清）張叡撰　清康熙四十三
年(1704)刻本　二冊

310000－0261－0002554　3.8/2682.0
醫學心悟六卷　（清）程國彭撰　清刻本
二冊

310000－0261－0002555　3.8/2682.2
醫學心悟六卷　（清）程國彭撰　清光緒二十
年(1894)上海圖書集成印書局鉛印本　一冊

310000－0261－0002556　3.8/2682.8
醫學心悟六卷　（清）程國彭撰　清宣統三年
(1911)上海會文堂石印本　一冊

310000－0261－0002557　3.8/4929
醫學指歸二卷　（清）趙術堂撰　清同治元年
(1862)高郵趙氏旌孝堂刻本　二冊

310000－0261－0002558　3.8/4929.2
醫學指歸摘要　（清）趙術堂撰　（清）柳溪主
人手錄　清柳溪主人抄本　一冊

310000－0261－0002559　3.8/1059
醫原二卷　（清）石壽棠撰　清咸豐十一年
(1861)留耕書屋刻本　四冊

310000－0261－0002560　3.8/1059：2
醫原二卷　（清）石壽棠撰　清咸豐十一年
(1861)留耕書屋刻本　二冊

310000－0261－0002561　3.8/1059：3
醫原二卷　（清）石壽棠撰　清咸豐十一年
(1861)留耕書屋刻本　二冊

310000－0261－0002562　3.8311/4423
中藏經八卷華佗內照法一卷　（漢）華佗撰
清光緒六年(1880)上虞蘭蘭山房徐氏刻本
二冊

310000－0261－0002563　3.8311/4423.7
中藏經八卷華佗內照法一卷　（漢）華佗撰
清光緒十七年(1891)池陽周氏刻本　二冊

310000－0261－0002564　3.8/2210.4
巢氏諸病源候論五十卷　（隋）巢元方撰　清
光緒十七年(1891)池陽周氏刻本　四冊　存

二十九卷(二十二至五十)

310000 - 0261 - 0002565　3.8/0443
醫學輯要八卷　(清)謝甘澍輯　清光緒二十六年(1900)潯灣舊學山房刻本　八冊

310000 - 0261 - 0002566　3.8/1032
元和紀用經不分卷　(唐)王冰撰　清乾隆五十九年(1794)修敬堂刻本　一冊

310000 - 0261 - 0002567　3.8341/1189.2
備急灸法一卷　(宋)聞人耆年撰　**鍼灸擇日編集一卷**　(朝鮮)全循義　(朝鮮)金義孫編　清光緒十七年(1891)江寧藩署刻本　二冊

310000 - 0261 - 0002568　3.8391/1189
備急灸法一卷　(宋)聞人耆年撰　**鍼灸擇日編集一卷**　(朝鮮)全循義　(朝鮮)金義孫編　清光緒十六年(1890)上杭羅氏彙刻本　二冊

310000 - 0261 - 0002569　3.8391/1189:2
備急灸法一卷　(宋)聞人耆年撰　**鍼灸擇日編集一卷**　(朝鮮)全循義　(朝鮮)金義孫編　清光緒十六年(1890)上杭羅氏彙刻本　二冊

310000 - 0261 - 0002570　3.8391/1189:3
備急灸法一卷　(宋)聞人耆年撰　**鍼灸擇日編集一卷**　(朝鮮)全循義　(朝鮮)金義孫編　清光緒十六年(1890)上杭羅氏彙刻本　二冊

310000 - 0261 - 0002571　3.8391/1189:4
備急灸法一卷　(宋)聞人耆年撰　**鍼灸擇日編集一卷**　(朝鮮)全循義　(朝鮮)金義孫編　清光緒十六年(1890)上杭羅氏彙刻本　二冊

310000 - 0261 - 0002572　*3.8391/2211.1
新編西方子明堂灸經八卷新刊銅人鍼灸經七卷　(□)□□撰　明山西平陽府刻本　四冊

310000 - 0261 - 0002573　3.8391/1091.0:2
新刊補注銅人腧穴針灸圖經五卷　(宋)王惟一撰　清光緒三十三年至宣統元年(1907 -

1909)劉世珩玉海堂刻本　二冊

310000 - 0261 - 0002574　3.8391/3142
針灸問對三卷　(明)汪機輯　(明)陳桷校　明嘉靖刻本　三冊

310000 - 0261 - 0002575　3.8391/0011.8
鍼灸大成十卷圖四幀　(明)楊繼洲撰　(清)章廷珪重修　清光緒十二年(1886)上海江左書林刻本　十四冊

310000 - 0261 - 0002576　3.8391/4072
鍼灸逢源六卷　(清)李學川輯　清同治十年(1871)李嘉時刻本　十六冊

310000 - 0261 - 0002577　3.8391/2650.1
鍼灸甲乙經十二卷　(晉)皇甫謐集　(宋)林億等校　清光緒十三年(1887)行素草堂刻本　四冊

310000 - 0261 - 0002578　3.8391/0013
鍼灸要旨二卷　(明)高武撰　清光緒四年(1878)上海樂善堂刻本　三冊

310000 - 0261 - 0002579　*3.8391/2211
新編西方子明堂灸經八卷　(□)□□撰　明山西平陽府刻本　二冊

310000 - 0261 - 0002580　3.8391/1091.0
新刊補註銅人腧穴針灸圖經五卷　(宋)王惟一撰　清宣統元年(1909)貴池劉氏玉海堂影刻本　四冊

310000 - 0261 - 0002581　*3.8391/2211.0
新刊銅人鍼灸經七卷　(□)□□撰　明山西平陽府刻本　二冊

310000 - 0261 - 0002582　3.8324/7773
脈簡補義二卷　(清)周學海撰　清宣統三年(1911)福惠雙修館刻本　二冊

310000 - 0261 - 0002583　3.8/1111
石頑老人診宗三昧不分卷　(清)張璐撰　清刻本　一冊

310000 - 0261 - 0002584　3.8/1029
醫鏡四卷　(明)王肯堂撰　明崇禎十四年(1641)刻本　四冊

310000－0261－0002585　3.8/1029：2
醫鏡四卷　（明）王肯堂撰　明崇禎十四年
(1641)刻本　四冊

310000－0261－0002586　＊3.8/3102
雜症會心錄二卷　（清）汪文綺撰　（清）程大
兆等校　清乾隆二十年(1755)率川自餘堂刻
本　四冊

310000－0261－0002587　3.8/1117.01
張氏醫通十六卷　（清）張璐撰　清三元堂刻
本　十六冊

310000－0261－0002588　3.8/5063.2
癥因脈治八卷　（明）秦昌遇撰　（清）秦之楨
編　清抄本　六冊　存六卷(一至三、五、七
至八)

310000－0261－0002589　3.8/2613
諸證辨疑四卷　（明）吳球撰　（明）董琦校刊
　（明）邵瑪訂證　補遺諸症辨疑錄　（明）吳
球撰　（明）董琦刊行　（明）鮑德彰補選　明
董琦刻本　四冊

310000－0261－0002590　3.8324/4033
瀕湖脈學一卷奇經八脈考一卷　（明）李時珍
撰　清光緒五年(1879)掃葉山房刻本　二冊

310000－0261－0002591　3.8324/4033.4
瀕湖脈學一卷奇經八脈考一卷　（明）李時珍
撰　清光緒三十一年(1905)掃葉山房刻本
二冊

310000－0261－0002592　3.8324/0034
方氏脈癥正宗四卷　（清）方肇權撰　清嘉慶
四年(1799)武林大成齋刻本　四冊

310000－0261－0002593　3.8324/8032
脈理會參三卷　（清）余之儁撰　清康熙刻本
　一冊

310000－0261－0002594　3.8324/6034
診家索隱二卷　（清）羅浩輯　清嘉慶四年
(1799)刻本　二冊

310000－0261－0002595　＊3.8324/1145
家傳太素脈秘訣二卷　（明）張太素撰　（明）

劉伯詳注　（明）周文煒梓　明周文煒刻本
二冊

310000－0261－0002596　3.8324/3027
家秘脈訣　（□）□□撰　清抄本　一冊

310000－0261－0002597　3.8324/1022
脈經十卷　（晉）王叔和撰　清光緒十七年
(1891)池陽周氏刻本　六冊

310000－0261－0002598　3.8324/1022.6
脈經十卷　（晉）王叔和撰　清光緒十九年
(1893)景蘇園刻本　四冊

310000－0261－0002599　3.8324/1022.62
脈經十卷　（晉）王叔和撰　明吳勉學刻本
二冊

310000－0261－0002600　3.8324/1022：2
脈經十卷　（晉）王叔和撰　清光緒十七年
(1891)池陽周氏刻本　四冊

310000－0261－0002601　3.8324/1022：3
脈經十卷　（晉）王叔和撰　清光緒十七年
(1891)池陽周氏刻本　四冊

310000－0261－0002602　3.8324/4016
脈訣匯辨十卷　（清）李延是撰　清康熙五年
(1666)刻本　四冊　存八卷(一至八)

310000－0261－0002603　3.8324/4343.0
脈訣刊誤集解二卷附錄一卷矯世惑脈論一卷
　（元）戴起宗撰　清宣統元年(1909)借月山
房新刻本　二冊

310000－0261－0002604　3.8324/2510
脈因證治四卷　（元）朱震亨撰　清光緒十七
年(1891)池陽周氏刻本　四冊

310000－0261－0002605　3.8324/2510：2
脈因證治四卷　（元）朱震亨撰　清光緒十七
年(1891)池陽周氏刻本　四冊

310000－0261－0002606　3.8324/2510：3
脈因證治四卷　（元）朱震亨撰　清光緒十七
年(1891)池陽周氏刻本　四冊

310000－0261－0002607　3.8324/4061.4

奇經八脈考不分卷　　(明)李時珍撰　　清光緒
三十一年(1905)掃葉山房刻本　　一冊

310000－0261－0002608　3.8324/1145.1

鍥太上寶太素張神仙脈訣玄微綱領宗統四卷
　　(明)張太素撰　　明致和堂刻本　　一冊

310000－0261－0002609　3.8324/1147

刪注脈訣規正二卷　　(清)沈鏡刪注　　清咸豐
七年(1857)經綸堂刻本　　二冊

310000－0261－0002610　3.83363/1011.3

孫真人千金平脈法　　(清)王廷瑞撰　　清乾隆
四十九年(1784)抄本　　一冊

310000－0261－0002611　3.8324/2510.0

新鍥校定脈訣指掌病式圖說不分卷醫學發明
一卷　　(元)朱震亨撰　　(明)吳勉學校　　清宏
德堂刻本　　一冊

310000－0261－0002612　3.8324/4054

診家正眼二卷　　(明)李中梓撰　　(清)尤乘增
補　　清刻本　　一冊

310000－0261－0002613　3.8324/5034

藏因脈治四卷　　(明)秦昌遇撰　　(清)秦之楨
編　　清康熙四十七年(1708)攸寧堂刻本
四冊

310000－0261－0002614　3.8316/8348.9

辨證奇聞十卷　　(清)錢松撰　　清光緒三十一
年(1905)寶善齋書莊石印本　　六冊

310000－0261－0002615　3.846/2600

丹溪先生心法五卷首一卷附錄不分卷　　(元)
朱震亨撰　　(明)吳中珩校　　清遠安堂刻本
五冊

310000－0261－0002616　3.846/2600.1

丹溪先生心法五卷首一卷附錄不分卷　　(元)
朱震亨撰　　(明)吳中珩校　　清尚德堂刻本
八冊

310000－0261－0002617　3.832/7734

漢譯診病奇侅二卷　　(日本)丹波苗庭類次
(日本)松井操漢譯　　五雲子腹診法不分卷
(日本)森養春院撰　　清光緒十四年(1888)四

明王氏鉛印本　　二冊

310000－0261－0002618　3.8322/2046

舌苔賦不分卷　　(清)嚴燮撰　　清抄本　　一冊

310000－0261－0002619　3.832/4434

四診抉微八卷管窺附餘一卷　　(清)林之翰撰
清雍正刻本　　四冊

310000－0261－0002620　3.846/3246

醫燈續焰二十一卷　　(宋)崔嘉彥撰　　(明)李
言聞刪補　　(明)潘楫增注　　清順治九年
(1652)陸地舟刻本　　五冊

310000－0261－0002621　3.841/3160

本草醫方合編四種十三卷　　(清)汪昂輯　　清
乾隆四十三年(1778)三讓堂刻本　　六冊

310000－0261－0002622　3.8/3136.91

筆花醫鏡四卷　　(清)江涵暾撰　　清光緒十一
年(1885)刻本　　二冊

310000－0261－0002623　3.8/3136.9

筆花醫鏡四卷新增奇方一卷　　(清)江涵暾撰
藥要便蒙新編二卷　　(清)談鴻鋆輯　　清光
緒十七年至十八年(1891－1892)刻本　　四冊

310000－0261－0002624　＊3.846/0062

辨症入藥鏡六卷　　(明)唐昌胤校輯　　明崇禎
三年(1630)刻本　　四冊

310000－0261－0002625　＊3.8/4320

博物知本三種　　(清)尤乘纂輯　　清康熙三十
年(1691)刻本　　十冊

310000－0261－0002626　3.808/2632

不居上集三十卷首一卷不居下集二十卷首一
卷　　(清)吳澄輯　　清道光十三年(1833)芸香
閣刻本　　十六冊

310000－0261－0002627　3.808/3305

不知醫必要四卷首一卷　　(清)梁廉夫撰　　清
光緒益元堂刻本　　四冊

310000－0261－0002628　3.808/4412

昌邑黃先生醫書八種八十卷　　(清)黃元御撰
清咸豐十年(1860)燮酥精舍刻本　　十六冊

310000－0261－0002629　3.808/7583.7

陳修園醫書九種 （清）陳念祖撰　清光緒十五年(1889)上海江左書林刻本　十三冊

310000－0261－0002630　3.808/7583.91

陳修園醫書十一種 （清）陳念祖撰　清光緒十五年(1889)上海江左書林刻本　二十冊

310000－0261－0002631　3.8/2618

程進士松厓醫徑四卷 （明）程玠撰　明萬曆二十八年(1600)集義堂刻本　四冊

310000－0261－0002632　3.8/2653

程氏醫彀四集十六卷 （明）程式撰　明萬曆四十三年(1615)刻本　十六冊

310000－0261－0002633　3.8316/1202

丹臺玉案六卷 （明）孫文胤撰　（清）屠壽徵校　清順治學餘堂刻本　六冊

310000－0261－0002634　3.8316/1202.1

丹臺玉案六卷 （明）孫文胤撰　（清）屠壽徵校　清刻本　六冊

310000－0261－0002635　＊3.8/0000.6

丹溪心法附餘二十四卷首一卷 （明）方廣類集　明隆慶六年(1572)施篤臣刻本　十五冊

310000－0261－0002636　3.808/1042.7

當歸草堂醫學叢書初編十種 （清）丁丙輯　清光緒四年(1878)錢唐丁氏當歸草堂刻本　十二冊

310000－0261－0002637　3.808/1042.7：2

當歸草堂醫學叢書初編十種 （清）丁丙輯　清光緒四年(1878)錢唐丁氏當歸草堂刻本　十冊

310000－0261－0002638　3.808/1042.7：3

當歸草堂醫學叢書初編十種 （清）丁丙輯　清光緒四年(1878)錢唐丁氏當歸草堂刻本　十二冊

310000－0261－0002639　3.808/4060

東垣十種醫書十二種二十二卷 （明）□□輯　清光緒上海文盛書局石印本　六冊

310000－0261－0002640　3.808/3131

馮氏錦囊秘錄八種五十卷 （清）馮兆張撰　清嘉慶十八年(1813)會成堂刻本　三十二冊

310000－0261－0002641　3.8/3131.0

馮氏錦囊秘錄痘疹全集十五卷雜症痘疹藥性主治合參十二卷首一卷 （清）馮兆張撰　清康熙四十一年(1702)刻本　八冊

310000－0261－0002642　3.8/3131

馮氏錦囊秘錄三種 （清）馮兆張撰　清嘉慶十八年(1813)會成堂刻本　十六冊

310000－0261－0002643　3.8/4414：2

格致餘論一卷 （元）朱彥修撰　（明）吳中珩校　清宣統三年(1911)黃壽南抄本　一冊

310000－0261－0002644　3.8/6058

古今名醫彙粹八卷 （清）羅美編　清嘉慶六年(1801)五柳居刻本　六冊

310000－0261－0002645　3.8/4082

古今牟佟集二卷 （□）□□撰　清抄本　二冊

310000－0261－0002646　＊3.8/3771

國醫宗旨四卷 （明）梁學孟撰　明萬曆三十五年(1607)陸世科刻本　四冊

310000－0261－0002647　3.8/4709

胡文煥刻醫書六種 （明）胡文煥校正　明胡文煥刻本　三冊

310000－0261－0002648　3.83363/4310

活人精言二種八卷 （清）戈維城撰　（清）戴天章撰　清光緒二十七年(1901)崇義堂刻本　二冊

310000－0261－0002649　3.8/0042.1

己任編八卷 （清）高鼓峰撰　清道光十年(1830)涵古堂刻本　四冊

310000－0261－0002650　＊3.846/3137

濟世全書六種 （清）汪啟賢　（清）汪啟聖選注　清康熙刻本　六冊

310000－0261－0002651　＊3.8/3137

濟世全書十五種 （清）汪啟賢　（清）汪啟聖選注　清康熙刻本　十六冊

310000－0261－0002652　3.808/1183.6

景岳全書二十四集六十四卷　（明）張介賓撰
　清康熙四十九年(1710)學海樓刻本　二十四冊

310000－0261－0002653　3.808/1183.60

景岳全書二十四集六十四卷　（明）張介賓撰
　清康熙四十九年(1710)刻本　二十四冊

310000－0261－0002654　3.8/4444.1

景岳全書發揮四卷　（清）葉桂撰　清道光二十四年(1844)眉壽堂刻本　四冊

310000－0261－0002655　3.808/4444

景岳全書發揮四卷　（清）葉桂撰　清光緒五年(1879)刻本　十二冊

310000－0261－0002656　3.808/4444.6

景岳全書發揮四卷　（清）葉桂撰　清光緒五年(1879)吳氏醉六堂刻本　四冊

310000－0261－0002657　3.8/2844.441

蘭臺軌範八卷　（清）徐大椿撰　清乾隆二十九年(1764)刻本　四冊

310000－0261－0002658　3.8/2844.44

蘭臺軌範八卷慎疾芻言不分卷　（清）徐大椿撰　清光緒十五年(1889)刻本　五冊

310000－0261－0002659　3.808/1032

雷氏慎修堂醫書三種十三卷　（清）雷豐撰
清光緒十三年(1887)三衢雷慎修堂養鶴山房刻本　九冊

310000－0261－0002660　3.808/1032：2

雷氏慎修堂醫書三種十三卷　（清）雷豐撰
清光緒十三年(1887)三衢雷慎修堂養鶴山房刻本　九冊

310000－0261－0002661　3.849/4411.9

類證治裁八卷首一卷　（清）林佩琴撰　清光緒十年(1884)刻本　八冊

310000－0261－0002662　3.808/2634.0

六醴齋醫書十種五十五卷　（清）程永培編
清乾隆五十九年(1794)修敬堂刻本　十六冊

310000－0261－0002663　3.8/0141

脈藥聯珠三卷藥性考四卷食物考一卷　（清）龍柏撰　清嘉慶二十一年(1816)醒愚閣刻本
　八冊

310000－0261－0002664　3.808/7583.41

南雅堂醫書全集二十八種　（清）陳念祖撰
清光緒三十年(1904)上海順成書局石印本
二十冊　存二十七種一百三卷

310000－0261－0002665　3.808/7583.75

南雅堂醫書全集二十一種　（清）陳念祖撰
清光緒十八年(1892)上海圖書集成印書局石印本　十八冊　存十八種九十五卷

310000－0261－0002666　3.808/7526

南雅堂醫書全集十六種　（清）陳念祖撰　清同治九年(1870)奎璧堂刻本　三十六冊

310000－0261－0002667　3.808/7526.72

南雅堂醫書全集四十二種一百二十一卷
（清）陳念祖撰　清光緒三十二年(1906)吳閩醫學書會石印本　二十冊　存三十九種一百十八卷

310000－0261－0002668　3.808/1044.7

潛齋醫書五種二十卷　（清）王士雄撰　清光緒三十年(1904)石印本　八冊

310000－0261－0002669　3.808/1044.9

潛齋醫書五種二十卷　（清）王士雄撰　清光緒十八年(1892)刻本　八冊　存四種十五卷

310000－0261－0002670　3.8/1121.2

儒門事親十五卷　（金）張子和撰　清宣統二年(1910)上海千頃堂書局石印本　六冊

310000－0261－0002671　3.8/1121.4

儒門事親十五卷　（金）張子和撰　清宣統二年(1910)寧波汲綆齋書局石印本　六冊

310000－0261－0002672　3.808/4054.3

善成堂增訂士材三書四種八卷　（明）李中梓撰　（清）尤乘增補　清光緒三十一年(1905)善成堂刻本　十二冊

310000－0261－0002673　3.808/3485

沈氏尊生書五種七十二卷　（清）沈金鰲撰

清同治十三年(1874)湖北崇文書局刻本　二十六冊

310000－0261－0002674　3.808/3485.0

沈氏尊生書五種七十二卷　(清)沈金鰲撰　清宣統元年(1909)石印本　二十冊

310000－0261－0002675　3.808/7734.0

慎齋遺書十卷　(明)周之幹撰　清乾隆四十一年(1776)刻本　八冊

310000－0261－0002676　3.8/2644

聖濟總錄纂要二十六卷　(清)程林纂　清乾隆五年(1740)刻本　十冊

310000－0261－0002677　3.808/4054.4

士材三書四種八卷　(清)李中梓撰　(清)尤乘增補　清刻本　六冊

310000－0261－0002678　3.808/7442.51

世補齋醫書後集四種二十五卷　(清)陸懋修編　清宣統二年(1910)陸潤庠刻本　四冊　存二種十五卷

310000－0261－0002679　3.808/7442.91

世補齋醫書後集四種二十五卷　(清)陸懋修編　清宣統二年(1910)陸潤庠刻本　十冊

310000－0261－0002680　3.808/7442.4

世補齋醫書六種三十三卷　(清)陸懋修編　清光緒十年(1884)刻本　四冊

310000－0261－0002681　3.808/7442.5

世補齋醫書前集六種三十三卷　(清)陸懋修編　清宣統二年(1910)陸潤庠刻本　三冊

310000－0261－0002682　3.808/7442.9

世補齋醫書前集六種三十三卷　(清)陸懋修編　清光緒十二年(1886)山左書局刻本　八冊

310000－0261－0002683　3.8/5044

壽世編四種　(清)何王模撰　清光緒十七年(1891)羅溪聚芳齋刻本　一冊

310000－0261－0002684　3.808/1044

四科簡效方四集　(清)王士雄編　清光緒十一年(1885)越州徐氏刻本　四冊

310000－0261－0002685　3.808/1044：2

四科簡效方四集　(清)王士雄編　清光緒十一年(1885)越州徐氏刻本　四冊

310000－0261－0002686　3.8/4412

四聖懸樞五卷　(清)黃元御撰　清咸豐十年(1860)長沙徐樹銘燮蘇精舍刻本　二冊

310000－0261－0002687　3.808/2555

四種須知　(清)朱本中纂　清康熙刻本　十二冊

310000－0261－0002688　3.8/6027

嵩厓尊生書十五卷　(清)景日昣撰　清善成堂刻本　六冊

310000－0261－0002689　3.8/6056

嵩厓尊生書十五卷　(清)景日昣撰　清三讓堂刻本　八冊

310000－0261－0002690　3.8/6056.5

嵩厓尊生書十五卷　(清)景日昣撰　清掃葉山房刻本　八冊

310000－0261－0002691　3.8/7572

太醫局諸科程文九卷　(清)邃志廬陳氏彙輯　清光緒三十一年(1905)上海六藝書局石印本　五冊

310000－0261－0002692　3.808/3210

韡園醫學八種二十二卷　(清)潘霨輯　清光緒九年至十年(1883－1884)江西書局刻本　十二冊

310000－0261－0002693　3.808/3210：2

韡園醫學八種二十二卷　(清)潘霨輯　清光緒九年至十年(1883－1884)江西書局刻本　十二冊

310000－0261－0002694　3.8/0041

吳醫匯講十一卷　(清)唐大烈纂輯　清宣統二年(1910)上海掃葉山房石印本　二冊

310000－0261－0002695　3.8/0041.4

吳醫匯講十一卷　(清)唐大烈纂輯　清嘉慶十九年(1814)刻本　四冊

310000－0261－0002696　＊3.8/2153.7

新編醫學正傳八卷 （明）虞摶編 明萬曆六年(1578)邊有猷刻本 十六冊 存七卷(一至四、六至八)

310000－0261－0002697 3.846/0317

新鍥雲林神彀不分卷 （明）龔廷賢撰 清抄本 二冊

310000－0261－0002698 3.808/2844.0

徐靈胎十二種全集二十二卷 （清）徐大椿撰 清同治三年(1864)善成堂刻本 十二冊

310000－0261－0002699 3.808/2844.3

徐靈胎醫學全書前集八種後集八種 （清）徐大椿撰 清光緒三十三年(1907)上海六藝書局石印本 十四冊

310000－0261－0002700 3.808/2844.30

徐靈胎醫學全書前集八種後集八種 （清）徐大椿撰 清光緒三十三年(1907)上海章福記書局石印本 十六冊 存十五種二十九卷

310000－0261－0002701 3.808/2844.04

徐氏醫書八種 （清）徐大椿撰 清咸豐七年(1857)海昌蔣氏衍芬草堂刻本 二冊 存二種

310000－0261－0002702 3.808/2844.03

徐氏醫書八種十八卷 （清）徐大椿撰 清光緒十八年(1892)湖北官書處刻本 十二冊

310000－0261－0002703 3.808/2844.00

徐氏醫書六種 （清）徐大椿撰 清同治十二年(1873)崇文書局刻本 八冊 存四種

310000－0261－0002704 3.8/2844.2

徐氏醫書六種十六卷 （清）徐大椿撰 清同治十二年(1873)湖北崇文書局刻本 十冊

310000－0261－0002705 3.8398/5151

軒轅碑記醫學祝由十三科不分卷 （□）□□撰 清宣統二年(1910)上海書局石印本 一冊

310000－0261－0002706 3.844/3485

要藥分劑十卷 （清）沈金鰲撰 清刻本 一冊

310000－0261－0002707 3.8/8044

醫鈔類編二十四卷 （清）翁藻編 清光緒二十一年(1895)奉新許振禕刻本 二十五冊

310000－0261－0002708 3.8/8709.1

醫故二卷 鄭文焯撰 清光緒十七年(1891)刻本 二冊

310000－0261－0002709 3.8/8709

醫故二卷 鄭文焯撰 清光緒平江梓文閣刻本 四冊

310000－0261－0002710 3.8/7787.0

醫貫六卷 （明）趙獻可撰 清抄本 六冊

310000－0261－0002711 3.8/7787

醫貫六卷 （明）趙獻可撰 清康熙二十六年(1687)刻本 二冊

310000－0261－0002712 3.8/7787.03

醫無閭子醫貫六卷 （明）趙獻可撰 清三多齋刻本 四冊

310000－0261－0002713 3.8/7787.03：2

醫無閭子醫貫六卷 （明）趙獻可撰 清三多齋刻本 六冊

310000－0261－0002714 3.8/7787.031

刻醫無閭子醫貫六卷 （明）趙獻可撰 增補醫貫奇方一卷 （明）陰有瀾撰 新鐫窮鄉便方一卷 明崇禎元年(1628)刻本 四冊

310000－0261－0002715 3.8/2844

醫貫砭二卷 （清）徐大椿撰 清刻本 一冊

310000－0261－0002716 3.8/4444.2

醫衡二卷 （清）葉桂選 清光緒三十二年(1906)黃壽南抄本 二冊

310000－0261－0002717 3.8/3467

醫衡四卷 （清）沈時譽撰 （清）梅鼎輯 清抄本 四冊

310000－0261－0002718 3.8/7820

醫林大觀書目不分卷 （清）改師立輯 清抄本 一冊

310000－0261－0002719 3.8/0047

醫林繩墨大全九卷　（明）方穀撰　（清）周京
輯　清康熙四十九年（1710）周氏向山堂刻本
　八冊

310000－0261－0002720　3.808/1724

醫林指月十二種　（清）王琦輯　清乾隆三十
五年（1770）刻本　十二冊

310000－0261－0002721　3.808/1724：2

醫林指月十二種　（清）王琦輯　清乾隆三十
五年（1770）刻本　十三冊

310000－0261－0002722　3.8/2123：5

醫林纂要探源十卷附錄　（清）汪紱輯　清光
緒二十三年（1897）江蘇書局刻本　十冊

310000－0261－0002723　3.8/3123

醫林纂要探源十卷附錄　（清）汪紱輯　清光
緒二十三年（1897）江蘇書局刻本　十冊

310000－0261－0002724　3.8/3123：2

醫林纂要探源十卷附錄　（清）汪紱輯　清光
緒二十三年（1897）江蘇書局刻本　十冊

310000－0261－0002725　3.8/3123：3

醫林纂要探源十卷附錄　（清）汪紱輯　清光
緒二十三年（1897）江蘇書局刻本　十冊

310000－0261－0002726　3.8/3123：4

醫林纂要探源十卷附錄　（清）汪紱輯　清光
緒二十三年（1897）江蘇書局刻本　十冊

310000－0261－0002727　3.808/2844.1

醫略六書七種三十二卷　（清）徐大椿撰　清
光緒二十九年（1903）上洋趙翰香居刻本　十
八冊

310000－0261－0002728　3.808/2844.1：2

醫略六書七種三十二卷　（清）徐大椿撰　清
光緒二十九年（1903）上洋趙翰香居刻本　十
八冊

310000－0261－0002729　3.808/4435

醫略十三卷附醫略論列方關格考人迎辨
（清）蔣寶泰撰　清道光二十八年（1848）快志
堂刻本　四冊

310000－0261－0002730　3.808/4435：2

醫略十三卷附醫略論列方關格考人迎辨
（清）蔣寶泰撰　清道光二十八年（1848）快志
堂刻本　四冊

310000－0261－0002731　3.808/4435：3

醫略十三卷附醫略論列方關格考人迎辨
（清）蔣寶泰撰　清道光二十八年（1848）快志
堂刻本　四冊

310000－0261－0002732　3.8/0044

醫門棒喝初集四卷二集九卷　（清）章楠撰
清宣統元年（1909）蠡城三友益齋石印本
五冊

310000－0261－0002733　3.8/0044：2

醫門棒喝初集四卷二集九卷　（清）章楠撰
清宣統元年（1909）蠡城三友益齋石印本
十冊

310000－0261－0002734　3.8/0044.4

醫門棒喝初集四卷二集九卷　（清）章楠撰
清道光十九年（1839）俙山書屋刻本　十二冊

310000－0261－0002735　3.8/4930

醫門補要三卷採集先哲察生死秘法不分卷
（清）趙濂撰　清光緒二十三年（1897）刻本
三冊

310000－0261－0002736　3.8/6860.9

醫門法律六卷尚論篇四卷首一卷尚論後篇四
卷寓意草不分卷　（清）喻昌撰　清光緒二十
年（1894）上海圖書集成印書局鉛印本　八冊

310000－0261－0002737　3.8/1018

醫權初編二卷　（清）王三尊撰　清康熙六十
年（1721）刻本　二冊

310000－0261－0002738　3.8/4422

醫師秘笈二卷　（清）李言恭撰　濕熱條辨一
卷　（清）薛雪撰　清光緒七年（1881）浙甯簡
香齋刻本　二冊

310000－0261－0002739　3.808/2844

醫書八種十八卷　（清）徐大椿撰　清光緒二
十三年（1897）江左書林昌記刻本　十二冊

310000－0261－0002740　3.808/4431

醫書匯參輯成二十四卷 （清）蔡宗玉輯 清嘉慶十二年(1807)次知齋刻本 二十四冊

310000－0261－0002741 3.808/2844.32

醫書十三種三十四卷 （清）徐大椿撰 清文奎堂刻本 十六冊 存十二種二十二卷

310000－0261－0002742 3.808/1044.1

醫書五種二十卷 （清）王士雄撰 清光緒十八年(1892)刻本 十冊

310000－0261－0002743 3.8/7755

醫書摘要不分卷 （□）□□撰 清抄本 一冊

310000－0261－0002744 3.8/0833.1

醫四書八卷 （明）許兆禎撰 明萬曆刻本 四冊 存三種六卷

310000－0261－0002745 3.8/4444.71

醫效秘傳三卷 （清）葉桂撰 （清）吳金壽校 清道光十一年(1831)吳氏貯春僊館刻本 三冊

310000－0261－0002746 3.8/4444.7

醫效秘傳三卷 （清）葉桂撰 （清）吳金壽校 清道光十一年(1831)吳氏貯春僊館刻本 二冊 存二卷(一至二)

310000－0261－0002747 3.8/4444.7:2

醫效秘傳三卷 （清）葉桂撰 （清）吳金壽校 濕熱贅言一卷 （清）寄瓢子撰 清道光十一年(1831)吳氏貯春僊館刻本 一冊

310000－0261－0002748 3.8/1171

醫學辨正四卷 （清）張學醇撰 （清）張克元校訂 清光緒七年(1881)退補草堂刻本 四冊

310000－0261－0002749 3.808/7541

醫學粹精五種 （清）陳嘉璪編 清抄本 六冊

310000－0261－0002750 3.8/1223

醫學匯海三十六卷首一卷 （清）孫德潤撰 清道光六年(1826)漢陽蕭氏刻本 三十六冊

310000－0261－0002751 3.8/7220

醫學集成四卷 （清）劉仕廉纂輯 清光緒十年(1884)光明山房刻本 四冊

310000－0261－0002752 3.8/7707

醫學六種 （清）屠道和撰 清同治二年(1863)湖北育德堂刻本 八冊

310000－0261－0002753 3.8339/2156

醫學妙諦三卷 （清）何其偉纂 清光緒十九年(1893)橘香書屋刻本 三冊

310000－0261－0002754 3.8/2844.7

醫學三書合刊 （清）陶憇農輯 清光緒元年(1875)古蓮花池刻本 一冊 存二卷(慎疾芻言、洄溪醫案)

310000－0261－0002755 3.8/7583

醫學三字經四卷 （清）陳念祖撰 清光緒三十三年(1907)巴蜀善成堂刻本 一冊 存二卷(一至二)

310000－0261－0002756 3.8/7583.77

醫學實在易八卷 （清）陳念祖撰 清光緒二十七年(1901)南雅堂刻本 八冊

310000－0261－0002757 3.8/3443

醫學要則四卷 （清）沈懋官撰 清乾隆二十九年(1764)古虞永錫樓刻本 四冊

310000－0261－0002758 3.8/1033

醫學正傳增補（王氏增補醫學正傳）八卷首二卷 （明）虞摶撰 （明）王溥增補 明崇禎刻本 三十二冊

310000－0261－0002759 ＊3.8/6070

醫宗粹言十四卷 （明）羅周彥撰 明萬曆四十年(1612)夏雲刻本 六冊

310000－0261－0002760 3.8/4477.7

醫宗撮精四卷折肱漫錄六卷 （明）黃承昊編 清嘉慶十七年(1812)刻本 六冊

310000－0261－0002761 3.8/4414.7

醫宗說約六卷 （清）蔣示吉撰 清光緒十四年(1888)刻本 六冊

310000－0261－0002762 3.8/4414.73

醫宗說約五卷首一卷 （清）蔣示吉撰 清康

熙二年(1663)玉尺堂刻本　四冊

310000－0261－0002763　3.8/7735.7
醫宗摘要不分卷　(□)□□撰　清抄本
一冊

310000－0261－0002764　3.8/0094.0
欽定古今圖書集成醫部全錄五百二十卷
(清)陳夢雷輯　清光緒二十三年(1897)影印
本　六十冊

310000－0261－0002765　3.808/2608.4
御纂醫宗金鑑十五種九十卷首一卷　(清)吳
謙等輯　清乾隆刻本　四十八冊

310000－0261－0002766　3.808/2608.91
御纂醫宗金鑑編輯外科心法要訣十六卷
(清)吳謙等輯　清光緒十八年(1892)上海五
彩書局石印本　六冊

310000－0261－0002767　3.808/2608.2
御纂醫宗金鑑十六卷續編十四卷　(清)吳謙
等輯　清光緒九年(1883)掃葉山房刻本　十
八冊

310000－0261－0002768　3.808/2608
御纂醫宗金鑑十五種九十卷首一卷　(清)吳
謙等輯　清刻本　三十二冊

310000－0261－0002769　3.808/2608.9
御纂醫宗金鑑十五種九十卷首一卷　(清)吳
謙等輯　清光緒二年(1876)江西書局刻本
三十二冊

310000－0261－0002770　3.8/1121.0
豫醫雙璧二種三十五卷　(清)吳重熹輯　清
宣統元年(1909)海豐吳重熹梁園節署鉛印本
八冊

310000－0261－0002771　3.8/1121.0:2
豫醫雙璧二種三十五卷　(清)吳重熹輯　清
宣統元年(1909)海豐吳重熹梁園節署鉛印本
八冊

310000－0261－0002772　3.8/1121.0:3
豫醫雙璧二種三十五卷　(清)吳重熹輯　清
宣統元年(1909)海豐吳重熹梁園節署鉛印本

八冊

310000－0261－0002773　＊3.8316/0045
原病集五卷釋音一卷　(明)唐椿撰　明崇禎
六年(1633)嘉定唐敏學刻本　十二冊

310000－0261－0002774　3.8316/0045.3
原病集五卷釋音一卷　(明)唐椿撰　清康熙
二十三年(1684)刻本　十二冊

310000－0261－0002775　3.808/0033.7
增補萬病回春原本八卷　(明)龔廷賢編　清
光緒三十二年(1906)上海江東書局石印本
八冊

310000－0261－0002776　3.8332/8041
增注類證活人書二十二卷釋音藥性不分卷
(宋)朱肱撰　(明)吳勉學校　清光緒十年
(1884)江南機器總局刻本　四冊

310000－0261－0002777　3.8332/8041:2
增注類證活人書二十二卷釋音藥性不分卷
(宋)朱肱撰　(明)吳勉學校　清光緒十年
(1884)江南機器總局刻本　四冊

310000－0261－0002778　3.8332/2574.2
增注類證活人書二十二卷釋音藥性不分卷
(宋)朱肱撰　(明)吳勉學校　清光緒十二年
(1886)刻本　四冊

310000－0261－0002779　3.8332/8041.0
增注類證活人書二十二卷釋音藥性不分卷
(宋)朱肱撰　(明)吳勉學校　清光緒十二年
(1886)刻本　六冊

310000－0261－0002780　3.8332/8041.1
類證活人書二十二卷　(宋)朱肱撰　清江陰
朱氏刻本　四冊

310000－0261－0002781　3.8/0042
增註醫宗己任編八卷　(清)高鼓峰撰　(清)
楊乘六評　(清)王汝謙補註　清光緒十七年
(1891)李光明莊刻本　四冊

310000－0261－0002782　3.808/1188
張氏醫參七種十二卷　(清)張節撰　清嘉慶
六年(1801)率真草堂刻本　四冊

310000－0261－0002783　3.8/4094.9

證治彙補八卷　（清）李用粹撰　清光緒十八年(1892)簡玉山房刻本　八冊

310000－0261－0002784　3.808/0033.05

中西匯通醫經精義二卷　（清）唐宗海撰　清光緒二十年(1894)袖海山房書局石印本　一冊

310000－0261－0002785　3.808/0033.0

中西匯通醫書五種二十九卷　（清）唐宗海撰　清光緒三十四年(1908)上海千頃堂書局石印本　十二冊

310000－0261－0002786　3.808/0033.3

中西匯通醫書五種二十九卷　（清）唐宗海撰　清光緒二十年(1894)袖海山房書局石印本　十冊

310000－0261－0002787　3.808/4054.2

重訂增補士材三書三種附一種　（明）李中梓撰　（清）尤乘增補　清乾隆四十八年(1783)三多齋刻本　六冊

310000－0261－0002788　＊3.8/2210.6

重刊巢氏諸病源候總論五十卷目錄一卷　(隋)巢元方撰　（明）吳勉學校　明萬曆新安吳勉學刻本　十二冊

310000－0261－0002789　3.808/7733.7

周澂之評註醫書十二種　（清）周學海編　清光緒二十四年(1898)皖南建德周氏刻本　二十四冊

310000－0261－0002790　3.8324/4343

周氏醫學叢書初集　（清）周學海編　清宣統三年(1911)福惠雙修館刻本　十冊

310000－0261－0002791　3.808/7733

周氏醫學叢書三集三十二種　（清）周學海編　清宣統三年(1911)福惠雙修館刻本　七十二冊

310000－0261－0002792　3.808/7733：2

周氏醫學叢書三集三十四種　（清）周學海編　清宣統三年(1911)福惠雙修館刻本　七十二冊

310000－0261－0002793　3.8/5220

拙憩稿不分卷　（清）拙憩主人撰　清抄本　二十冊

310000－0261－0002794　3.808/7583

公餘六種二十二卷　（清）陳念祖撰　清宣統元年(1909)寶慶經元書局刻本　十冊

310000－0261－0002795　3.808/4462

經驗四種　（清）年希堯編　清乾隆十四年(1749)天都黃曉峰刻本　十冊

310000－0261－0002796　3.808/2619

薛氏醫按二十四種　（明）吳琯輯　清漁古山房刻本　四十八冊

310000－0261－0002797　3.8/7548.0

辨證錄十四卷胎產秘書二卷　（清）陳士鐸撰　清光緒十年(1884)善成堂刻本　十六冊

310000－0261－0002798　3.8/6062

羅氏會約醫鏡二十卷　（清）羅國綱輯　清乾隆五十四年(1789)大成堂刻本　二十四冊

310000－0261－0002799　3.846/4313

秘傳證治要訣十二卷　（明）戴元禮專　清宏德堂刻本　二冊

310000－0261－0002800　3.846/7548.4

石室秘錄六卷　（清）陳士鐸撰　清光緒三十一年(1905)校經山房刻本　六冊

310000－0261－0002801　3.846/7548.4：2

石室秘錄六卷　（清）陳士鐸撰　清光緒三十一年(1905)校經山房刻本　六冊

310000－0261－0002802　3.846/7548.5

石室秘錄六卷　（清）陳士鐸撰　清康熙二十八年(1689)本澄堂刻本　六冊

310000－0261－0002803　3.846/7548.7

石室秘錄六卷　（清）陳士鐸撰　清光緒十二年(1886)善成堂刻本　四冊

310000－0261－0002804　3.8/0120

王宇泰先生訂補古今醫鑑十六卷　（明）龔信

編　（明）龔廷賢續編　（明）王肯堂訂補　明
萬曆十七年(1589)金閶葉華生刻本　八冊

310000－0261－0002805　3.8/2740
先醒齋筆記不分卷　（明）繆希雍撰　（明）丁
元薦輯　明崇禎刻本　四冊

310000－0261－0002806　＊3.8/0117
新刊醫林狀元壽世保元甲至癸集十卷　（明）
龔廷賢編　明周文卿光霽堂刻本　十二冊

310000－0261－0002807　3.8/6860.2
醫門法律六卷　（清）喻昌撰　清乾隆陳守誠
刻本　六冊

310000－0261－0002808　3.8/6860.21
醫門法律六卷　（清）喻昌撰　清善成堂刻本
九冊

310000－0261－0002809　3.8/6860.21：2
醫門法律六卷　（清）喻昌撰　清善成堂刻本
六冊　存四卷(一至四)

310000－0261－0002810　3.8/6860.33
醫門法律六卷　（清）喻昌撰　清東溪堂刻本
十七冊

310000－0261－0002811　3.8/6860.7
醫門法律六卷　（清）喻昌撰　清光緒三十三
年(1907)上海簡青齋書局石印本　三冊

310000－0261－0002812　＊3.8/4980
醫學經略十集　（明）趙金編撰　（明）繆希雍
校訂　明天啓三年(1623)繆希雍刻本　十冊

310000－0261－0002813　3.8339/0000
醫宗金鑑雜病心法二卷　（清）吳謙纂修　清
抄本　二冊

310000－0261－0002814　3.8/7225
玉機微義五十卷　（明）劉純輯　清康熙四十
二年(1703)張屢豐、沈佩游重訂天德三畏堂
刻本　二十四冊

310000－0261－0002815　3.8/4054.9
群玉山房重校醫宗必讀十卷　（明）李中梓撰
清光緒九年(1883)群玉山房刻本　五冊

310000－0261－0002816　3.8/4054.2
三餘堂詳校醫宗必讀十卷　（明）李中梓撰
清乾隆三十九年(1774)三餘堂刻本　五冊

310000－0261－0002817　3.808/4480
萬密齋書十類一百八卷　（明）萬全撰　清康
熙五十一年(1712)漢陽張坦議視堂刻本　二
十五冊

310000－0261－0002818　3.846/0117
新刊增補萬病回春原本八卷　（明）龔廷賢編
清江陰寶文堂刻本　八冊

310000－0261－0002819　3.846/0117.0
新刊增補萬病回春原本八卷　（明）龔廷賢編
清大文堂刻本　八冊

310000－0261－0002820　＊3.846/7705
醫方撰要五書六卷　（□）□□撰　明刻本
六冊

310000－0261－0002821　＊3.846/7705：2
醫方撰要五書六卷　（□）□□撰　明刻本
六冊

310000－0261－0002822　3.8/4054.20
醫宗必讀五卷首一卷　（明）李中梓撰　（明）
吳肇廣參　（明）李廷芳訂　清大成堂刻本
五冊

310000－0261－0002823　3.8/4054.8
瀛經堂詳校醫宗必讀十卷　（明）李中梓撰
（明）吳肇廣參　（明）李廷芳訂　清康熙二十
五年(1686)金閶綠慎堂刻本　六冊

310000－0261－0002824　3.831/7882
陰符經三篇　（□）□□撰　太乙神針一卷
（□）□□撰　樂府傳聲一卷　（清）徐大椿撰
清乾隆十三年(1748)刻　一冊

310000－0261－0002825　3.8/2272
山屈經方一卷　（□）□□撰　清抄本　一冊

310000－0261－0002826　3.8/0030
弦雪居重訂遵生八牋十九卷目錄一卷　（明）
高濂編　（清）鍾惺校　清光緒十年(1884)刻
本　二十冊

310000－0261－0002827　3.8/0030.1

弦雪居重訂遵生八牋十九卷目録一卷　（明）
高濂編　（清）鍾惺校　清嘉慶十五年(1810)
金閶多文堂刻本　十六冊

310000－0261－0002828　＊3.8/0030.8

雅尚齋遵生八牋十九卷目録一卷　（明）高濂
編　明萬曆十九年(1591)雅尚齋刻本　二十
四冊

310000－0261－0002829　3.9/0712

山海經十八卷　（晉）郭璞傳　（清）畢沅校正
　清光緒二十三年(1897)文瑞樓石印本
一冊

310000－0261－0002830　3.9/1021.1

景宋殘本五代平話八卷　（□）□□撰　清宣
統三年(1911)毘陵董氏誦芬室刻本　二冊

310000－0261－0002831　3.9/1042

瀛壖雜志六卷　（清）王韜撰　清光緒元年
(1875)刻本　二冊

310000－0261－0002832　3.9/1043.1

池北偶談二十六卷　（清）王士禎撰　清文粹
堂刻本　六冊

310000－0261－0002833　3.9/1043.2

香祖筆記十二卷　（清）王士禎撰　清康熙四
十四年(1705)刻本　六冊

310000－0261－0002834　3.9/1044

陳眉公重訂野客叢書十二卷　（宋）王楙輯
明刻本　六冊　存三卷(一至三)

310000－0261－0002835　3.9/1044.4

在野邇言八卷　（清）王嘉楨撰　清光緒十三
年(1887)本善堂刻本　四冊

310000－0261－0002836　3.9/1063.1

玉照新志六卷　（宋）王明清撰　明萬曆三十
四年(1606)沈氏尚白齋刻本　二冊

310000－0261－0002837　3.9/1080

最近官場秘密史前編十六卷後編十六卷
（清）天公撰　清宣統二年(1910)上海新新小
說社鉛印本　八冊

310000－0261－0002838　3.9/1092

穀山筆塵十八卷　（明）于慎行撰　清康熙十
六年(1677)刻本　四冊

310000－0261－0002839　3.9/1124

梅簃隨筆四卷　（清）張作楠撰　清嘉慶二十
四年(1819)刻本　二冊

310000－0261－0002840　3.9/1231

海上繁華夢新書後集八卷四十回　孫家振撰
　清光緒三十二年(1906)上海笑林報館鉛印
本　八冊

310000－0261－0002841　3.9/2122

廣快書五十種五十卷　（明）何偉然輯　明崇
禎刻本　二十冊

310000－0261－0002842　3.9/2134

春渚紀聞十卷　（宋）何薳撰　清嘉慶十六年
(1811)浦城祝氏留香室刻本　三冊　存七卷
(一至七)

310000－0261－0002843　3.9/2647

新刻京臺公餘勝覽國色天香十卷　（明）吳敬
所輯　清周文煒南山堂刻本　十冊

310000－0261－0002844　3.9/2649

新刻繡像批評金瓶梅二十卷一百回　（明）蘭
陵笑笑生撰　（清）張竹坡批評　清康熙三十
四年(1695)刻本　三十二冊

310000－0261－0002845　3.9/3133

水曹清暇錄十六卷　（清）汪啓淑撰　清乾隆
五十七年(1792)飛鴻堂刻本　二冊

310000－0261－0002846　3.9/3166

臺灣外記十卷　（清）江日昇撰　清康熙四十
三年(1704)求無不獲齋木活字印本　五冊

310000－0261－0002847　3.9/3191

日知錄三十二卷　（清）顧炎武撰　清刻本
一冊　存二卷(二十二至二十三)

310000－0261－0002848　3.9/3236

宋稗類鈔三十六卷　（清）潘永因編　清宣統
三年(1911)上海藜光社石印本　十二冊

310000－0261－0002849　3.9/3428

野獲編三十卷首一卷補遺四卷　（明）沈德符撰　（清）錢枋輯　清道光七年(1827)錢塘姚氏扶荔山房刻本　二十冊

310000－0261－0002850　3.9/3865
海國春秋十二卷　（清）□□撰　清上海蘇報館鉛印本　八冊

310000－0261－0002851　3.9/4040.2
繡像小說七十二期　（清）李嘉寶編　清光緒二十九年至三十年(1903－1904)上海商務印書館鉛印本　七十二冊

310000－0261－0002852　3.9/4043
歷代小史一百六種　（明）李栻輯　明刻本　四十冊

310000－0261－0002853　3.9/4043.7
歷代小史一百五種　（明）李栻輯　明萬曆十二年(1584)刻本　十二冊

310000－0261－0002854　3.9/4060
太平廣記五百卷目錄十卷　（宋）李昉等編　明嘉靖四十五年(1566)談愷刻本　六十冊

310000－0261－0002855　3.9/4441
廣博物志五十卷　（明）董斯張撰　明萬曆四十三年(1615)刻本　二十冊

310000－0261－0002856　3.9/4442.4
南漘楛語八卷　（清）蔣超伯輯　清同治十年(1871)兩厲山房刻本　二冊

310000－0261－0002857　3.9/4452
紀載彙編十種　（清）□□輯　清光緒都城琉璃廠刻本　二冊

310000－0261－0002858　3.9/4634
丹鉛雜錄十卷玉名詁一卷異魚圖贊四卷　（明）楊慎撰　清刻本　二冊

310000－0261－0002859　3.9/4694
廿一史彈詞注十卷　（明）楊慎撰　**明紀彈詞注一卷**　清康熙四十九年(1710)刻本　八冊

310000－0261－0002860　3.9/5513
轉情集二卷　（明）費元祿撰　清康熙九年(1670)刻本　四冊

310000－0261－0002861　3.9/6017
五山志林八卷　（清）羅天尺撰　清道光三十年(1850)南海伍氏粵雅堂刻本　二冊

310000－0261－0002862　3.9/6048
果報錄十二卷一百回　（清）海芝濤撰　清木活字印本　十二冊

310000－0261－0002863　3.9/6075.4
古今說部叢書十集二百六十五種　（清）國學扶輪社輯　清宣統二年至民國四年(1910－1915)國學扶輪社鉛印本　六十冊

310000－0261－0002864　3.9/6722.6
明季稗史彙編十六種二十七卷　（清）留雲居士輯　清琉璃廠刻本　十二冊

310000－0261－0002865　3.9/7712
歐餘漫錄十三卷附錄一卷　（明）閔元衢撰　明萬曆三十四年(1606)刻本　六冊

310000－0261－0002866　3.9/7732.0
說郛一百二十卷　（明）陶宗儀輯　清順治刻本　四十一冊

310000－0261－0002867　3.9/7732.1
說郛續四十六卷　（明）陶珽輯　清順治刻本　二十一冊

310000－0261－0002868　3.9/7742.7
小柴桑喃喃錄二卷　（明）陶奭齡撰　明崇禎八年(1635)李為芝刻本　二冊

310000－0261－0002869　3.9/7814
紅樓夢圖詠不分卷　（清）改琦繪　清光緒刻本　四冊

310000－0261－0002870　3.9/8346
十駕齋養新錄二十卷餘錄三卷　（清）錢大昕撰　錢辛楣先生[大昕]年譜一卷竹汀居士[錢大昕]年譜續編一卷　（清）錢慶曾編　清光緒二年(1876)浙江書局刻本　八冊

310000－0261－0002871　3.9/8793
一斑錄五卷附錄一卷雜錄八卷　（清）鄭光祖撰　清同治三年(1864)青玉山房刻本　十冊

310000－0261－0002872　3.10/0028

通雅五十二卷首三卷　(清)方以智輯　清康熙四十一年(1702)姚氏浮山此藏軒刻本　十六冊

310000－0261－0002873　3.10/0034

圖書編一百二十七卷　(明)章潢編　(明)岳元聲訂　明天啓三年(1623)刻本　六十四冊

310000－0261－0002874　3.10/1090

知新錄三十二卷　(清)王棠彙訂　清康熙五十六年(1717)燕在閣刻本　十二冊

310000－0261－0002875　3.10/2616

通藝錄十九種　(清)程瑤田撰　清嘉慶刻本　八冊　存八卷(一至二、五至七、十至十一、十六)

310000－0261－0002876　3.10/2622

小窗清紀四種附一卷　(明)吳從先輯　明萬曆四十一年(1613)刻本　十冊

310000－0261－0002877　3.10/4044

群書備考六卷　(明)袁黃撰　續二三場群書備考三卷　(明)袁儼撰　明刻本　四冊

310000－0261－0002878　3.10/4144

和文漢譯讀本八卷　(日本)坪内雄藏撰　(清)沙頌虞　(清)張肇熊譯　清光緒二十八年(1902)上海商務印書館石印本　六冊　存六卷(二至三、五至八)

310000－0261－0002879　3.10/4414

草木子四卷　(明)葉子奇撰　清乾隆五十一年(1786)刻本　四冊

310000－0261－0002880　3.10/4694

丹鉛總錄二十七卷附抄本目錄　(明)楊慎撰　明萬曆刻本　十六冊

310000－0261－0002881　3.10/4732

西學通考三十六卷　(清)胡兆鸞輯　清光緒二十三年(1897)刻本　三冊　存七卷(四至十)

310000－0261－0002882　3.11/2721

天元玉曆祥異賦不分卷　(明)仁宗朱高熾撰　清抄本　十冊

310000－0261－0002883　3.12/0037

夢園書畫錄二十五卷　(清)方濬頤輯　清光緒三年(1877)定遠方氏刻本　十冊

310000－0261－0002884　3.12/1023.1

書畫傳習錄四卷　(明)王紱輯　(清)嵇承咸注　書畫續錄一卷梁巘書畫徵一卷　(清)嵇承咸輯　清嘉慶十九年(1814)層雲閣刻本　六冊

310000－0261－0002885　3.12/1117

清河書畫舫十二卷鑒古百一詩一卷　(明)張丑撰　清乾隆二十八年(1763)吳氏池北草堂刻本　十二冊

310000－0261－0002886　3.12/1207

嶽雪樓書畫錄五卷　(清)孔廣陶編　清光緒十五年(1889)南海孔氏三十有三萬卷堂刻本　五冊

310000－0261－0002887　3.12/1238

庚子銷夏記八卷　(清)孫承澤撰　清龍威閣刻本　四冊

310000－0261－0002888　3.12/1278

佩文齋書畫譜一百卷　(清)孫岳頒　(清)宋駿業等纂輯　清康熙四十七年(1708)內府刻本　六十四冊

310000－0261－0002889　3.12/2110

吉金齋古銅印譜六卷續一卷樂石齋印譜一卷　(清)何昆玉輯　清同治八年(1869)鈐印本　八冊

310000－0261－0002890　3.12/2161

百舉齋印譜不分卷　(清)何昆玉篆刻　清光緒鈐印本　十六冊

310000－0261－0002891　3.12/2541

鐵網珊瑚書品十卷畫品六卷　(明)朱存理輯　清雍正六年(1728)澄鑒堂刻本　十六冊

310000－0261－0002892　3.12/2544.1

六代小舞譜不分卷　(明)朱載堉撰　明萬曆刻本　二冊

310000－0261－0002893　3.12/2773

宋元以來畫人姓氏錄三十六卷首一卷 （清）
魯駿編　清道光十年(1830)刻本　二十冊

310000 - 0261 - 0002894　3.12/3104

過雲樓書畫記十卷詩一卷 （清）顧文彬
（清）顧承編　清光緒九年(1883)刻本　六冊

310000 - 0261 - 0002895　3.12/3536

神州國光集外增刊十三種 （清）鄧秋枚集印
　清宣統元年至二年(1909 - 1910)上海神州
國光社影印本　十三冊

310000 - 0261 - 0002896　3.12/3536.1

神州國光集外所印碑版三種 （清）鄧秋枚集
印　清宣統元年(1909)上海神州國光社影印
本　三冊

310000 - 0261 - 0002897　3.12/3536.2

神州國光集外名品三種 （清）鄧秋枚集印
清宣統三年至民國四年(1911 - 1915)上海神
州國光社影印本　十冊

310000 - 0261 - 0002898　3.12/3536.3

宋拓薛少保書隨信行禪師碑 （唐）薛稷書
清宣統三年(1911)上海神州國光社珂羅版印
本　一冊

310000 - 0261 - 0002899　3.12/4474

歷朝史印十卷 （清）黃學圯篆　清道光九年
(1829)楚橋書屋刻鈐印本　六冊

310000 - 0261 - 0002900　3.12/4486

澄懷堂印譜四卷 （清）王玉如篆　（清）葉錦
藏　清乾隆十一年(1746)刻鈐印本　十冊

310000 - 0261 - 0002901　3.12/4489

愛日吟廬書畫錄四卷補錄一卷 （清）葛金烺
編　葛嗣浵補錄　清宣統二年(1910)當湖葛
氏刻本　二冊

310000 - 0261 - 0002902　3.12/4632.1

琴學叢書六種 （清）楊宗稷輯　清宣統三年
至民國八年(1911 - 1919)寧遠楊宗稷舞胎仙
館刻本　八冊

310000 - 0261 - 0002903　3.12/4924

二弩精舍印賞不分卷 （清）趙紉萇輯　清光

緒二十二年(1896)刻鈐印本　八冊

310000 - 0261 - 0002904　3.12/5033.4

桐陰論畫二卷首一卷桐陰畫訣二卷 （清）秦
祖永撰　清同治三年(1864)刻朱墨套印本
二冊

310000 - 0261 - 0002905　3.12/5033.41

桐陰論畫二編二卷三編二卷 （清）秦祖永撰
　清光緒八年(1882)刻朱墨套印本　二冊

310000 - 0261 - 0002906　3.12/7003

虛齋名畫錄十六卷 （清）龐元濟撰　清宣統
元年(1909)烏程龐氏刻本　十六冊

310000 - 0261 - 0002907　3.12/7433

穰梨館過眼錄四十卷續錄十六卷 （清）陸心
源編　清光緒十七年(1891)吳興陸氏刻本
十六冊

310000 - 0261 - 0002908　3.12/7462

吳越所見書畫錄六卷書畫說鈐不分卷 （清）
陸時化輯　清宣統二年(1910)順德鄧氏風雨
樓鉛印本　六冊

310000 - 0261 - 0002909　3.12/7747

紅豆樹館書畫記八卷 （清）陶樑輯　清光緒
八年(1882)吳縣潘霨刻本　六冊

310000 - 0261 - 0002910　3.13/0012

方氏墨譜六卷 （明）方于魯撰　**墨書一卷墨
賦一卷墨表一卷** （明）汪道貫撰　明萬曆方
氏美蔭堂刻本　六冊

310000 - 0261 - 0002911　3.13/2545

硯小史四卷 （清）朱棟撰　清嘉慶五年
(1800)樓外樓刻本　四冊

310000 - 0261 - 0002912　3.13/2622

人壽金鑑二十二卷 （清）程得齡輯　清嘉慶
二十五年(1820)刻本　十冊

310000 - 0261 - 0002913　3.13/2642.2

程氏墨苑十三卷附錄不分卷 （明）程大約撰
　明萬曆程氏滋蘭堂刻本　二十一冊

310000 - 0261 - 0002914　3.13/7745

香乘二十八卷 （明）周嘉冑輯　明崇禎十四

年(1641)周嘉胄刻本　六冊

310000－0261－0002915　3.13/9443
華夷花木鳥獸珍玩考十二卷　（明）慎懋官輯
　明萬曆九年(1581)刻本　十冊

310000－0261－0002916　3.14/0004
北極經緯度分全表說不分卷　（清）齊彥槐撰
　清刻本　一冊

310000－0261－0002917　3.14/0077
御製數理精蘊上編五卷下編四十卷表八卷
(清)何國宗　(清)梅瑴成彙編　清光緒八年
(1882)江寧藩署刻本　四十冊

310000－0261－0002918　3.14/0094
御製曆象考成上編十六卷下編十卷　（清）允
祉　(清)允祿等纂　清雍正二年(1724)內府
刻本　十三冊

310000－0261－0002919　3.14/0094：2
御製曆象考成上編十六卷下編十卷　（清）允
祉　(清)允祿等纂　清雍正二年(1724)內府
刻本　二十四冊

310000－0261－0002920　3.14/0714
凌犯視差新法二卷表一卷　（清）司廷棟撰
(清)杜熙齡訂　清道光十三年(1833)時憲科
刻本　二冊

310000－0261－0002921　3.14/1006
天文略二卷地理略一卷　（□）□□撰　清抄
本　二冊

310000－0261－0002922　3.14/1006.1
天文略步天歌二卷　（□）□□撰　明嘉靖刻
本　一冊

310000－0261－0002923　3.14/1022
曨離引蒙表說二卷　（清）賈步緯撰　清光緒
江南製造局刻本　一冊　存一卷(一)

310000－0261－0002924　3.14/1073
古經天象考十二卷圖說一卷緒說不分卷
(清)雷學淇撰　清光緒十九年(1893)貴池劉
氏刻本　八冊

310000－0261－0002925　3.14/1124

新測恒星圖表不分卷　（清）張作楠衍表
(清)江臨泰繪圖　清金華張氏翠薇山房刻本
　一冊

310000－0261－0002926　3.14/1142
地理四彈子四種　（清）張鳳藻輯　清嘉慶二
十五年(1820)大文堂刻本　二冊　存二種
(鐵彈子地理元機、金彈子地理元珠經)

310000－0261－0002927　3.14/1181
平三角和較術圖解二卷　（清）項梅侶撰
(清)張毓瑗圖解　清光緒二十八年(1902)刻
本　一冊

310000－0261－0002928　3.14/2337
欽定儀象考成三十卷首二卷　（清）允祿等總
理　清乾隆二十一年(1756)刻本　十二冊

310000－0261－0002929　3.14/2337：2
欽定儀象考成三十卷首二卷　（清）允祿等總
理　清乾隆二十一年(1756)刻本　十二冊

310000－0261－0002930　3.14/2724
談天十八卷首一卷附表一卷　（英國）侯失勒
撰　(英國)偉烈亞力口譯　(清)李善蘭筆述
　清咸豐九年(1859)刻本　四冊

310000－0261－0002931　3.14/2842
高厚蒙求四集　（清）徐朝俊撰　清同治五年
(1866)雲間徐氏刻本　四冊

310000－0261－0002932　3.14/2893
治曆緣起奏疏不分卷　（清）徐朝俊撰　清抄
本　四冊

310000－0261－0002933　3.14/3058
守真堂漫稿二卷　（清）宋持養纂　清抄本
二冊

310000－0261－0002934　3.14/3113
御製曆象考成後編十卷　（清）允祉　(清)允
祿等纂　清乾隆刻本　十冊

310000－0261－0002935　3.14/3121
學計韻言不分卷　（清）江衡撰　清光緒十四
年(1888)元和江氏一溉齋刻本　一冊

310000－0261－0002936　3.14/3121.1

縱方備證一卷對數淺釋一卷垛積解義二卷
(清)江衡撰　清光緒二十六年(1900)元和江
氏一溉齋刻本　一冊

310000－0261－0002937　3.14/3121.2
句股演代二卷　(清)江衡撰　清光緒二十六
年(1900)元和江氏一溉齋刻本　一冊

310000－0261－0002938　3.14/3640
西洋新法曆書　(明)徐光啟等編　明刻本
八冊　存八卷(交食表一至八)

310000－0261－0002939　3.14/3891
大清道光二十五年歲次乙巳月五星相距時憲
書總目　(□)□□撰　清抄本　一冊

310000－0261－0002940　3.14/3894
大清道光二十五年歲次乙巳七政經緯宿度五
星伏見目錄　(□)□□撰　清道光刻本
一冊

310000－0261－0002941　3.14/4034.0
大清嘉慶三年歲次戊午七政經緯宿度五星伏
見目錄不分卷　(□)□□撰　清嘉慶刻本
一冊

310000－0261－0002942　3.14/4034.1
大清嘉慶四年歲次己未七政經緯宿度五星伏
見目錄不分卷　(□)□□撰　清嘉慶刻本
一冊

310000－0261－0002943　3.14/4034.10
大清咸豐四年歲次甲寅時憲書不分卷　(□)
□□撰　清咸豐刻本　一冊

310000－0261－0002944　3.14/4034.11
大清光緒三年歲次丁丑時憲書不分卷　(□)
□□撰　清光緒刻本　一冊

310000－0261－0002945　3.14/4034.12
大清光緒四年歲次戊寅時憲書不分卷　(□)
□□撰　清光緒刻本　一冊

310000－0261－0002946　3.14/4034.13
大清光緒五年歲次己卯時憲書不分卷　(□)
□□撰　清光緒刻本　一冊

310000－0261－0002947　3.14/4034.14

大清光緒六年歲次庚辰時憲書不分卷　(□)
□□撰　清光緒刻本　一冊

310000－0261－0002948　3.14/4034.15
大清光緒八年歲次壬午時憲書不分卷　(□)
□□撰　清光緒刻本　一冊

310000－0261－0002949　3.14/4034.16
大清光緒九年歲次癸未時憲書不分卷　(□)
□□撰　清光緒刻本　一冊

310000－0261－0002950　3.14/4034.17
大清光緒十年歲次甲申時憲書不分卷　(□)
□□撰　清光緒刻本　一冊

310000－0261－0002951　3.14/4034.18
大清光緒十一年歲次乙酉時憲書不分卷
(□)□□撰　清光緒刻本　一冊

310000－0261－0002952　3.14/4034.19
大清光緒十二年歲次丙戌時憲書不分卷
(□)□□撰　清光緒刻本　一冊

310000－0261－0002953　3.14/4034.2
大清嘉慶五年歲次庚申七政經緯宿度五星伏
見目錄不分卷　(□)□□撰　清嘉慶刻本
一冊

310000－0261－0002954　3.14/4034.20
大清光緒十八年歲次壬辰時憲書不分卷
(□)□□撰　清光緒刻本　一冊

310000－0261－0002955　3.14/4034.21
大清光緒十九年歲次癸巳時憲書不分卷
(□)□□撰　清光緒刻本　一冊

310000－0261－0002956　3.14/4034.22
大清光緒二十一年歲次乙未時憲書不分卷
(□)□□撰　清光緒刻本　一冊

310000－0261－0002957　3.14/4034.23
大清光緒二十二年歲次丙申時憲書不分卷
(□)□□撰　清光緒刻本　一冊

310000－0261－0002958　3.14/4034.24
大清光緒二十三年歲次丁酉時憲書不分卷
(□)□□撰　清光緒刻本　一冊

310000－0261－0002959　3.14/4034.25

大清光緒二十四年歲次戊戌時憲書不分卷
（□）□□撰　清光緒刻本　一冊

310000－0261－0002960　3.14/4034.26

大清光緒二十五年歲次己亥時憲書不分卷
（□）□□撰　清光緒刻本　一冊

310000－0261－0002961　3.14/4034.27

大清光緒二十六年歲次庚子時憲書不分卷
（□）□□撰　清光緒刻本　一冊

310000－0261－0002962　3.14/4034.28

大清光緒二十七年歲次辛丑時憲書不分卷
（□）□□撰　清光緒刻本　一冊

310000－0261－0002963　3.14/4034.29

大清光緒三十年歲次甲辰時憲書不分卷
（□）□□撰　清光緒刻本　一冊

310000－0261－0002964　3.14/4034.3

大清嘉慶六年歲次七政經緯宿度五星伏見目錄不分卷　（□）□□撰　清嘉慶刻本　一冊

310000－0261－0002965　3.14/4034.30

大清光緒三十一年歲次乙巳時憲書不分卷
（□）□□撰　清光緒刻本　一冊

310000－0261－0002966　3.14/4034.31

大清光緒三十三年歲次丁未時憲書不分卷
（□）□□撰　清光緒刻本　一冊

310000－0261－0002967　3.14/4034.32

大清光緒三十四年歲次戊申時憲書不分卷
（□）□□撰　清光緒刻本　一冊

310000－0261－0002968　3.14/4034.4

大清嘉慶九年歲次甲子七政經緯宿度五星伏見目錄不分卷　（□）□□撰　清嘉慶刻本
一冊

310000－0261－0002969　3.14/4034.5

大清嘉慶十年歲次乙丑七政經緯宿度五星伏見目錄不分卷　（□）□□撰　清嘉慶刻本
一冊

310000－0261－0002970　3.14/4034.6

大清嘉慶十一年歲次七政經緯宿度五星伏見

目錄不分卷　（□）□□撰　清嘉慶刻本
一冊

310000－0261－0002971　3.14/4034.7

大清嘉慶十二年歲次丁卯七政經緯宿度五星伏見目錄不分卷　（□）□□撰　清嘉慶刻本
一冊

310000－0261－0002972　3.14/4034.8

大清嘉慶十三年歲次戊辰七政經緯宿度五星伏見目錄不分卷　（□）□□撰　清嘉慶刻本
一冊

310000－0261－0002973　3.14/4034.9

大清嘉慶十四年歲次己巳七政經緯宿度五星伏見目錄不分卷　（□）□□撰　清嘉慶刻本
一冊

310000－0261－0002974　3.14/4036

游藝錄六種　（清）李沺纂　清光緒二十年
（1894）刻本　九冊

310000－0261－0002975　3.14/4044

星土釋三卷首一卷　（清）李林松輯　清刻本
四冊

310000－0261－0002976　3.14/4063

圜天圖說三卷　（清）李明徹撰　清嘉慶二十四年（1819）刻本　六冊

310000－0261－0002977　3.14/4063：2

圜天圖說三卷　（清）李明徹撰　清嘉慶二十四年（1819）刻本　三冊

310000－0261－0002978　3.14/4063.1

圜天圖說續編二卷首一卷　（清）李明徹撰
清道光元年（1821）刻本　二冊

310000－0261－0002979　3.14/4064

大明嘉靖二十九年歲次庚戌大統曆　（□）
□□撰　明嘉靖刻本　一冊

310000－0261－0002980　3.14/4064.1

大明萬曆三十七年歲次己酉大統曆　（□）
□□撰　明萬曆刻本　一冊

310000－0261－0002981　3.14/4064.2

大明崇禎十二年歲次己卯大統曆　（□）□□

撰　明崇禎刻本　一冊

310000－0261－0002982　3.14/4064.3

大明萬曆元年歲次癸酉大統曆　（□）□□撰
明萬曆刻本　一冊

310000－0261－0002983　3.14/4080

大唐開元占經一百二十卷　（唐）瞿曇悉達撰
清恒德堂刻本　二十冊

310000－0261－0002984　3.14/4421.2

重學二十卷圜錐曲線說三卷　（英國）胡威立
撰　（英國）艾約瑟譯　（清）李善蘭筆述　清
同治五年（1866）刻本　五冊

310000－0261－0002985　3.14/4422

管窺輯要八十卷　（清）黃鼎撰　清順治十年
（1653）刻本　二十四冊

310000－0261－0002986　3.14/4422：2

管窺輯要八十卷　（清）黃鼎撰　清順治十年
（1653）刻本　三十六冊

310000－0261－0002987　3.14/4430

八線對數簡表一卷　（清）賈步緯撰　清蘇州
商務總局鉛印本　一冊

310000－0261－0002988　3.14/4437

天文歌略一卷地學歌略一卷　（清）葉瀾
（清）葉瀚撰　清光緒二十七年（1901）李光明
莊刻本　一冊

310000－0261－0002989　3.14/4473

曆學會通二十種　（荷蘭）穆尼閣撰　清康熙
刻本　十二冊

310000－0261－0002990　3.14/4473.1

天步真原十三種　（荷蘭）穆尼閣撰　清刻本
四冊

310000－0261－0002991　3.14/4712

格致須知八種　（英國）傅蘭雅輯　清光緒刻
本　八冊

310000－0261－0002992　3.14/4802

兼濟堂纂刻梅勿庵先生曆算全書二十九種
（清）梅文鼎撰　清咸豐九年（1859）聞妙香室
刻本　三十二冊

310000－0261－0002993　3.14/4917

周髀算經二卷音義一卷　（漢）趙君卿注　明
趙開美刻本　二冊

310000－0261－0002994　3.14/5348

漢太初曆考不分卷　（清）成蓉鏡撰　清光緒
十四年（1888）江陰南菁書院刻本　一冊

310000－0261－0002995　3.14/6046

聲學八卷　（英國）田大里撰　（英國）傅蘭雅
口譯　（清）徐建寅筆述　清光緒江南機器製
造總局刻本　二冊

310000－0261－0002996　3.14/7244

觀象玩占五十卷　（明）劉基撰　清抄本　二
十冊

310000－0261－0002997　3.14/7244.1

觀象玩占四十九卷拾遺一卷　（明）劉基撰
清抄本　十冊

310000－0261－0002998　3.14/7286

若水齋古今算學書錄七卷附錄一卷　（清）劉
鐸輯　清光緒二十四年（1898）算學書局石印
本　四冊

310000－0261－0002999　3.14/7542

恪遵憲度不分卷　（清）陳希齡撰　清道光三
十年（1850）刻本　一冊

310000－0261－0003000　3.14/7548

**天文算學纂要二十卷首一卷國朝萬年書二卷
推測易知四卷**　（清）陳松撰　清光緒十四年
（1888）樹德堂刻本　二十四冊

310000－0261－0003001　3.14/7610

天問略不分卷　（葡萄牙）陽瑪諾撰　清康熙
三年（1664）海昌李元衡抄本　一冊

310000－0261－0003002　3.14/8340

淮南天文訓補注二卷　（清）錢塘撰　清光緒
三年（1877）湖北崇文書局刻本　二冊

310000－0261－0003003　3.15/1030

**文殊師利菩薩及諸仙所言吉凶時日善惡宿曜
經二卷**　（唐）釋不空譯　清光緒二十一年
（1895）江北刻經處刻本　一冊

310000－0261－0003004 3.15/2545

諸佛世尊如來菩薩尊者神僧名經不分卷
(明)成祖朱棣敕撰 明初内府刻本 一冊

310000－0261－0003005 3.15/3132

坐花誌果八卷 (清)汪道鼎撰 清光緒八年(1882)越州徐氏刻本 二冊

310000－0261－0003006 3.15/3410

翻譯名義集二十卷 (宋)釋法雲撰 清同治十二年(1873)江北刻經處刻本 六冊

310000－0261－0003007 3.15/3844

法苑珠林一百卷 (唐)釋道世撰 清道光七年(1827)蔣氏燕園刻本 二十四冊

310000－0261－0003008 3.17/0094

欽定古今圖書集成一萬卷目録三十二卷
(清)蔣廷錫 (清)陳夢雷等輯 清光緒十年(1884)上海圖書集成鉛版印書局鉛印本 一千六百二十五冊

310000－0261－0003009 3.17/0094：2

欽定古今圖書集成一萬卷目録三十二卷
(清)蔣廷錫 (清)陳夢雷等輯 清光緒十年(1884)上海圖書集成鉛版印書局鉛印本 一千六百二十八冊

310000－0261－0003010 3.17/0094.7

御定駢字類編二百四十卷 (清)聖祖玄燁纂 清光緒十三年(1887)上海同文書局石印本 四十八冊

310000－0261－0003011 3.17/0825

增補注釋故事白眉十卷 (清)許以忠輯 清康熙四十一年(1702)聚錦堂刻本 六冊

310000－0261－0003012 3.17/1144

淵鑑類函四百五十卷目録四卷 (清)張英 (清)王士禛等纂 清康熙四十九年(1710)内府刻本 一百四十冊

310000－0261－0003013 3.17/1731

通俗編三十八卷 (清)翟灝撰 清乾隆十六年(1751)仁和翟灝無不宜齋刻本 十二冊

310000－0261－0003014 3.17/1974

名物類考四卷 (明)耿隨朝撰 明萬曆三十九年(1611)耿如瑾刻本 四冊

310000－0261－0003015 3.17/2144

北堂書鈔一百六十卷首一卷 (唐)虞世南輯 清光緒十四年(1888)南海孔氏三十有三萬卷堂刻本 二十冊

310000－0261－0003016 3.17/2191

分類字錦六十四卷 (清)張廷玉等編 清康熙六十一年(1722)内府刻本 四十冊

310000－0261－0003017 3.17/2304

焦氏類林八卷 (明)焦竑輯 明萬曆十五年(1587)王元貞刻本 十二冊

310000－0261－0003018 3.17/2627

二十四史人物類考四十六卷 (清)程之楨輯 (清)汪元善訂 清光緒二十九年(1903)上海緯文閣石印本 八冊

310000－0261－0003019 3.17/2640

廣廣事類賦三十二卷 (清)吳世旃撰 清刻本 八冊

310000－0261－0003020 3.17/2676

唐宋白孔六帖一百卷目録二卷 (唐)白居易 (宋)孔傳輯 明刻本 五十冊

310000－0261－0003021 3.17/2787

彙苑詳註三十六卷 (明)王世貞輯 明萬曆刻本 三十二冊 存二十八卷(一至二十八)

310000－0261－0003022 3.17/2877

初學記三十卷 (唐)徐堅等撰 明嘉靖十年(1531)安國桂坡館刻本 二十四冊

310000－0261－0003023 3.17/3118

類林探賾一百十卷 (明)江一夔纂 明萬曆二十六年(1598)刻本 十冊

310000－0261－0003024 3.17/3138

穀玉類編五十卷 (清)汪兆舒輯 清乾隆二十三年(1758)刻本 十冊

310000－0261－0003025 3.17/3626

新編古今事文類聚前集六十卷後集五十卷續集二十八卷別集三十二卷 (宋)祝穆輯 明

萬曆三十二年(1604)金谿唐富春刻本　四十六冊

310000 - 0261 - 0003026　3.17/3626.1
新編古今事文類聚遺集十五卷　(宋)祝淵編　明萬曆三十二年(1604)金谿唐富春刻本　五冊

310000 - 0261 - 0003027　3.17/3626.2
新編古今事文類聚新集三十六卷外集十五卷　(元)富大用輯　明萬曆三十二年(1604)金谿唐富春刻本　十六冊

310000 - 0261 - 0003028　3.17/3708
稱謂錄三十二卷　(清)梁章鉅撰　清光緒十年(1884)福州梁氏刻本　八冊

310000 - 0261 - 0003029　3.17/4023
倘湖樵書初編六卷二編六卷　(清)來集之輯　清乾隆五十三年(1788)刻本　十二冊

310000 - 0261 - 0003030　3.17/4060
太平御覽一千卷目錄十五卷　(宋)李昉等纂　清嘉慶十二年至十七年(1807-1812)鮑崇城刻本　一百冊

310000 - 0261 - 0003031　3.17/4335
四書五經類典集成三十四卷　(清)戴兆春輯　清光緒十四年(1888)同文書局石印本　二十四冊

310000 - 0261 - 0003032　3.17/4335.0
四書五經類典集成三十四卷　(清)戴兆春輯　清光緒二十二年(1896)慎記書莊石印本　二十三冊　存三十二卷(一至二、四至三十三)

310000 - 0261 - 0003033　3.17/4437
博物典彙二十卷　(明)黃道周撰　明崇禎八年(1635)刻本　四冊

310000 - 0261 - 0003034　3.17/4444.7
增補事類統編九十三卷首一卷　(清)黃葆真輯　清道光二十九年(1849)丹陽黃氏敦好堂刻本　七冊　存十八卷(二十二至二十三、三十八至四十、五十至五十一、七十二至七十

七、八十二至八十四、九十二至九十三)

310000 - 0261 - 0003035　3.17/4840
新編簪纓必用翰苑新書前集十二卷　(□)□□輯　明萬曆十九年(1591)金陵周對峰仁壽堂刻本　六冊

310000 - 0261 - 0003036　3.17/7147
事物異名錄四十卷　(清)厲荃輯　(清)關槐增纂　清乾隆五十三年(1788)粵東刻本　十六冊

310000 - 0261 - 0003037　3.17/7510
格致鏡原一百卷　(清)陳元龍編　清雍正十三年(1735)刻本　二十四冊

310000 - 0261 - 0003038　3.17/7510：2
格致鏡原一百卷　(清)陳元龍編　清雍正十三年(1735)刻本　二十四冊

310000 - 0261 - 0003039　3.17/7528
潛確居類書一百二十卷　(明)陳仁錫輯　明崇禎刻本　六十四冊　存一百十八卷(一至十、十二至十三、十五至一百二十)

310000 - 0261 - 0003040　3.17/7590
天中記六十卷　(明)陳耀文編　明萬曆刻本　三十幅

310000 - 0261 - 0003041　3.17/7770
藝文類聚一百卷　(唐)歐陽詢撰　明嘉靖二十八年(1549)刻本　二十冊

310000 - 0261 - 0003042　3.17/8624
錦繡萬花谷前集四十卷後集四十卷續集四十卷　(宋)□□纂　明嘉靖刻本　三十二冊

310000 - 0261 - 0003043　3.18/0031
稗海四十九種二百八十八卷續二十二種一百六十一卷　(明)商濬輯　明萬曆會稽商氏半埜堂刻本　八十冊

310000 - 0261 - 0003044　3.18/3440
尚白齋鐫陳眉公訂正秘笈二十八種六十五卷　(明)陳繼儒編　明萬曆三十四年(1606)沈氏尚白齋刻本　二十八冊

310000 - 0261 - 0003045　3.18/3845

重刊道藏輯要二十八集 （清）彭定求輯
（清）閻永和增 清光緒三十二年(1906)成都
二仙庵刻本 二百四十四冊

310000－0261－0003046 3.18/4429

六子書六種六十卷 （明）顧春編 明嘉靖十
二年(1533)顧春世德堂刻本 三十二冊

310000－0261－0003047 2.13/2631.4

七十二峰足徵集八十八卷文集十六卷 （清）
吳定璋輯 （清）陳祖范等編 清乾隆十年
(1745)吳氏依綠園刻本 二十四冊

310000－0261－0003048 4.1/0023

越風三十卷 （清）商盤評選 （清）劉文蔚
（清）宗聖垣參訂 （清）王大治編輯 清乾隆
三十七年(1772)山陰王大治刻嘉慶十六年
(1811)徐兆重修本 二十六冊

310000－0261－0003049 4.1/0023.0

文編六十四卷 （明）唐順之選 （明）陳元素
訂 明天啓元年(1621)刻本 十六冊

310000－0261－0003050 4.1/0028

瀛奎律髓四十九卷 （元）方回輯 清康熙五
十一年(1712)吳寶芝黃葉村莊刻本 八冊

310000－0261－0003051 4.1/0718

御訂全金詩增補中州集七十二卷首二卷
（金）元好問輯 清康熙五十年(1711)內府刻
本 二十四冊

310000－0261－0003052 4.1/0845

六朝文絜四卷 （清）許槤輯 清道光五年
(1825)刻朱墨套印本 二冊

310000－0261－0003053 4.1/1024.8

篋中集不分卷 （唐）元結編 國秀集三卷
（唐）芮挺章輯 明崇禎元年(1628)汲古閣刻
本 二冊

310000－0261－0003054 4.1/1133

漢魏六朝一百三家集 （明）張溥輯 明婁東
張氏刻本 六十四冊

310000－0261－0003055 4.1/1171

文選十二卷 （南朝梁）蕭統選 （明）張鳳翼

纂註 明萬曆八年(1580)刻本 二十四冊

310000－0261－0003056 4.1/1240

道咸同光四朝詩史甲集八卷首一卷 （清）孫
雄輯 清宣統二年(1910)刻本 十冊

310000－0261－0003057 4.1/1748

海虞文徵三十卷目錄二卷 （清）邵松年輯
清光緒三十一年(1905)鴻文書局石印本 十
六冊

310000－0261－0003058 4.1/2512

國朝古文彙鈔初集一百七十六卷首一卷
（清）朱琦輯 清道光二十七年(1847)吳江沈
氏世美堂刻本 八十冊

310000－0261－0003059 4.1/2512.1

國朝古文彙鈔二集一百卷首一卷 （清）朱琦
輯 清道光二十七年(1847)吳江沈氏世美堂
刻本 四十冊

310000－0261－0003060 4.1/2528

明詩綜一百卷 （清）朱彝尊輯 清乾隆西泠
吳氏清來堂刻本 三十二冊

310000－0261－0003061 4.1/2540

楚辭八卷反離騷不分卷 （戰國）屈原撰
（宋）朱熹集注 明刻本 六冊

310000－0261－0003062 4.1/2624.4

石蓮盦彙刻九金人集十五種 （清）吳重憙輯
清光緒十二年至三十二年(1886－1906)海
豐吳氏石蓮盦刻本 三十六冊

310000－0261－0003063 4.1/2642

學海堂集十六卷 （清）阮元輯 清道光五年
(1825)刻本 六冊

310000－0261－0003064 4.1/2642.1

學海堂二集二十二卷 （清）吳蘭修輯 清道
光十八年(1838)刻本 十冊

310000－0261－0003065 4.1/2642.2

學海堂三集二十四卷 （清）張維屏輯 清咸
豐九年(1859)刻本 十冊

310000－0261－0003066 4.1/2642.3

學海堂四集二十八卷 （清）金錫齡輯 清光

緒十二年(1886)刻本 十六冊

310000－0261－0003067 4.1/3286
乾坤正氣集五百七十四卷首一卷 （清）顧沅
輯 清道光二十八年(1848)涇縣潘氏袁江節
署刻光緒十八年(1892)涇縣潘駿文印本 一
百冊 存二百七十四卷(三百一至五百七十
四)

310000－0261－0003068 4.1/3631
宣城右集二十八卷 （明）湯賓尹撰 明天啓
六年(1626)刻本 十二冊

310000－0261－0003069 4.1/4037
**京本大宋眉山蘇氏家傳心學文集大全七十卷
首一卷** （宋）蘇洵 （宋）蘇軾 （宋）蘇轍
撰 明正德十二年(1517)劉弘毅慎獨齋刻本
三十六冊

310000－0261－0003070 4.1/4060
文苑英華一千卷 （宋）李昉輯 （宋）宋白等
纂 明隆慶元年(1567)胡維新刻本 二百冊

310000－0261－0003071 4.1/4412
元文類七十卷目録三卷 （元）蘇天爵輯 明
嘉靖十六年(1537)晉藩虛益堂刻本 二十冊

310000－0261－0003072 4.1/4414
古文苑九卷 （宋）韓元吉編 清光緒五年
(1879)飛青閣刻本 三冊

310000－0261－0003073 4.1/4417
三蘇先生文粹七十卷 （宋）蘇洵 （宋）蘇軾
（宋）蘇轍撰 明嘉靖陸粲刻本 二十四冊

310000－0261－0003074 4.1/4435
古學點睛不分卷 （清）蔣洼 （清）程維培
(清)程維均選 清康熙三年(1664)交勉堂刻
本 三冊

310000－0261－0003075 4.1/4437
三蘇全集七種 （宋）蘇洵 （宋）蘇軾
（宋）蘇轍撰 清道光十二年(1832)刻本 六
十四冊

310000－0261－0003076 4.1/4932
柳溪公家書 （清）趙潤生撰 清稿本 二冊

310000－0261－0003077 4.1/5360
八旗文經五十六卷作者考三卷敍錄一卷
（清）盛昱輯 （清）楊鍾羲編 清光緒二十七
年(1901)武昌刻朱印本 十二冊

310000－0261－0003078 4.1/5502
星鳳樓帖十二集 （晉）王羲之書 清拓本
一冊 存一集(亥集)

310000－0261－0003079 4.1/6039
湖南文徵一百九十卷姓氏傳四卷目録六卷
（清）羅汝懷輯 清同治十年(1871)刻本 一
百冊

310000－0261－0003080 4.1/7164
**玉函山房輯佚書五百九十四種七百二卷附目
耕帖三十一卷** （清）馬國翰輯 清光緒十八
年(1892)湖南思賢書局刻本 一百二十冊

310000－0261－0003081 4.1/7248
文致不分卷 （明）劉士鏻輯 （明）閔無頗等
評 明天啓元年(1621)閔元衢刻朱墨套印本
八冊

310000－0261－0003082 4.1/7248：2
文致不分卷 （明）劉士鏻輯 （明）閔無頗等
評 明天啓元年(1621)閔元衢刻朱墨套印本
十六冊

310000－0261－0003083 4.1/7511
文儷十八卷 （明）陳翼飛輯 明萬曆三十九
年(1611)刻本 六冊 存十四卷(一至十四)

310000－0261－0003084 4.1/7521
國朝金陵文鈔十六卷首一卷末一卷 （清）陳
作霖等輯 清光緒二十三年(1897)刻本 十
六冊

310000－0261－0003085 4.1/7712
唐人選唐詩八種 （明）毛晉輯 明崇禎海虞
毛氏汲古閣刻本 四冊 存五卷(河嶽英靈
集一至二、中興間氣集二卷、搜玉小集一卷)

310000－0261－0003086 4.1/7736
昭代名人尺牘續集二十四卷 （清）陶湘輯
清宣統三年(1911)天寶石印局影印本 二十

四册

310000 – 0261 – 0003087　4.1/7746

回文類聚四卷首一卷　（宋）桑世昌輯　織錦回文圖　（清）玉山仙史摹集　回文類聚續編十卷　（清）朱象賢集　清朱象賢刻本　三冊　存十二卷（回文類聚四卷、首一卷，續編四至十）

310000 – 0261 – 0003088　4.1/7760

湘報類纂六集　（清）覺睡齋主人編　清光緒二十八年（1902）上海中華編譯印書館鉛印本　八冊

310000 – 0261 – 0003089　4.1/9021

懷仁集王羲之聖教序　（晉）王羲之書　清拓本　十七葉

310000 – 0261 – 0003090　4.2/0021

重刊校正唐荆川先生文集十二卷　（明）唐順之撰　明嘉靖三十二年（1553）葉氏寶山堂刻本　十二冊

310000 – 0261 – 0003091　4.2/0023

改堂先生文鈔二卷　（清）唐紹祖撰　清乾隆十八年（1753）刻本　一冊

310000 – 0261 – 0003092　4.2/0038.0

青邱高季迪先生詩集十八卷遺詩一卷扣舷集一卷鳧藻集五卷首一卷附錄一卷　（明）高啓撰　清雍正六年（1728）桐鄉金氏文瑞樓刻本　十冊

310000 – 0261 – 0003093　4.2/0038.2

青邱高季迪先生鳧藻集五卷　（明）高啓撰　清雍正六年（1728）桐鄉金氏文瑞樓刻本　一冊

310000 – 0261 – 0003094　4.2/0056

方初菴先生集十六卷　（明）方揚撰　明萬曆四十年（1612）刻本　六冊

310000 – 0261 – 0003095　4.2/0094

御製詩集十卷第二集十卷　（清）聖祖玄燁撰　清康熙四十二年（1703）宋犖刻本　十冊

310000 – 0261 – 0003096　4.2/0413

竹山遺略不分卷　（明）謝璀撰　清道光十七年（1837）謝維甸刻本　一冊

310000 – 0261 – 0003097　4.2/0413.1

西山類稿文集不分卷　（明）謝復撰　大涵公剩存不分卷　（明）謝存仁撰　清咸豐六年（1856）謝維甸刻本　二冊

310000 – 0261 – 0003098　4.2/0442

謝疊山公文集五卷外集三卷首一卷末一卷　（宋）謝枋得撰　清道光十年（1830）弋陽教諭黃凌雲刻本　四冊

310000 – 0261 – 0003099　4.2/0453

天愚先生詩集六卷文集八卷別集四卷詩抄八卷文抄八卷附錄一卷　（清）謝泰宗撰　清康熙五十五年（1716）刻本　二十冊

310000 – 0261 – 0003100　4.2/0821

許文正公遺書十二卷首一卷末一卷　（元）許衡撰　清乾隆五十五年（1790）刻本　八冊

310000 – 0261 – 0003101　4.2/1020

王右丞集二十八卷首一卷末一卷　（唐）王維撰　清乾隆仁和趙氏刻本　八冊

310000 – 0261 – 0003102　4.2/1020.3

王摩詰詩集七卷　（唐）王維撰　（宋）劉辰翁（明）顧璘評　明凌濛初刻朱墨套印本　三冊

310000 – 0261 – 0003103　4.2/1020.31

孟浩然詩集二卷　（唐）孟浩然撰　（宋）劉辰翁評　明凌濛初刻朱墨套印本　三冊

310000 – 0261 – 0003104　4.2/1024

元氏長慶集六十卷補遺六卷附錄一卷　（唐）元稹撰　明萬曆三十二年（1604）刻本　十二冊

310000 – 0261 – 0003105　4.2/1031

王荆文公詩五十卷　（宋）王安石撰　清乾隆六年（1741）張宗松清綺齋刻本　八冊

310000 – 0261 – 0003106　4.2/1037.3

渭厓文集十卷　（明）霍韜撰　清同治元年（1862）刻本　二十冊

310000－0261－0003107　4.2/1043

帶經堂全集七編九十二卷　（清）王士禎撰
（清）程哲編　清乾隆十二年(1747)刻本　二
十四冊

310000－0261－0003108　4.2/1047

元遺山詩集箋注十四卷　（金）元好問撰
（元）張德輝類次　（清）施國祁箋　元遺山全
集傳銘一卷年譜一卷附載一卷　（清）施國祁
輯　元遺山全集附錄一卷　（明）儲瓘輯　清
道光二年(1822)刻本　六冊

310000－0261－0003109　4.2/1057.1

王文恪公家藏稿不分卷　（明）王鏊撰　明刻
本　六冊

310000－0261－0003110　4.2/1130

玉笥集十卷　（元）張憲撰　清抄本　七冊
存八卷(一至三、六至十)

310000－0261－0003111　4.2/1137

抱經堂文稿二卷　（清）張瀚撰　清道光三十
年(1850)羊城刻本　二冊

310000－0261－0003112　4.2/1137.1

紫硯山房詩稿初集不分卷續集不分卷　（清）
張瀚撰　清道光三十年(1850)羊城刻本
二冊

310000－0261－0003113　4.2/1145

橫浦先生文集二十卷無垢先生橫浦心傳錄三
卷橫浦日新一卷　（宋）張九成撰　橫浦先生
家傳一卷　（宋）張窣撰　施先生孟子發題一
卷　（宋）施德操撰　明萬曆四十二年(1614)
吳惟明刻本　五冊

310000－0261－0003114　4.2/1150

米堆山人詩鈔八卷文鈔十六卷　（清）張揆方
撰　清乾隆嘉定張氏刻本　五冊

310000－0261－0003115　4.2/1371

御製圓明園詩二卷　（清）高宗弘曆撰　清乾
隆內府刻本　二冊

310000－0261－0003116　4.2/1717

邢特進集一卷　（北齊）邢邵撰　（明）張溥閱

明刻本　一冊

310000－0261－0003117　4.2/1774

邵子湘全集三種三十卷　（清）邵長蘅撰　邵
氏家錄二卷　（清）邵璿　（清）邵衷赤輯　清
康熙刻本　十二冊

310000－0261－0003118　4.2/2071

松皋文集十四卷　（清）毛際可撰　清康熙十
七年(1678)刻本　四冊

310000－0261－0003119　4.2/2148

何氏集二十六卷　（明）何景明撰　明嘉靖義
陽書院刻本　六冊

310000－0261－0003120　4.2/2300

嵇中散集十卷　（晉）嵇康撰　（明）汪士賢校
明汪士賢刻本　二冊

310000－0261－0003121　＊4.2/2644

淵穎吳先生集十二卷　（元）吳萊撰　（明）宋
濂編　附錄一卷　（明）宋濂編　明嘉靖元年
(1522)祝鑾刻本　六冊

310000－0261－0003122　＊4.2/4040

滄溟先生集三十卷附錄一卷　（明）李攀龍撰
明隆慶六年(1572)刻本　六冊

310000－0261－0003123　4.2/2535

畫石軒詩集四卷　（清）朱逢泰撰　清嘉慶四
年(1799)刻本　二冊

310000－0261－0003124　4.2/2540

朱文公校昌黎先生文集四十卷外集十卷集傳
一卷遺文一卷　（唐）韓愈撰　（宋）朱熹校
明萬曆三十三年(1605)天德堂刻本　六冊

310000－0261－0003125　4.2/2621

徐文敏公集五卷　（明）徐縉撰　明隆慶二年
(1568)吳郡徐氏刻本　五冊

310000－0261－0003126　4.2/2623

梅村家藏藁五十八卷補遺一卷　（清）吳偉業
撰　年譜四卷　（清）顧師軾撰　清宣統三年
(1911)武進董氏誦芬室刻誦芬室叢刊本
八冊

310000－0261－0003127　4.2/2623.2

梅村詩集箋註十八卷　（清）吳翌鳳撰　清嘉慶十九年(1814)嚴榮滄浪吟榭刻本　六冊　存十二卷(七至十八)

310000－0261－0003128　4.2/2624

林蕙堂文集十二卷　（清）吳綺撰　清乾隆三十九年(1774)刻本　六冊

310000－0261－0003129　4.2/2632

吳摯甫文集四卷附鈔深州風土記四篇不分卷　（清）吳汝綸撰　清宣統二年(1910)國學扶輪社石印本　五冊

310000－0261－0003130　4.2/2632.6

草廬吳文正公集四十九卷外集三卷首一卷　（元）吳澄撰　清乾隆二十一年(1756)萬璜刻本　二十冊

310000－0261－0003131　4.2/2676.2

白氏長慶集七十一卷目錄二卷　（唐）白居易撰　（明）馬元調校　明萬曆松江馬元調刻本　十二冊

310000－0261－0003132　4.2/2714

清閟閣全集十二卷　（元）倪瓚撰　清康熙五十二年(1713)曹培廉城書室刻本　四冊

310000－0261－0003133　4.2/3041

守坡居士詩集十二卷　（清）宮去矜撰　清乾隆三十三年(1768)頤志堂刻本　六冊

310000－0261－0003134　4.2/3148

汪梅村先生集十二卷外集一卷　（清）汪士鐸撰　清光緒七年(1881)刻本　四冊

310000－0261－0003135　4.2/3413

沈下賢文集十二卷　（唐）沈亞之撰　清光緒刻本　一冊　存五卷(八至十二)

310000－0261－0003136　4.2/3426

亦玉堂稿十卷　（明）沈鯉撰　清康熙二十九年(1690)劉榛刻本　八冊

310000－0261－0003137　4.2/4018

秋錦山房集二十二卷外集三卷　（清）李良年撰　尋壑外言五卷　（清）李繩遠撰　香草居集七卷　（清）李符撰　清乾隆二十四年(1759)刻本　六冊

310000－0261－0003138　4.2/4030.4

李文忠公全集六種一百六十五卷首一卷　（清）李鴻章撰　清光緒三十四年(1908)刻本　一百冊

310000－0261－0003139　4.2/4033.4

梨雲館類定袁中郎全集二十四卷　（明）袁宏道撰　明南雍周文煒大業堂刻本　十二冊

310000－0261－0003140　4.2/4046.4

李長吉詩集四卷外集一卷　（唐）李賀撰　明刻本　一冊

310000－0261－0003141　4.2/4048

隨園詩話十六卷補遺十卷　（清）袁枚撰　清芸居樓刻本　十二冊　存二十卷(隨園詩話十六卷、補遺一至四)

310000－0261－0003142　4.2/4048.2

音註隨園尺牘八卷補遺一卷　（清）袁枚撰　（清）胡光斗箋釋　清上海廣益書局石印本　二冊　存五卷(一至四、補遺一卷)

310000－0261－0003143　4.2/4310

戴東原集十二卷　（清）戴震撰　戴東原先生[震]年譜一卷覆校札記一卷　（清）段玉裁編　清宣統二年(1910)渭南嚴氏孝義家塾刻本　六冊

310000－0261－0003144　4.2/4412

楚辭燈四卷　（清）林雲銘論述　清康熙三十六年(1697)刻本　二冊

310000－0261－0003145　4.2/4414.3

安陽集五十卷忠獻韓魏王家傳十卷忠獻韓魏王別錄三卷忠獻韓魏王遺事一卷　（宋）韓琦撰　明正德九年(1514)張士隆刻本　十六冊

310000－0261－0003146　4.2/4421

拙存堂文初集八卷　（清）蔣衡撰　清乾隆八年(1743)陳希敬木活字印本　六冊

310000－0261－0003147　4.2/4444

重刻天傭子全集十卷首一卷末一卷　（明）艾南英撰　清道光十六年(1836)艾舟刻本

十冊

310000－0261－0003148　4.2/4444.1

璇璣碎錦二卷　（清）萬樹撰　清光緒十四年
(1888)似靜齋刻本　一冊　存一卷(一)

310000－0261－0003149　4.2/4453.04

東坡全集一百十五卷目錄七卷　（宋）蘇軾撰
　　東坡先生[蘇軾]年譜一卷　（宋）王宗稷編
　　東坡先生墓誌銘一卷　（宋）蘇轍撰　宋史
本傳一卷　（元）脫脫撰　明刻本　五十冊

310000－0261－0003150　4.2/4453.3

蘇長公合作八卷補二卷附錄一卷　（宋）蘇軾
撰　（明）鄭之惠輯　明萬曆四十八年(1620)
凌啓康刻三色套印本　十冊

310000－0261－0003151　4.2/4453.4

訂補坡仙集鈔三十八卷　（宋）蘇軾撰　（明）
李贄輯　（明）陳繼儒訂補　明萬曆刻本
十冊

310000－0261－0003152　4.2/4453.40

蘇文忠公全集十種一百十四卷　（宋）蘇軾撰
　　（明）繆宗道校　明嘉靖十三年(1534)江西
布政司刻本　三十冊

310000－0261－0003153　4.2/4453.8

施注蘇詩四十二卷總目二卷　（宋）蘇軾撰
(宋)施元之注　蘇詩續補遺二卷　（宋）蘇軾
撰　（清）馮景補注　王注正訛一卷　（清）邵
長蘅撰　東坡先生[蘇軾]年譜一卷　（宋）王
宗稷編　東坡先生墓誌銘一卷　（宋）蘇轍撰
　　宋史本傳一卷　（元）脫脫撰　清康熙三十
八年(1699)商丘宋犖刻本　十六冊

310000－0261－0003154　4.2/4458

欒城集五十卷後集二十四卷三集十卷應詔集
十二卷　（宋）蘇轍撰　明清夢軒刻本　三十
六冊

310000－0261－0003155　4.2/4480

昌黎先生詩集注十一卷本傳年譜一卷　（唐）
韓愈撰　清道光十六年(1836)膚德堂刻本
四冊

310000－0261－0003156　4.2/4480.4

昌黎先生集四十卷外集十卷遺文一卷　（唐）
韓愈撰　朱子校昌黎先生集傳一卷　（宋）朱
熹校　明東吳徐氏東雅堂刻本　二十四冊

310000－0261－0003157　4.2/4480.41

河東先生集四十五卷外集二卷龍城錄二卷附
錄二卷傳一卷　（唐）柳宗元撰　（宋）廖瑩中
校正　明東吳郭雲鵬濟美堂刻本　二十四冊

310000－0261－0003158　4.2/4480.62

韓昌黎詩集編年箋注十二卷舊唐書本傳一卷
　　（唐）韓愈撰　（清）方世舉考訂　清乾隆二
十三年(1758)盧見曾雅雨堂刻本　六冊

310000－0261－0003159　4.2/4642

夢山存家詩稿八卷　（明）楊巍撰　明萬曆三
十年(1602)楊岑維揚刻本　四冊

310000－0261－0003160　4.2/4665

榴館初函集選十卷　（清）楊思本撰　清康熙
十三年(1674)楊日升、楊日鼎刻本　五冊

310000－0261－0003161　4.2/4731.0

京本校正音釋唐柳先生集四十三卷別集一卷
外集一卷附錄一卷　（唐）柳宗元撰　（宋）童
宗說音注　（宋）張敦頤音辯　（宋）潘緯音義
　　明刻本　十六冊

310000－0261－0003162　4.2/4777.4

柳待制文集二十卷附錄一卷　（元）柳貫撰
清順治十一年(1654)范養民、張以邁刻本
八冊

310000－0261－0003163　4.2/4782

綠蘿山莊文集二十四卷　（清）胡浚撰　清嘉
慶胡氏刻本　八冊

310000－0261－0003164　4.2/4880

柏梘山房文集十六卷續集一卷詩集十卷詩續
集二集駢體文二卷　（清）梅曾亮撰　清咸豐
六年(1856)刻本　十冊

310000－0261－0003165　4.2/4913

趙文敏公松雪齋全集十卷外集一卷續集一卷
附錄一卷　（元）趙孟頫撰　清康熙五十二年

(1713)曹培廉城書室刻本　十冊

310000－0261－0003166　4.2/4917.8
甌北詩鈔五種十九卷　（清）趙翼撰　清同治
十三年(1874)刻本　八冊

310000－0261－0003167　4.2/4930
趙徵君東山先生存稿七卷附錄一卷　（元）趙
汸撰　清康熙二十年(1681)趙吉士刻本
四冊

310000－0261－0003168　4.2/4952
趙恭毅公剩薫八卷　（清）趙申喬撰　（清）趙
侗敦編　趙裘蕘公剩薫四卷　（清）趙熊詔撰
（清）趙侗敦編　清乾隆刻本　五冊

310000－0261－0003169　4.2/5013.5
史忠正公集四卷首一卷末一卷　（明）史可法
撰　清乾隆教忠堂木活字印本　四冊

310000－0261－0003170　4.2/6023
呂晚村先生文集八卷附錄一卷續集四卷
(清)呂留良撰　清雍正三年(1725)呂氏天蓋
樓刻本　八冊

310000－0261－0003171　4.2/7110
阮元尺牘一通　（清）阮元撰　清乾隆至道光
稿本　一冊

310000－0261－0003172　4.2/7110.1
竹垞小志五卷　（清）阮元訂　（清）楊蟠等編
清嘉慶三年(1798)七錄書閣刻本　一冊

310000－0261－0003173　4.2/7272
劉武慎公遺書六種二十五卷　（清）劉長佑撰
劉武慎公[長佑]年譜三卷　（清）鄧輔綸編
清光緒二十六年(1900)鉛印本　二十八冊

310000－0261－0003174　4.2/7424
重刊校正笠澤叢書四卷補遺詩一卷　（唐）陸
龜蒙撰　清雍正九年(1731)陸鍾輝水雲漁屋
刻本　二冊

310000－0261－0003175　4.2/7438
劍南詩鈔六種六卷　（宋）陸遊撰　（清）楊大
鶴選　（清）楊楷校　清光緒八年(1882)文苑
山房刻本　八冊

310000－0261－0003176　4.2/7443
陸象山先生集要八卷　（宋）陸九淵撰　明萬
曆二十六年(1598)刻本　八冊

310000－0261－0003177　4.2/7444
陸宣公全集二十四卷　（唐）陸贄撰　明崇禎
元年(1628)湯賓尹刻本　六冊

310000－0261－0003178　4.2/7510.1
菀青集十九卷　（清）陳至言撰　清康熙芝泉
堂刻本　四冊

310000－0261－0003179　4.2/7560
賜書堂集鈔六卷呂氏春秋正誤不分卷新論正
誤不分卷楚辭音義不分卷測天約術不分卷經
典釋文附錄不分卷詩鈔不分卷　（清）陳昌齊
撰　清嘉慶二十四年(1819)刻本　四冊

310000－0261－0003180　4.2/7578
簡齋詩集十五卷　（宋）陳與義撰　清抄本
六冊

310000－0261－0003181　4.2/7771
歐陽文公圭齋集十五卷首一卷附錄一卷
(元)歐陽玄撰　清道光十四年(1834)廬陵歐
陽杰、歐陽棨刻本　六冊

310000－0261－0003182　4.2/7772.1
歐陽先生文粹二十卷　（宋）歐陽修撰　（宋）
陳亮輯　歐陽先生遺粹十卷　（明）郭雲鵬輯
明嘉靖二十六年(1547)郭雲鵬寶善堂刻本
十二冊

310000－0261－0003183　4.2/8017
南豐先生元豐類稿五十卷　（宋）曾鞏撰　續
附南豐先生行狀碑記哀挽一卷　明成化南豐
縣刻遞修本　十六冊

310000－0261－0003184　4.2/8017：2
南豐先生元豐類藁五十卷續附南豐先生行狀
碑志哀挽一卷　（宋）曾鞏撰　明成化南豐縣
刻遞修本　十冊

310000－0261－0003185　4.2/8024.6
國子先生全集四種四十三卷首一卷　（清）金
兆燕撰　清道光十六年(1836)刻本　十冊

310000－0261－0003186　4.2/8028

柳潯文藁不分卷柳潯外編不分卷　（清）余儀
曾撰　清抄本　八冊

310000－0261－0003187　4.2/8073

仁山金先生文集四卷附錄一卷　（宋）金履祥
撰　清雍正三年(1725)金弘勳春暉堂刻本
二冊

310000－0261－0003188　4.2/8308.2

牧齋全集四種一百六十三卷　（清）錢謙益撰
清宣統二年(1910)邃漢齋鉛印本　四十冊

310000－0261－0003189　4.2/8774

鐵函心史二卷　（宋）鄭思肖撰　清光緒二十
年(1894)刻本　四冊

310000－0261－0003190　4.2/8799

板橋集六編　（清）鄭燮撰　清乾隆刻本
四冊

310000－0261－0003191　4.3/0067

芸經堂繪像第七才子書六卷　（元）高明撰
清芸經堂刻本　三冊　存三卷(三至五)

310000－0261－0003192　4.3/0413

碎金詞譜六卷附錄一卷　（清）謝元淮輯　清
道光二十四年(1844)刻朱墨套印本　六冊

310000－0261－0003193　4.3/0413.1

碎金續譜六卷　（清）謝元淮輯　清道光二十
八年(1848)刻朱墨套印本　二冊

310000－0261－0003194　4.3/1043

第一奇書野叟曝言二十卷一百五十四回
(清)夏敬渠撰　清光緒八年(1882)申報館鉛
印本　十冊

310000－0261－0003195　4.3/2010

宋名家詞六十一種　（明）毛晉輯　清光緒十
四年(1888)錢塘汪氏刻本　三十冊

310000－0261－0003196　4.3/2816

小檀欒室彙刻閨秀詞十集一百十二卷　徐乃
昌編　清光緒二十一年至二十二年(1895－
1896)南陵徐氏刻本　二十冊

310000－0261－0003197　4.3/2816.1

閨秀詞鈔十六卷　徐乃昌撰　清宣統元年
(1909)南陵徐乃昌小檀欒室刻本　八冊

310000－0261－0003198　4.3/3663

玉茗堂還魂記二卷　（明）湯顯祖撰　清乾隆
五十年(1785)冰絲館刻本　二冊

310000－0261－0003199　4.3/4088

桃花聖解盦樂府二種　（清）李慈銘撰　清蕭
山鍾駿文崇實齋刻本　一冊

310000－0261－0003200　4.3/4403

古謠諺一百卷　（清）杜文瀾輯　清咸豐十一
年(1861)秀水杜文瀾曼陀羅華閣刻本　二
十冊

310000－0261－0003201　4.3/4410

侯鯖新錄五卷　（清）沈飽山輯　清光緒二年
(1876)上海機器印書局鉛印本　五冊

310000－0261－0003202　4.3/5508

曲譜十二卷首一卷末一卷　（清）王奕清等撰
清康熙內府刻朱墨套印本　十二冊

310000－0261－0003203　4.3/5518

自怡集不分卷　（清）曹玢撰　清乾隆十七年
(1752)刻本　一冊

310000－0261－0003204　4.3/7514

詞譜四十卷　（清）王奕清等纂　清康熙五十
四年(1715)內府刻朱墨套印本　二十冊

310000－0261－0003205　4.3/8032

庶幾堂今樂十三種十三卷　（清）余治撰　清
光緒六年(1880)蘇州得見齋刻本　四冊

310000－0261－0003206　4.4/1088

蓉峰詩話十二卷　（清）聶銑敏撰　清嘉慶十
四年(1809)刻本　六冊

310000－0261－0003207　4.4/2884

本事詩十二卷　（清）徐釚輯　清乾隆二十二
年(1757)桐鄉汪肯堂刻本　六冊

310000－0261－0003208　4.4/4462

海天琴思錄八卷　（清）林昌彝輯　清同治三
年(1864)刻本　四冊

310000－0261－0003209　4.4/7534

全唐文紀事一百二十二卷首一卷　（清）陳鴻墀纂　清同治十二年(1873)刻本　三十二冊

310000－0261－0003210　5.1/0015

碧琳琅館叢書四十六種　（清）方功惠輯　清光緒十年(1884)巴陵方氏碧琳琅館刻宣統元年(1909)印本　一百二十冊

310000－0261－0003211　5.1/0023

新刊唐荊川先生稗編一百二十卷目錄三卷　（明）唐順之輯　明萬曆九年(1581)茅一相文霞閣刻本　三十冊

310000－0261－0003212　5.1/0123

半厂叢書初編十種七十九卷　（清）譚獻輯　清光緒仁和譚氏刻本　十二冊

310000－0261－0003213　5.1/1042

三才圖會十四種一百六卷　（明）王圻編　明萬曆刻本　六十冊

310000－0261－0003214　5.1/1137

昭代叢書十一集　（清）張潮輯　清道光吳江沈氏世楷堂刻光緒印本　一百七十二冊

310000－0261－0003215　5.1/1137.1

昭代叢書別集六十種　（清）張潮輯　清道光二十九年(1849)世楷堂刻本　十一冊

310000－0261－0003216　5.1/1137.7

昭代叢書甲集五十種乙集四十種　（清）張潮輯　清康熙刻本　二十冊

310000－0261－0003217　5.1/1182

張氏適園叢書初集七種　張鈞衡輯　清宣統三年(1911)上海國學扶輪社鉛印本　十冊

310000－0261－0003218　5.1/1262

平津館叢書三十二種　（清）孫星衍輯　清光緒十一年(1885)刻本　四十八冊

310000－0261－0003219　5.1/1271

問經堂叢書二十一種　（清）孫馮翼輯　清嘉慶承德孫氏刻本　十二冊　存七種三十三卷

310000－0261－0003220　5.1/1429

功順堂叢書十八種　（清）潘祖蔭輯　清光緒吳縣潘氏刻本　三十二冊

310000－0261－0003221　5.1/1429：2

功順堂叢書十八種　（清）潘祖蔭輯　清光緒吳縣潘氏刻本　三冊　存四種五卷

310000－0261－0003222　5.1/1730.1

國粹學報分類彙編八十二期附圖七冊　國粹學報館編　清宣統三年(1911)國粹學報館鉛印本　七十二冊

310000－0261－0003223　5.1/2023

香豔叢書二十集　（清）蟲天子輯　清宣統國學扶輪社鉛印本　八十冊

310000－0261－0003224　5.1/2126

粵雅堂叢書初編十集六十四種二編十集六十五種　（清）伍崇曜輯　清道光至光緒南海伍氏刻本　三百九十八冊

310000－0261－0003225　5.1/2137

上海覺民錄第八十九期內附圖畫　（□）□□編　清光緒二十七年(1901)石印本　一冊

310000－0261－0003226　5.1/2168

雅雨堂叢書十五種一百三十八卷　（清）盧見曾輯　清乾隆二十一年(1756)德州盧氏刻本　二十八冊

310000－0261－0003227　5.1/2629

策學備纂三十二卷首一卷　（清）蔡啟盛（清）吳穎炎輯　清光緒十四年(1888)上海點石齋石印本　四十八冊

310000－0261－0003228　5.1/2694

藝海珠塵八集　（清）吳省蘭輯　清嘉慶南匯吳省蘭聽彝堂刻本　六十三冊

310000－0261－0003229　5.1/2699.3

漢魏叢書三十八種二百五十二卷　（明）程榮輯　明萬曆新安程氏刻本　二十四冊　存三十七種二百四十六卷

310000－0261－0003230　5.1/2816

積學齋叢書二十種六十三卷　徐乃昌輯　清光緒南陵徐乃昌刻本　十六冊

310000－0261－0003231　5.1/3128

讀畫齋叢書八集四十六種　（清）顧修輯　清嘉慶四年(1799)桐川顧氏刻本　六十四冊

310000－0261－0003232　5.1/3136

小石山房叢書三十八種六十四卷　（清）顧湘輯　清同治十三年(1874)虞山顧氏刻本　十六冊

310000－0261－0003233　5.1/3141

元和江氏靈鶼閣叢書五十六種　（清）江標輯　清光緒元和江氏湖南使院刻本　四十八冊

310000－0261－0003234　5.1/3142

江南製造局所刻書三十九種　（清）江南製造局翻譯館編譯　清江南機器製造總局刻本　一百四十七冊

310000－0261－0003235　5.1/3142：2

江南製造局所刻書三十九種　（清）江南製造局翻譯館編譯　清江南機器製造總局刻本　十七冊　存八種三十七卷

310000－0261－0003236　5.1/3142.3

海戰用礟說一卷附連珠礟操法一卷　（美國）金楷理譯　清光緒十一年(1885)天津機器局鉛印本　一冊

310000－0261－0003237　5.1/3142.4

城堡新義一卷　（德國）波寧撰　清光緒十一年(1885)天津機器局鉛印本　一冊

310000－0261－0003238　5.1/3142.5

各國水師操戰法六卷　（□）□□撰　清光緒十一年(1885)天津機器局鉛印本　二冊

310000－0261－0003239　5.1/3142.6

整頓水師說一卷附英埃戰紀一卷附秘智海戰紀一卷　（清）李鳳苞譯　清光緒十一年(1885)天津機器局鉛印本　一冊

310000－0261－0003240　5.1/3142.7

魚雷內景圖解一卷　（□）□□撰　清光緒十一年(1885)天津機器局鉛印本　一冊

310000－0261－0003241　5.1/3228

海山仙館叢書五十九種　（清）潘仕成輯　清道光至咸豐刻光緒番禺潘氏增刻本　一百二

十八冊

310000－0261－0003242　5.1/3234

滂喜齋叢書五十種　（清）潘祖蔭輯　清同治至光緒吳縣潘氏刻本　二十九冊　存四十七種八十八卷

310000－0261－0003243　5.1/3334

時務報六十九期　梁啟超等編　清光緒二十二年至二十四年(1896－1898)石印本　十二冊　存十二期(十八、二十至二十二、二十四至二十五、二十九至三十、三十二至三十三、三十五、三十七)

310000－0261－0003244　5.1/4001

函海四十函一百六十四種　（清）李調元編　清道光五年(1825)刻本　一百九十二冊

310000－0261－0003245　5.1/4020.1

汪氏兵法三書　（清）汪宗沂撰　清光緒二十年(1894)桐廬袁昶漸西村舍刻本　一冊

310000－0261－0003246　5.1/4020.2

湛然居士文集十四卷　（元）耶律楚材撰　清光緒二十一年(1895)桐廬袁昶漸西村舍刻本　四冊

310000－0261－0003247　5.1/4020.3

漸西村人初集十三卷　（清）袁昶撰　清光緒桐廬袁昶漸西村舍刻本　三冊

310000－0261－0003248　5.1/4020.4

安般簃集詩續十卷春闈雜詠一卷附錄一卷　（清）袁昶撰　清光緒十六年(1890)桐廬袁昶漸西村舍刻本　三冊

310000－0261－0003249　5.1/4020.5

于湖小集六卷金陵雜事詩一卷漚簃擬墨一卷　（清）袁昶撰　清光緒桐廬袁昶漸西村舍刻漸西村舍匯刊本　三冊

310000－0261－0003250　5.1/4020.6

桐溪耆隱集一卷補錄一卷　（清）袁炳輯　榆園雜興詩一卷　（清）袁振業撰　清光緒十六年(1890)桐廬袁昶漸西村舍刻本　一冊

310000－0261－0003251　5.1/4072

集虛草堂叢書甲集九種　李國松輯　清光緒
三十年至三十二年(1904-1906)合肥李國松
集虛草堂刻本　二十四冊

310000-0261-0003252　5.1/4082

惜陰軒叢書十六函三十四種　(清)李錫齡輯
　清道光二十六年(1846)李錫齡惜陰軒刻本
　一百十五冊

310000-0261-0003253　5.1/4082.1

惜陰軒叢書續編二函五種二十一卷　(明)呂
柟輯　清咸豐八年(1858)宏道書院刻本
九冊

310000-0261-0003254　5.1/4082.1:2

惜陰軒叢書續編二函五種二十一卷　(明)呂
柟輯　清咸豐八年(1858)宏道書院刻本
十冊

310000-0261-0003255　5.1/4082:2

惜陰軒叢書十六函三十四種　(清)李錫齡輯
　清道光二十六年(1846)李錫齡惜陰軒刻本
　一百十二冊

310000-0261-0003256　5.1/4430

長恩書室叢書甲集十種乙集九種　(清)莊肇
麟輯　清咸豐四年(1854)新昌莊肇麟過客軒
刻本　十六冊

310000-0261-0003257　5.1/4434

十種古逸書　(清)茆泮林輯　清道光二十二
年(1842)高郵茆氏梅瑞軒刻本　十冊

310000-0261-0003258　5.1/4434:2

十種古逸書　(清)茆泮林輯　清道光二十二
年(1842)高郵茆氏梅瑞軒刻本　六冊

310000-0261-0003259　5.1/4463

蟄園叢刻五種　(清)吳丙湘輯　清光緒十一
年(1885)儀征吳丙湘蟄園刻本　二冊

310000-0261-0003260　5.1/4471

蒙學書報七十種　(清)汪鍾霖編　清光緒二
十八年(1902)上海蒙學報館石印本　二十
六冊

310000-0261-0003261　5.1/4472

鐵華館叢書六種四十五卷　(清)蔣鳳藻輯
清光緒九年至十年(1883-1884)長洲蔣氏刻
本　八冊

310000-0261-0003262　5.1/4816

清芬堂叢書四十九種　(清)梅雨田輯　清光
緒十六年(1890)黃梅梅氏慎自愛軒刻本　三
十二冊

310000-0261-0003263　5.1/4874

武英殿聚珍版叢書五十四種　(清)紀昀等纂
　清同治十三年(1874)江西書局刻本　一百
二十八冊

310000-0261-0003264　5.1/5048.6

申報館叢書正集四十八種　(清)尊聞閣主輯
　清光緒上海申報館鉛印本　二百冊

310000-0261-0003265　5.1/5048.61

申報館叢書續集　(清)尊聞閣主輯　清光緒
上海申報館鉛印本　一百七十九冊

310000-0261-0003266　5.1/5048.62

申報館叢書餘集　(清)尊聞閣主輯　清光緒
上海申報館鉛印本　二百八十九冊

310000-0261-0003267　5.1/5048.63

甕牖餘談八卷　(清)王韜撰　清光緒元年
(1875)上海申報館鉛印本　二冊

310000-0261-0003268　5.1/5048.64

談古偶錄二卷　(清)陳星瑞撰　清光緒二年
(1876)上海申報館鉛印本　二冊

310000-0261-0003269　5.1/5048.65

雪窗新語二卷　(清)夏昌祺撰　天長宣氏三
十六聲粉鐸圖詠一卷鐸餘逸韻一卷　(清)宣
鼎撰　清光緒二年(1876)上海申報館鉛印本
　一冊

310000-0261-0003270　5.1/5048.66

史餘萃覽四卷　(清)楊家麟輯　清光緒四年
(1878)上海申報館鉛印本　二冊

310000-0261-0003271　5.1/5048.67

香飲樓賓談二卷　(清)陸長春撰　清光緒三
年(1877)上海申報館鉛印本　一冊

310000－0261－0003272　5.1/5048.68

妒律一卷　（清）廣野居士撰　閨律一卷
（清）芙蓉外史撰　清光緒三年(1877)上海申
報館鉛印本　一冊

310000－0261－0003273　5.1/5048.69

息盦尺牘二卷附存一卷　（清）陳觀圻撰　清
光緒十年(1884)上海申報館鉛印本　二冊

310000－0261－0003274　5.1/5072

汗筠齋叢書第一集四種　（清）秦鑑輯　清嘉
慶三年(1798)嘉定秦氏刻本　十冊

310000－0261－0003275　5.1/6031

經訓堂叢書二十一種　（清）畢沅輯　清光緒
十三年(1887)大同書局石印本　二十冊

310000－0261－0003276　5.1/6051.0

敦煌石室遺書十九種　羅振玉等輯　清宣統
元年(1909)誦芬室鉛印本　四冊

310000－0261－0003277　5.1/6054

圖畫報　（清）圖畫報館編　清宣統石印本
三十七冊　存三十七期(宣統三年一至二十
四、二十六至三十七、五十四)

310000－0261－0003278　5.1/6454

戊申全年畫報三十六期　（清）時事報館編
清宣統元年(1909)時事報館石印本　六冊
存六期(二十三至二十八)

310000－0261－0003279　5.1/6454.1

時事報圖畫旬刊　（清）時事報館編　清宣統
元年(1909)上海時事報館石印本　五冊　存
五期(宣統元年六至十)

310000－0261－0003280　5.1/7433

十萬卷樓叢書初編十六種二編二十種　（清）
陸心源輯　清光緒吳興陸氏十萬卷樓刻本
六十四冊

310000－0261－0003281　5.1/7433.4

十萬卷樓叢書初編十六種二編二十種三編十
五種　（清）陸心源輯　清光緒吳興陸氏十萬
卷樓刻本　一百二十冊

310000－0261－0003282　5.1/7493

奇晉齋叢書十六種十九卷　（清）陸烜輯　清
乾隆三十四年(1769)平湖陸烜奇晉齋刻本
四冊

310000－0261－0003283　5.1/7522

寶顏堂秘笈廣集五十三種　（明）陳繼儒輯
明萬曆四十三年(1615)繡水沈氏刻本　二
十冊

310000－0261－0003284　5.1/7533

麓山精舍叢書第一集十一種　（清）陳運溶輯
清光緒湘西陳氏刻本　六冊

310000－0261－0003285　5.1/8074

金陵叢刻十五種　（清）傅春官輯　清光緒三
十二年(1906)江寧傅氏晦齋刻本　十二冊

310000－0261－0003286　5.1/8074.1

益聞報　（清）益聞報館編　清光緒益聞報館
鉛印本　二冊　存六十期(四百五十三至四
百五十七、四百五十九至四百八十七、五百四
十四至五百六十九)

310000－0261－0003287　5.1/8328

屑玉叢譚四集六卷　（清）錢徵　蔡爾康輯
清光緒上海申報館鉛印本　五冊

310000－0261－0003288　5.1/8850

箋經室叢書三種　曹元忠輯　清光緒十九年
至二十七年(1893－1901)東吳曹元忠箋經室
刻本　三冊

310000－0261－0003289　5.2/0030

柏堂遺書十一種　（清）方宗誠撰　清光緒元
年至十二年(1875－1886)桐城方氏志學堂刻
柏堂遺書本　四十八冊

310000－0261－0003290　5.2/1000

玉海二百四卷附刻十三種　（宋）王應麟撰
清光緒九年(1883)浙江書局刻本　一百十冊

310000－0261－0003291　5.2/1053

船山遺書六十三種　（清）王夫之撰　清同治
四年(1865)湘鄉曾國荃刻本　一百冊

310000－0261－0003292　5.2/1060

頤志齋叢書二十二種　（清）丁晏編　清同治

元年（1862）刻本　十六冊

310000－0261－0003293　5.2/1073

湘綺樓全書二十種　王闓運撰　清光緒至宣統刻本　八十四冊

310000－0261－0003294　5.2/2022

焦氏遺書十二種　（清）焦循撰　清嘉慶至道光江都焦氏雕菰樓刻本　四十冊

310000－0261－0003295　5.2/2042

西河合集經集五十一種文集七十一種　（清）毛奇齡撰　清嘉慶刻本　一百冊

310000－0261－0003296　5.2/2322

嗇廬雜著十四種　（清）傅山撰　清宣統元年（1909）平遙王晉榮刻本　四冊

310000－0261－0003297　5.2/2634

桐城吳先生全書九種　（清）吳汝綸撰　清光緒三十年（1904）王恩紱刻本　二十二冊

310000－0261－0003298　5.2/2817

徐靈胎先生雜著五種　（清）徐大椿撰　清光緒十四年（1888）江左書林刻本　一冊　存二種三卷

310000－0261－0003299　5.2/3087

樸學齋叢書十三種　（清）宋翔鳳輯　清嘉慶二十五年（1820）刻本　八冊

310000－0261－0003300　5.2/4039

左文襄公全集十一種　（清）左宗棠撰　清光緒刻本　一百二十八冊

310000－0261－0003301　5.2/4430

正誼堂全集九種　（清）董沛撰　清光緒刻本　二十二冊

310000－0261－0003302　5.2/8043

春在堂全書二十四種　（清）俞樾撰　清光緒刻本　一百冊

310000－0261－0003303　5.2/8043：2

春在堂全書二十四種　（清）俞樾撰　清光緒刻本　一冊　存九卷（俞樓襍纂四十二至五十）

310000－0261－0003304　5.2/8324

麟洲雜著四卷　（清）錢贊黃撰　清光緒二十四年（1898）木活字印本　四冊

310000－0261－0003305　5.2/8346

潛研堂全書十三種　（清）錢大昕編　清乾隆、嘉慶刻道光二十年（1840）錢師光重修印本　四十冊

310000－0261－0003306　5.4/1010

武林掌故叢編八集八十六種　（清）丁丙輯　清光緒錢塘丁氏嘉惠堂刻本　六十四冊

書名筆畫字頭索引

六畫

七畫

八畫

九畫

164

十畫

十三畫

書名筆畫索引

一畫

二畫

三畫

四畫

五畫

183

七畫

八畫

189

九畫

193

195

十一畫

十二畫

十三畫

209

211

216

二十六畫

二十八畫